中国传统文化与当下

中国思想的创造性转化

郭齐勇 著

上海教育出版社

自序

去年十一月,上海教育出版社储德天编辑来电子信约稿。从名字看,我以为储编辑是男生,接到电话,听到悦耳的吴侬软语,才知是位女史。她说,近年国家特别重视传统文化的继承与发展,特别提到中华民族的复兴也是中华文化的复兴。为了更好地面对当下和未来,充分了解我们的传统文化,汲取其养分,重建文化自信,该社策划了一套"传统文化与当下"丛书,意图让读者对传统有深入的了解和认知。承他们看重,想出版一本我的关于中国传统文化的小书,收到这套丛书之中。

寒假我初拟了目录,基本上是近几年发表的研究论文。储女史对我的目录不甚满意,她婉转指出,本套丛书的读者对象为普通读者,所以内容尽量不要太学术化,太专门化,主题也不宜太偏,以大众关注度高、关心较多的为好。文章各篇回应传统文化在当下的丛书主题,希望能对当前人们比较茫然的文化认同做些指导。她从我的博客里看到我对当下国学和传统文化教育甚为关注,建议增加这部分内容,并提示了篇名。

于是我编写了本书。本书共分为四个部分:传统新生、文化自觉、核心价值与国学教育。第一部分对礼乐文化、儒墨道释有关人与自然、社会和人与人关系的智慧,特别是有益于社会政治、生态环保、人的修养与心灵境界的内容作了现代转化与阐释。第二部分重点论述文化自觉与自信、传承与创新的关系,特别对儒学在今天中国大陆的新发展作出评述,讨论了现代新儒家思想及其创造转化。第三部分研究了传统文化与当今核心价值系统的关系,对国学精华仁义忠孝与现代人人格养成的关系作了深度开掘,创造性地推动了现代"新六伦"的建构。第四部分集中讨论家庭、社会、学校的国学教育中的理念、经典、师资、方法等问题,对当前大中小学人文教育,对国学热与书院热作出反思,积极促进当下国族意识、文化认同与包括家训家风等传统道德文明的良性互动。

作者力求深入浅出,通达流畅,希望有利于各位读者阅读,并与读者一道走近圣贤,走近经典。

是为序。

郭齐勇

戊戌正月十八惊蛰于南溟博鳌观海楼

目录

核心价值

国学教育

传统新生

礼乐文明的人文精神及其现代意义

　　礼之中有不少行为规范其实就是文明的一个习惯,在今天仍然有价值。它的行为规范,比方说吃饭的时候你不要发出"咂咂"的声音,你用筷子夹起的鱼肉不要再放回盘中去,不要专挑一种好东西吃,不要侧耳偷听别人说话,答话不要高声喊叫,看人的时候目光不要游移不定,站立要正,坐姿要雅等,这都是礼。

　　《礼记》里面还有不少道德训诫,这些训诫也具有普遍的意义。比如《礼记·曲礼上》说:"傲不可长,欲不可纵,志不可满,乐不可极。"还有"临财毋苟得,临难毋苟免"①,都是有益我们身心的格言。

　　我国很早就是礼仪之邦,也就是文明的国家,中华民族也是文明的民族。礼是什么? 儒家的礼是古代社会生活的规范、规矩,它包括等级秩序等,当然礼起源于习俗。儒家的礼节除日常的应事接物以外,重大的像冠、丧、婚、祭、朝、聘、乡、射等,都有它具体的含义。比方说冠礼,在明成人之责,是成年礼;婚礼在成男女之别,立夫妇之义;丧礼在慎终追远,明死生之义;祭礼使民诚信忠敬,其中祭天为报本返始,祭祖为追养继孝,祭百神为崇德报功;朝觐之礼,在明君臣之义;聘问之礼,使诸侯相互尊敬;乡饮酒之礼在明长幼之序;通过射礼可以观察德行等。这些古礼包含、综合了宗教、政治、伦理、艺术、美学的一些价值,对于稳定社会、调治人心、提高生活品质都有积极意义。

---

① 本讲《礼记》引文俱见杨天宇:《礼记译注》(全二册),上海:上海古籍出版社,1997年。

儒家除了礼教还有诗教、乐教、书教、易教、春秋教等,统称六艺之教。总体上这些教育、教化,都是为了使人扩充善性,敦厚庄敬,相互和睦,克服人性负面的东西。而就礼治、礼防、礼教而言,它根本上要使社会有序化。乐教要使社会和谐化,所以六艺之教是提升人的素养,使人有教养,更加文明。

一 儒家重构了礼乐文明并提升了其内在价值

儒家重构了礼乐文明,并提升了它的内在价值;礼乐文明是孕育儒家的文化土壤。礼乐文明早于儒家的正式诞生。夏、商都有礼仪,西周礼乐制度完备,但是西周的典章制度、礼仪规范,又大多是经过孔子之后的儒家来改造、重塑、整理过的。杨宽先生的《西周史》考证了西周、春秋时代的一些乡遂、宗法、文教等制度、社会结构、贵族组织等,可见"三礼"及诸经典所说确有其实,当然也有儒家的理想化、系统化的成分。也可见儒家和礼乐文化的关系是密不可分的。徐复观先生讲:"礼在《诗经》的时代已转化为人文的征表。则春秋是礼的世纪,也即是人文的世纪。"[①]这个判断也是指礼乐早于儒家,而儒家又强化了礼乐。它是一种人文性的象征。

黄侃季刚先生有《礼学略说》一文,特别强调有礼之意、礼之具、礼之文。礼之意也就是礼的意义,礼之具就是礼的器具,礼之文就是礼的仪节。他引用《礼记·郊特牲》所说的"礼之所尊,尊其义也。失其义,陈其数,祝史之事也。故其数可陈也,其义难知也"云云。他指出礼的器具、仪节背后的意义更为重要。他说比方"三年之丧",原来

---

① 徐复观:《中国人性论史》(先秦篇),台北:台湾商务印书馆,1987年,第47页。

并不是过度的,而"毁之者不知礼也",批评他的人不知礼义。他又引《礼记·檀弓》篇,子游回答有子"丧之踊"之问以言"礼道"之文,认为"丧礼有不可妄訾者","观此则丧礼仪文无不具有微意,后世虽不能尽行,而不可以是非古人也"。① 所以黄侃先生是指出礼的细节中蕴含有圣人的微旨,它的意义在于"远别禽兽,近异夷狄",也就是今人所谓"文明"。

他讲的礼具是指各种礼器,他说我们学礼学,学仪礼,首先就要辨其名物。他说三礼,"名物必当精究。辨是非而考同异,然后礼意可得明也"。所以三礼学习,最难的还是这些名物训诂,但是又非常必要。

他说礼文,当然是仪文度数,比方说丧礼、祭礼,丧礼主哀,祭礼主敬。但是如果没有器物,没有威仪,那这些感情就表达不出来。他说宴享相见、三辞三让等,那都是礼乐的步骤、过程,都非常重要。

他说礼之失则或专重仪文而忘其本意,所以礼具、礼器、礼文,这些都很重要,不能偏废,不能减省,正是在细节中才能体会出礼意,但是我们又不能沉溺在礼具、礼文中。相比较而言,在礼具、礼文、礼意中,礼意更重要,它其中蕴含的价值,礼具、礼文中的价值,这是更重要的。另一方面,没有仪节就不可以行礼,所以仪文度数也很重要。当然,它只是礼之粗迹,不是其中更重要的蕴含着的礼意——意义的世界、价值的世界。

传统社会有关于礼的系统和功能,还有一些讲法,比如讲礼防、礼制、礼治、礼教等。《礼记·坊记》:"礼者,因人之情而为之节文,以为民坊者也。""坊"通"防",取防水灾的堤防之意。礼防是防什么?

---

① 黄侃:《礼学略说》,载陈其泰等编:《二十世纪中国礼学研究论集》,北京:学苑出版社,1998年,第27页。

防民邪僻,使情感欲望的表达有所节制,达到适中的状态。

礼治的治,有水治,有刀制,以礼治国是水治的治,涵盖面广,而礼制则是刀制的制,强调了制度、体制的层面,与礼中包含的成文与不成文的法有关。礼乐刑政四者协调配置,总体上叫礼治。礼教所凸显的是礼治教化的层面,礼教又和乐教相配合,是礼文化中最重要的内容。所以礼教的积极意义现在开始被人们重视起来,当然还是很不够的。

至于乐,当然就没有乐防这一说了,乐也是礼乐刑政四种治理社会的方法之一。乐是乐教,教化的作用。礼乐是以礼为中心,乐为补充,当然是很重要的补充。礼乐文化中,有它的知识系统,有它的价值系统,有它的信仰系统。按照黄季刚先生的说法,知识系统就是礼的器具,礼的仪节、仪文。价值系统就是这里面所蕴含的礼意,如仁义礼智、孝悌忠信、诚敬恕、廉耻勇,或者君仁臣忠、父慈子孝、夫义妇顺、兄友弟恭、朋友有信等。徐复观先生讲,从礼仪中抽绎出来的礼的新的观念,淡化了宗教的意味,特别是许多的道德观念,几乎都是由礼加以统摄的。徐先生从《左传》《国语》里面找到很多资料,特别是关于敬、仁、忠信、仁义等观念是和"礼"紧密地联系在一起的。

除了知识系统、价值系统之外,还有信仰系统。信仰系统就是对终极性的昊天上帝,对天地、山川等自然神灵,对祖宗神灵、人文始祖的崇拜,礼之中虽然淡化了它的这样一些宗教成分,但是仍然保留了它的一些宗教的意涵。

下面我讲讲礼乐文明中有终极信仰信念的层面,有政治正义和社会治理的智慧,有生态的智慧,有道德理性与君子人格,有艺术和美学的精神,以及对现代社会和现代人的精神安立的积极的意义。

二　礼乐文明是具有宗教性的人文精神

儒家的人文不反对宗教，包容了宗教。礼乐文明是具有宗教性的人文精神。礼乐文明中有终极关怀。刚才讲到，礼是人文化的宗教，是道德性人文精神的自觉。尽管如此，它仍有终极关怀在其中。礼不仅是人间的秩序，而且还是天地的秩序，是宇宙的秩序。我们中国文化和外国文化的区别，就在于中国有系统的"礼"，不只是有宗教和法制，当然包含着宗教和法制。不是说外国没有礼仪、礼貌、礼敬，没有礼，也不是说外国文化中没有礼制，只是说外国文化中虽然很重视礼仪，但是它没有把"礼"作为统整性的大文化系统。外国凸显的是宗教和法律，中国强调的是人文性的礼。礼包含有宗教和法律，但是不堕入盲从性、排他性的教，也不堕入太过刚性的法。礼是宗教、政治、社会、伦理、道德、法律的综合体，它的实质是道德人文主义的，它强调人文教化、感化等。

《礼记·礼运》曾经假孔子之口回答言偃的提问，讲"礼必本于天，效于地"。它说，孔子讲："夫礼，先王以承天之道，以治人之情。故失之者死，得之者生。……是故夫礼，必本于天，效于地，列于鬼神，达于丧、祭、射、御、冠、昏、朝、聘。故圣人以礼示之，故天下国家可得而正也。"这就指出礼是前代圣王秉承天之道用来治理人情的，以礼治天下、国家是十分重要的。礼根据于天，效法于地，具有神圣性。

《礼记·礼运》又指出，规范有序、庄严肃穆的祭祀，用以迎接上天之神和祖宗神灵的降临。祭礼的社会功能，可以端正君臣，亲和父子兄弟的恩情，整齐上下关系，夫妇各得其所。这是承受了上天的赐福。祭祀最重要的是祭天、祭地，祭天地就是追本溯源，尊重其所自出。在这个意义上，天地是我们人的父母，天地有着价值本体的意涵，又具有宗教性的意涵。所以从《礼记·礼运》上看，天神是至上神，对天神的崇拜要重于对地神的崇拜，然后就是对山川诸神的崇拜。除祭祀至上神与自然神灵外，还要祭祀祖宗神灵。这就反映出人文化的"礼"仍然具有"宗教性"与"超越性"。"宗教性"与"超越性"是不同而又有联系的两个概念。天是人文之礼最终的超越的根据。我们都读过《礼记》的《孔子闲居》，它其中有"五至"（志至、诗至、礼至、乐至、哀至）与"三无"（无声之乐、无体之礼、无服之丧）等思想。志向到了，诗到了，礼到了，乐到了，哀情也到了。"五至""三无"，马一浮先生怎么解读的呢？他说这里说的是秉承天的性德流出了六艺的动态的过程，就是包括礼乐在内的六艺、六经，已经成为与生活世界内在相通的真善美的内容。[①] 六艺不仅仅是儒家经典、经学形态、学术研究的对象，更是人类性德中所本具的生命意涵、文化的脉络。所以马先生讲，通过礼教、乐教这些人文之教，能够唤醒人之天赋的内在性德，我们又通过修身养德，才使自己成为一个真正的人。

人是具有宗教性的动物，人有终极性的信念、信仰，对至上神、昊天上帝，对天地、自然神灵，对祖宗神灵，对人文始祖与至圣先师礼敬、礼拜，这样可以增加人的生命的庄严感和神圣性。冠、婚、丧、祭之礼不可废，我们要结合现代和传统，结合西方现代文化，有创造性地在现代重新制礼作乐。尤其是在我们现在的国家礼、社会礼、家庭礼中，还要把它健康化地重建起来。

---

① 详见马一浮：《复性书院讲录》，载《马一浮全集》第一册，杭州：浙江古籍出版社，2013年，第223—248页。

三　礼乐文明中的政治正义和社会治理的智慧

我们中国人对于社会治理有高度的智慧,它所包含的政治正义的内涵也非常丰富。比如《周礼》,我们现在谈谈《周礼》提供的一些材料。钱玄先生认为,《周礼》是儒家之书,它成书在战国后期,它的思想主要属早期儒家,但是也有一些是发展到战国后期的儒家融合儒、道、法、阴阳等家思想而成。[①] 杨宽先生说,《周礼》虽然是春秋、战国间的著作,但是它所讲的一些制度,已非西周时代的本来面目,夹杂着一些拼凑和理想的成分。但是其中的一些制度,如乡遂制度等,基本还保存着西周、春秋时代的思想。杨宽先生又讲,《周礼》所述,当然已不是西周原有的制度了,它是儒家按后世流行的制度改造过的。[②]《周礼》和《礼记》中的《王制》都是讨论制度的,大体上体现了先秦儒家的理念和制度的设计。其中有的制度在西周、春秋时代实行过,有的制度在战国时代实行过。我们看看《周礼·地官司徒》《礼记·王制》,前者是古文经,后者是今文经。假如我们打破今、古文经的壁垒,从两者有关社会公平正义和福利制度的内容来看,其实相关性还是比较大的。

在礼的制度设计中,有对后世的土地制度极有影响力的"一夫授田百亩"的制度设计。《礼记·王制》篇有"制农田百亩"。制度规定,一个农夫到了一定年龄就要单独立户,一个农夫就授田百亩。百亩土地按肥瘠分类,上等土地一个农夫可供养九人,次一等的可供养八人,依次递减为七人、六人、五人。庶人在官府任职者的俸禄,依这五

---

① 参见钱玄:《前言》,载钱玄、钱兴奇等注译:《周礼》,长沙:岳麓书社,2001年,第5页。
② 参见杨宽:《西周史》,上海:上海人民出版社,1999年,第395页,以及"前言"第2页。

等农夫的收入区分等差。下士的俸禄比照上等土地的农夫，使他们的俸禄足以代替他们亲自耕种所得。中士的俸禄比下士多一倍，上士的俸禄比中士多一倍，卿的俸禄是大夫的四倍，君的俸禄是卿的十倍。俸禄显然是有差等的，但农夫有农田，是最基本的生活保障。

《周官》和《礼记·王制》都有对社会弱者给予关爱的一些制度设计。比方说养老制度，上古虞夏殷周都有养老之礼。两书在综合前代的周制基础上，设计了特别强调实行养老的礼仪制度。五十岁以上的老人，包括平民，享受优待。三代君王举行养老礼之后，都要按户来校核居民的年龄，年八十的人可以有一个儿子不服徭役，年九十的人可以全家不服徭役，残疾人、有病的人、生活不能自理的人、为父母服丧的人三年不服徭役。从大夫的采地迁徙到诸侯采地的人，三个月不服徭役；从别的诸侯国迁徙来的人，一年不服徭役。

关于对待鳏寡孤独和社会弱者，《礼记·王制》几乎重复了孟子之说，比如"少而无父者谓之孤，老而无子者谓之独，老而无妻者谓之矜，老而无夫者谓之寡。此四者，天下之穷而无告者也，皆有常饩"。常饩就是经常性的食物救济或者生活补贴。又，对于聋哑和肢体有残疾、有障碍的人，有供养制度，由国家养活，国家以工匠的收入来供养他们。"庶人耆老不徒食"，不徒食就是老百姓中的老人不能只有饭而没有菜肴。"养耆老以致孝，恤孤独以逮不足"，就是通过教化，形成风气，引导人民孝敬长上，帮助贫困者。

古时候借助民力耕种公田不收民的田税，贸易场所只征收店铺的税不征收货物的税，关卡只稽查不征税，开放山林河湖，百姓可以按时令去樵采渔猎，耕种祭田不征税，征用民力一年不超过三天，土地和居邑不得出卖。这样一些条文，在礼仪里面，在《孟子》《荀子》里面，都有相关的、内容很相近的、甚至文字都相同的一些东西，这些都是儒家的制度诉求。这是非常重要的经济制度方面。

涉及政治参与权、受教育权和有关选拔人才的制度，这是我们中华优秀传统文化的一部分。我们看到，《礼记·王制》对庶民中人才的选拔、任用及授以爵禄，都予以肯定，并规定了步骤。

我们礼乐文化中，有关于社会治理和国家治理的，它强调的是前面我提到的礼乐刑政的配置。《礼记·乐记》里面讲："是故先王之制礼乐，人为之节。衰麻哭泣，所以节丧纪也；钟鼓干戚，所以和安乐也；昏姻冠笄，所以别男女也；射乡食飨，所以正交接也；礼节民心，乐和民声，政以行之，刑以防之，礼乐刑政，四达而不悖，则王道备矣！"这就是从四个方面来调节："礼以道其志，乐以和其声，政以一其行，刑以防其奸。礼乐刑政，其极一也；所以同民心而出治道也。"你看，礼乐里面讲到的王道、治道，都是讲治理社会和国家，要用礼乐刑政四种方法来加以配合。

"乐者为同，礼者为异，同则相亲，异则相敬。乐胜则流，礼胜则离。合情饰貌者，礼乐之事也。礼义立，则贵贱等矣；乐文同，则上下和矣。好恶著，则贤不肖别矣；刑禁暴，爵举贤，则政均矣。仁以爱之，义以正之，如此，则民治行矣。"可见我们的《礼记·乐记》里面所讲的这些道理，是把礼乐的这些文化、这些价值看作是滋润政刑的。政令刑罚一定要配上礼乐，"乐所以修内也，礼所以修外也，礼乐交错于中，发形于外，是故其成也怿，恭敬而温文"。所以礼乐教化在社会治理和国家治理中是强调和谐并且提升百姓素养的。

礼乐之教把天地精神、人的性情与日用伦常打通了，贯穿起来了。礼乐的社会功能尤其是与法律、政令相配合，使社会和谐。礼乐之中有秩序、节度、交往、和谐的原则与原理。所以古代这样一种治理社会的方略，这样一种方法——四者相配置，礼乐中有文化——有价值。

前文说到,礼是带有宗教性、道德性的生活规范,在礼这种伦理秩序中,也包含着一定的人道精神、道德的价值。荀子推崇礼,认为它是"道德之极"。极是标准,最高的标准,"治辨之极,人道之极"。极就如屋梁一样,是大中至正的标准。因为"礼"的目的是使贵者受敬,老者受孝,长者受悌,幼者得到慈爱,贱者得到恩惠。在贵贱有等的礼制秩序中,含有敬、孝、悌、慈、惠这些德目,以及对于弱者、弱小势力的保护问题。《礼记·曲礼》上讲:"太上贵德,其次务施报。礼尚往来,往而不来,非礼也。来而不往,亦非礼也。人有礼则安,无礼则危。故曰:'礼者,不可不学也。'夫礼者,自卑而尊人,虽负贩者必有尊焉,而况富贵乎?富贵而知好礼,则不骄不淫,贫贱而知好礼,则志不慑。"所以,《礼记·曲礼》中所讲到的礼尚往来是次之,施报关系是次之。礼主要是讲什么呢?它讲的是自卑尊人,负贩者、小民也要得到尊重。我们要以德为贵,自谦而尊重别人,讲究施惠和报答。礼尚往来,不管是富贵或者贫贱,都要相互尊重,互利互惠。

这里就提到了对负贩者、贫贱者、弱者的尊重和对等的施报关系,所以关于礼,过去我们对"礼不下庶人"的理解有偏颇。根据清代孙希旦的注释,"礼不下庶人"说的是不为庶人制礼,而不是说对庶人可以无礼,或者庶人没有礼可遵行。古时候制礼,是针对士这个等级以上的,比方说冠礼、婚礼、相见礼都是士礼。庶人之礼是参照士礼而行,婚丧嫁娶、祭葬等的标准可以降低,这主要是考虑庶人的家庭里面在节文、仪物方面应该量力而行。可见我们平常一般人对"礼不下庶人"的理解是错误的。在礼里面,它一定是包含有对贫贱者、对负贩者的尊重。

在社会治理上,儒家重视道德教化,同时也重视法制。《礼记·

王制》篇里面有关于刑法制度的记录和设计，涉及在审案、判案、处罚过程中如何审慎、如何认真、如何讲规范，还有避免冤假错案，严格程序，以及对私人领域的保护问题。

总之，在《周礼》的《地官司徒》、《礼记》的《王制》等有关理念和制度的安排中，体现了我们先民的原始人道主义。如果配合《论语》《孟子》《荀子》，我们可以看到，这里都体现了中华民族以仁爱为核心的价值系统和人文精神，其中不少制度文明的成果值得我们重视。比方说，我们有应对灾荒、瘟疫的传统，以及予以组织化救助的制度等。我们有关于对老幼病残、鳏寡孤独、贫困者等社会弱者的尊重和优待的制度，这些都是极有人性化的制度，而且后世在理论和实践上都有发展。这些类似于今天的福利国家和福利社会的因素。此外有关颁职事及居处、土地、赋税、商业的制度和政策中，对老百姓的权利和福祉有一定程度的关注和保证。有关小民的受教育权和参与政治权的基本保障，有关对百姓施以技能教育的制度，有关刑律制定和审判案件的慎重、程序化和私人领域的保护方面等，也都涉及今天所谓社会的公平公正的问题。用历史主义的观点去审视，同样是在等级制度中，以我国先秦时代和同时代的古希腊、古印度、古埃及的政治文明相比照，我们不难看出中国的政治理念和制度中的可贵之处，这些资源今天还可以做进一步的创造性转化。

我们现在一提到中国文化、儒学、礼制，就说是等级秩序。那请问，人类哪一个社会没有等级秩序呢？人类的社群，人类组成的社会，当然要有等级秩序。问题在于，在我们的制度文明中、礼制中、礼学中，不仅有等级制度，而且有等级间正常流动的机制。比方说通过教育公平达到政治公平，"朝为田舍郎，暮登天子堂"。历朝历代由布衣而为三公者不乏其人。我前面讲到的对于贫贱者的尊重，对于最不利者的关爱,还有制度化,还有由教育公平达到社会公平,这些都是礼制中的宝贵的因素。

《礼记·礼运》的作者认为,政治权力的根源在天、天命,所以"政必本于天"。"故政者君之所以藏身也,是故夫政必本于天,殽以降命。"所以这里讲国政本于天理,要效法天理来下达政令。政令要符合地德,也要符合人的道德。另外,我们都知道《礼运》开篇讲大同之世,讲社会理想,这些社会理想也是中国人的社会理想、文化理想。所以大同之世和小康之世不同,其理念里面包含有最高的政治正义的追求。

四 礼乐文明中的生态的智慧

关于礼乐文明中的生态的智慧,山西大学的崔涛先生对这一方面有深入的研究。本文所述内容也参考了他的一些研究成果。

"天地"是万物之母,一切皆由"生生"而来。《礼记·月令》讲:"天地和同,草木萌动。"《礼记·乐记》讲:"和故百物皆化。"所以"草木""百物"的化生都是以"和"为条件的。天地不和,则万物不生,"天地合而后万物兴焉"。"天地"是万物化生的根源,生态系统的生生大德。它是借天地两种不同力量相互和合、感通而实现的。

《礼记·乐记》里面有一段话,跟《周易·系辞》里的话是相通的:"天地相荡,鼓之以雷霆,奋之以风雨,动之以四时,暖之以日月,而百化兴焉。如此则乐者天地之和也。"我们看到,礼的文化中通过对天地生物于四时的描述,认为乐是天地之和的体现。反而观之,天地通过雷霆、风雨鼓动宇宙间的阴阳两种力量、两种气,而四时无息地展现出生生大德的景象,这何尝又不是宇宙间最壮丽动人的生命交响的演奏呢？

儒家对生态系统生生大德的认识，对天地、阴阳和以化生的认识，是非常深刻的。所以生态系统是一个不断创生的系统，也是一个各类物种和谐共生的生命共同体——这是儒家对天地这个大的生态居所的一种深切感悟。这在今天也成为东西方的环境伦理学的一个基本共识。

"天人合一"的理念中，"天"是一切价值的源头，而从生物而言，天与地往往需要并举，有时候要举天来统摄地。所以我们也可以说，"天"或者"天地"是生态系统中一切价值的源头。儒家有着人与天地万物一体的共同体悟。就是在这样一种情况之下，人才可以说对万物都持有一种深切的仁爱、关怀，将整个天地万物都看作是与自己的生命紧密相连的。在这种价值来源的共识之上，儒家的生态伦理可以建立"范围天地之化而不过，曲成万物而不遗"的生态共同体，将生态系统真正视为人与万物共生、共存的生命家园。

正是这样一种生命家园的意识，使得在《礼记·礼运》里面讲宇宙生态的各种层次中，人处在较高的层次，人体现了生态系统的一个整体的意义。人体现了天地的德行、阴阳的交感、鬼神的妙合，荟萃了五行的秀气。人又是天地的心脏、五行的端绪，是能够调和并且品尝各种滋味，创造并且辨别各种声调，制作并且披服各色衣服的动物。尽管人是万物之灵，但人仍从属于生态系统的整体。因此，圣人制礼作乐，制作典则，以生态天地的大系统为根本，以阴阳二气的交感为起点，以四时所当行的政令为权衡，以日星的运行来记时，以十二个月来计量事功，以鬼神为依傍，以五行的节律为本位，以礼义为器具，以人情为田地，以四灵为家畜。

因此，人在天地之中一定要尊重山川、动物、植物等。这种尊重和敬畏，是通过祭祀山林川泽来加以表达的。"天子祭天地，诸侯祭社稷，大夫祭五祀。"《礼记》里面讲到这样一些祭祀，山川、天地、社稷的祭祀等。此外，《礼记》里面还强调礼要配合时令，配合地的物产，我们取用动植物要依据于不同季节的不同的生物，不同的地理环境有不同的物产。

礼"合于天时，设于地财，顺于鬼神，合于人心，理万物者也。是故天时有生也，地理有宜也，人官有能也，物曲有利也。故天不生，地不养，君子不以为礼"。比方说我们在山地生活的人，就不能拿鱼、鳖等湖区产的礼物去送人，因为那个东西太贵；我们居在湖区的人，不能拿山里面的山货如鹿、豕等作为礼物，因为这一类在这里也是贵重的。所以礼是大伦，我们要从地理出发，制定行礼的原则，不违背自然的原则。在一定时空条件下，对于不适于生长的物产，君子是不用来行礼的，因为这样鬼神也是不会享用的。所以以本地稀罕的物产作为礼品的人是不懂得礼的。行礼，要用本地物产、本国物产。行礼必须量力而行，要依据土地的大小、年成的好坏。这是关于行礼的。

关于生态的保护，比方说仲春之月，"安萌芽，养幼少"；"毋竭川泽，毋漉陂池，毋焚山林"；"孟夏之月，继长增高，毋有坏堕，毋起土功，毋发大众，毋伐大树"。人们取用动植物，要考量季节、时间，不可以在动植物的生长期、繁衍期滥砍滥杀，不要砍伐小树，不要射杀幼鸟兽和怀孕的兽，否则就是不孝。曾子讲了一句话，他说是圣人讲的，是孔子讲的。他说："树木以时伐焉，禽兽以时杀焉。夫子曰：'断一树，杀一兽，不以其时，非孝也。'"你看，他引用孔夫子的话说，我们砍树、杀兽，如果不注意时令，非孝也，跟不孝敬父母一样。所以，可见时令的重要性。孟春之月要怎么样做？我们要（保护）山林川泽，不要杀母兽，要禁止伐木，要保护这些昆虫、飞鸟、野兽的母体及幼小的生命。在叙述天子、诸侯田猎礼的时候,礼特别强调不要赶尽杀绝,不要涸泽而渔。在田猎的过程中要网开一面,一方面要让小民来跟着,也有猎物,另一方面要不合围、不掩群。即,一方面也使小民可以跟着打一点猎,狩一点猎物,另一方面不赶尽杀绝。草木凋零的时候,才能够入山林。不要用火田,不杀胎取卵,不覆巢等。另外,对怀胎的牲畜,即使是天子也不得食用,郊祭的时候也不要用,这是对天地生养万物的礼敬。

另外,《礼记·王制》里面讲,"林麓川泽以时入而不禁"。不禁是说小民也可以去,不是禁止老百姓进林麓川泽中取用动植物。这就是孟子讲的"泽梁无禁也"。同时要"以时入山林",要注意时令。这考虑到了人取用的可持续性,当然还不止此意。《礼记》诸篇都隐含有礼制秩序和自然节律的一致性。《礼记·月令》把春夏秋冬四季又各自分出孟、仲、季三个时段,按不同的季节时段详细规定了祭祀活动、农业生产、资源取用、政令发布的内容,这些都需要有相关的具体部门去完成。

从这里我们可知,儒家以礼法保护生态资源有三个重要的内容:第一是禁止灭绝性的砍伐、捕猎;第二是保护幼小的生命;第三是重"时"。禁止灭绝性的砍伐、捕猎,这很好理解,因为这种行为与天地的生生大德是背道而驰的。保护幼小生命与儒家重视"养"的思想有关,这是符合于天地自然之道的,"天地养万物"。

《礼记·乐记》里面也讲:"是故先王之制礼乐也,非以极口腹耳目之欲也,将以教民平好恶而反人道之正也。"就是说饮食等礼节的制定,不是为了满足人的口腹欲望,而是为了让人返归"人道之正"。所以儒家有关生态保护的礼乐观念,既是遵从天地的生养之道,也出于对人的物欲进行节制的目的。

儒家以天地为人与万物之祖,对天地的尊崇有着强烈的宗教性的情怀,对生养万物加以礼敬、礼拜。另外,儒家一向认为生态资源是天地所赐,对此充满着虔诚、敬礼的情感。年成不好的时候,儒家对饮食特别要求节制,以体恤天地生养万物的不易。

　　有人说,儒家是人类中心主义者。是吗?从上可知显然不是。儒家是主张生态系统存在客观内在价值的,人有人性,物有物性,甚至人性中也有神性,物性中也有神性。儒家对生态系统的价值判断是基于天地对万物赋形命性的认识。万物在生生不已的过程中,都被赋予了形以及性,这种赋予是普遍的、无遗漏的,差异只是阴阳创化的不同。当然,无物不出于创化。从天地创生、赋形命性的普遍性去做价值的判断,价值自然不仅仅限于有机的生命体,万物和人一样,具有客观的内在价值。

　　因此,在儒家那里,"天地"这种创生是具有价值本体论的意义的。事实上,儒家对万物都是关爱的,而且是从其所具有的内在价值去确定这种爱的。因为万物的内在价值都是"天地"所赋予的,与人的内在价值同出于一源。当然,万物的内在价值是有差异的。

　　古代中国的生态环保意识是被逼出来的,因为我们是个自然灾害多发、频发的国家。根据邓拓的《中国救荒史》、竺可桢的《历史上气候之变迁》,我们知道古代的自然灾害从未间断过,大的灾荒每半年都有一次。我们在这样一种状况之下,有了一些应对灾荒的本领。

　　总之,儒家对于以礼乐来理顺生态资源,有三原则:第一,人要生存不得不对生态资源有所取用,当然应该顺应生态系统的生养之道,既要做到有理,"顺于鬼神、合于人心",还要做到有节,"合于天时,设于地财"。人类不能为了一己之私,日益竭尽天地之材。第二,《礼记·乐记》里面讲"是故大人举礼乐,则天地将为昭焉。天地欣合，阴阳相得"，即是以礼乐精神关照生态问题，意味着对天地之道的清醒的认识。天地默运而万物化成，因此，对于生态系统的保护，人类最有效的策略是尽可能少地去干预它的完善自足的生养之道。只要人不去破坏生态环境，天地自然会让万物生化不已、充满生机。第三，生态问题的彻底解决，不只是一个生态问题，要"暴民不作，诸侯宾服，兵革不试"，这就是礼乐所起的作用。大乐和天地和同，大礼和天地同节。人类如果自身不能和睦共处，导致战争四起，社会动荡，那么所谓生态保护就是一种奢望。

礼文化中对生态系统的认识，是容纳在天、地、人、神诸多要素的天地概念下进行的，是一个整体论、系统论的观念。它以"和"为条件的不断创生，是古人对生态系统的根本认识。儒家对天地的创生现象持有价值判断的观念，肯定天地万物皆有内在的价值，要求一种普遍的生态的道德关怀。而他们对人性、物性的辩证认识，又同时清楚地表明了一种生态伦理的等差意识，或者是对不同伦理圈层区分的意识。儒家即是从工具价值的立场取用生态资源，同时并不忽视动植物的内在价值。从儒家天人合一的理念来看，生态伦理作为一种新的伦理范式，其确立必须建立在对人性的重新反思之上。

五　礼乐文明中的道德理性和君子人格

《礼记》中有《表记》，这个表就是标准，是以仁德为标准。而它的《儒行》，记载了孔子论述的儒者的十六种高贵品行，有温良、敬慎、宽裕、逊接、礼节、言谈、歌乐、散财等，都是以仁德为本。其中讲到澡身浴德，特立独行，见死而不更其守，可亲而不可劫，可近而不可迫，可杀而不可辱，这些儒家志不可夺的刚毅的品格，现在太缺乏了。现在的一些知识分子太无人格操守了。

"儒有忠信以为甲胄，礼义以为干橹，戴仁而行，抱义而处。"儒者应该把忠信作为甲胄，把礼义作为盾牌，头戴仁而行，怀抱义而居。"儒有不宝金玉，而忠信以为宝，不祈土地，立义以为土地；不祈多积，多文以为富。"儒者不以金玉为宝，把忠信当作宝贝，不祈求土地，以道义作为立身之地，不祈求多积财富，以学识广博、多才多艺为富有。

儒者生活在现代，却与古人的意趣相合，叫作"儒有今人与居，古人与稽；今世行之，后世以为楷"。意思是说现代社会的行为可以成为后世的楷模，那么当有君子恰好生不逢时，上面没有人援引，下面没有人推举，一些奸佞的人结伙陷害他时，虽然他的身体可能危险，然而他的志操却毫不动摇。他虽处于险境，举动行事仍然伸展着自己的志向，念念不忘老百姓的疾苦。儒者忧国忧民的心就是这样的。

儒者广博的学习无止境，切实实行不厌倦，隐居独处时不淫邪放纵，上通国君被重用时不会失态困窘。以礼待人，以和为贵，有忠信的美德，有从容的风度，仰慕贤能而又包容众人。有时可以磨毁掉自己方正的棱角而依随众庶，有如房瓦之全合。儒者宽厚容众如此，但又不失其刚毅的品格。

所以熊十力先生、钱宾四先生都很重视《儒行》篇。三礼中有关于人格教养和人格成长的，特别是君子人格养成的智慧，体现了儒家文明的特点。儒家教育是多样的、全面的，它的内核是成德之教，尤其是培养君子成圣成贤。它的方法是用礼乐、六艺浸润身心，以用自我教育调节性情心灵为主。它的功能在于改善政治与风俗，美政美俗。它的特点是不脱离平凡生活，是知行合一、内外合一的一种体验。所以在当代我们建设现代公民社会、培养平民化的自由人格的过程中,尤其需要调动儒家的修养身心和涵养性情的文化资源。

忠信是礼的基本精神,义理就是规矩、仪式。这就是《礼记·礼器》里面讲的"忠信,礼之本也,义理,礼之文也。无本不立,无文不行"。礼有本有文,"故礼义也者,人之大端也"。也就是《礼记·礼运》里面讲的,"所以讲信修睦,而固人之肌肤之会,筋骸之束也。所以养生送死,事鬼神之大端也"。这样来达天道、顺人情。《礼记·礼运》里面所强调的是礼对于人的人格成长和治理国政的重要性。我们强调的是礼的功用在于治理人情。

礼是义之实,义是仁之节,仁是义之本。它肯定治国不以礼,就像没有耒耜而耕田一样。"为礼不本于义",就像耕了田不播种一样;"为义而不讲之以学",就像播种了不去耨田一样;"讲之于学而不合之以仁",就像耨了田没有收获一样;"合之以仁而不安之以乐",就像有收获而不去吃它一样;"安之以乐而不达于顺",就像吃了而不长胖一样。它的意思是说在我们人格成长和治理人情的过程中,以礼义、以这些德目来修炼自己,一定有受用、有收获。

《礼记·礼运》对于人的界定,是把人放在天地之中的。尽管人是天地中最灵秀的,是具有终极信念的,但人又是在自然生态序列中的人,又是治理的主要对象,所以"人情以为田,故人以为奥也"。要用礼来节制人的过头的欲望欲念。这里对人的界定,是以礼义、仁德为中心的,而人应当是一个道德的人。这里强调了治国之本。在礼的规范中,重要的是道德仁义的精神,它是礼义规范中的主要的精神。

我们讲的道德教化,比方说《礼记·王制》里面讲到的六礼、七教、八政,是司徒之官的使命,当然首先是精英层自身的一种道德修炼。但它同时也要重视教化,要节民性、兴民德,肯定人文教育,发挥退休官员、乡下贤达的作用,运用射礼、乡饮酒礼,通过习礼来对民众、青年进行持续不断的教化。

所以司徒修习六礼,包括冠、婚、丧、祭、乡饮酒和乡射礼,来节制民众的性情;讲明七教(父子、兄弟、夫妇、君臣、长幼、朋友、宾客伦理),来提高人们的德行;整顿八政(饮食、衣服、技艺、器物品类、长度单位、容量单位、计数方法、物品规格的制度和规定),来防止淫邪。总之,规范道德来统一社会风俗,赡养老人来诱导人民孝敬长上,抚恤孤独的人来诱导人们帮助贫乏的人,尊重贤能的人以崇尚道德,检举、摒除邪恶,对实在是屡教不改的人再将之摒弃到远方。由此可见,王制就是道德之治。

在人与自然、人与社会、人与人的交往关系,以及人自身的身心关系方面,儒家有极其重要的资源,尤其是"修己及人""将心比心"的"恕道","推爱""推恩"的方式,"爱有差等"则是具体理性、实践理性。在"爱有差等"的过程中,我们恰好可以成就普爱。儒家强调的是在这样一个差等的爱中来推己及人,因为人不是上帝。上帝可以没有差等,因为他没有时间、空间的限制;人只是一个具体的人,他的爱当然有差等。儒家说"老吾老以及人之老,幼吾幼以及人之幼",推己及人,所以儒家强调的这种爱,它强调人己关系、人物关系,是交互主体性的。成己、成人、成物,它是仁德之心推扩的一个过程。这相当于今天的人际交往和文明对话中的一些伦理,有积极的意义。

我们中国哲学的突破、我们中国人的觉醒的一个特点,是并不斩断人与宗教、神灵、自然万物的联系。所以我们前面讲到,《礼记》强调,人是宗教、神性意义的天的产儿,人又是自然生态序列中的一个成员,这是连续性的、整体性的中国哲学的题中应有之意。人又是一个道德的人,人的道德性又尤其表现在对自然物取用的反思性上,如前面我们讲到的反思贪欲、反思占有欲等。人是宇宙大家庭的成员,应自觉地维护生态平衡。

前面我们又讲到,人的道德性又表现在社会治理上,尊重庶民大众的权益,予不利者以最大的关爱,有更多制度的保障,构成社会的一种和谐。儒家的教育公平之于政治公平是一个基础,它使得阶级、阶层间有合理的流动,保证一定意义上的社会公正。这些都是礼学的真意。人应是一个有终极信念的人,他当然要对底层的人有恻隐之心,他需要在人和天地万物交往中不断地反省、调节自身,这样,人才不至于像西方近代文化中不断自我膨胀、妄自尊大的那种人。

六　礼乐文明中的艺术和美学的精神

关于乐,我的朋友中像欧阳祯人教授、林桂榛教授,他们都有很深的研究。林桂榛的夫人王虹霞,她是音乐理论的专家,他们夫妇俩都做乐方面的研究。郭店楚简中讲到,多听古乐对君子心性人格的培养尤其重要。香港中文大学的王顺然博士在最近通过的博士论文中,认为很多古乐篇章与《诗经》中有的篇章一样,就是多幕的诗和乐舞相配的音乐舞蹈剧,他认为不要轻视其中类似于今天戏剧的一些形式和内容。

《礼记·乐记》里面讲:"乐由中出,礼自外作。乐由中出,故静;礼自外作,故文。""乐者,天地之和也;礼者,天地之序也。和,故百物皆化也;序,故群物皆别也。"礼乐有不同的侧重,"礼主别异,乐主合同"。礼用来治理身,乐用来陶冶心。荀子讲:"乐也者,和之不可变者也;礼也者,理之不可易者也。乐合同,礼别异,礼乐之统,管乎人心矣。"礼乐是相互配合发生作用的,它是特别管乎人心的。

徐复观先生在《中国艺术精神》里面特别论述了乐的本质,他认定乐是仁德的表现,是美与仁的统一。他指出:孔子所要求于乐的,是美与仁的统一,而孔子之所以特别重视乐,也正是因为仁中有乐,乐中有仁的缘故。可见孔子把仁德作为礼乐最重要的内涵。徐先生重视古代的乐的内在精神,他说尧舜的仁德的精神,是融透到了"韶"乐中去的,它形成了与乐的形式完全融合统一的内容。仁德是道德,乐是艺术,孔子把艺术的尽美和道德的尽善——仁德融合在一起。这又是如何可能的呢?徐复观说,这只是因为乐的正常的本质与仁德的本质,仍有其自然相通之处。乐的正常的本质,可以用一个和谐的"和"字来总括。在先秦、秦汉的典籍中,都以乐的特征和功能为"和"。"和"本是各种相异的东西的相成相继,谐和统一。所以荀子在《礼记·乐论》里面讲"乐和同",《礼记·乐记》里面讲"乐者为同……乐者,异文合爱者也",《儒行》里面讲"歌乐者仁之和也"。也就是说,仁者必和,"和"中含有"仁"的意味。仁者的精神状态,也就是"乐和同"的境界。《白虎通》里面讲"乐仁",也就是认为乐是仁德的表现、流露,所以把乐和五常之仁配在一起,把握到乐的最深刻的意义;乐和仁的会通统一,就是道德和艺术中最深的根底中的最高的一种境界,它会得到自然而然的融合。道德充实了艺术的内容,艺术助长了、安定了道德的力量。所以徐先生论证了夫子的"吾与点也"之叹,昭示了艺术境界和道德境界是可以融合的。

徐复观先生阐发了音乐、艺术的这样一种政治教化和人格修养上的意义,他说:"乐的艺术,首先是有助于政治上的教化。更进一步,则认为可以作为人格的修养、向上,乃至也可以作为达到仁地人格完成的一种工夫。"①他认为,同样起教化作用,和礼教相比较起来,乐教是更加顺乎人的情感而加以诱导的,它是积极的。"儒家在政治方面,都是主张先养而后教。这即是非常重视人民现实生活中的要求,当然也重视人民感情上的要求。(原注:'礼禁于未然之前',依然是消极的。)乐顺人民的感情将萌未萌之际,加以合理地鼓舞,在鼓舞中使其弃恶而向善,这便是没有形迹的积极地教化。"②按照徐先生的理解,构成音乐(这里指古代"乐")的三要素"诗""歌""舞",是直接从人的"心"发出的,主体性很强。他说:"儒家认定良心更是藏在生命的深处,成为对生命更有决定性的根源。随情之向内沉潜,情便与此更根源之处的良心,于不知不觉之中,融合在一起……由音乐而艺术化了,同时也由音乐而道德化了。"③

所以中国的乐不是一般的器物和形式,它是与人的内在精神、情感紧密联系在一起,从心中流出的,乐和乐教起着安顿情绪、支撑道德、修养人的品格、提升人的境界的作用。

关于礼乐与礼乐之教,《荀子·劝学》讲:"礼之敬文也,乐之中和也。"《礼记·乐记》讲:"礼节民心,乐和民声。……乐者为同,礼者为异。同则相亲,异则相敬。乐胜则流,礼胜则离。""大乐与天地同和,大礼与天地同节。……礼者,殊事合敬者也。乐者,异文合爱者也。礼乐之情同,故明王以相沿也。""仁近于乐,义近于礼。乐者敦和,……礼者别宜……""乐也者,圣人之所乐也,而可以善民心。其感人深,其移风易俗,故先王著其教焉。"足见礼、乐有不同的特性与功能,乐比礼更与人的内在情感相通,二者又相辅相成。总体上说,

---

① 徐复观:《中国艺术精神》,台北:台湾学生书局,1966年初版,1998年第12次印刷,第20页。
② 徐复观:《中国艺术精神》,第23页。
③ 徐复观:《中国艺术精神》,第27页。

礼乐教化或礼乐之治,有助于社会安定、人格完善,至少有助于上层社会的文明化与下层社会的移风易俗(亦是文明化的题中应有之义)。

七　礼乐文明的现代意义

徐先生讲,中国人之所谓人文,其实就是指的礼乐之教,礼乐之治。《周易》的"观乎人文以化成天下",实即是兴礼乐以化成天下。"儒家的政治,首重教化;礼乐正是教化的具体内容。由礼乐所发生的教化作用,是要人民以自己的力量完成自己的人格,达到社会(原注:风俗)的谐和。由此可以了解礼乐之治,何以成为儒家在政治上永恒的乡愁。"[1]

徐先生指出,礼乐有三方面的功能或作用。第一,在政治层面上,把人当人看待,这是理解礼治的一个基础。第二,在社会层面上,建立一种"群居而不乱""体情而防乱",既有秩序,又有自由的合理的社会风俗习惯。第三,在个人修养层面上,"仁德修养的根本问题,乃在生命里有情和理的对立。礼是要求情理得其中道,因而克服了这种对立而建立一种生活形态","现代文化的危机,根源现在不只一个。但是人的情感得不到安顿,趋向横决,人的关系得不到和谐以至于断绝,应当也是其中最主要的根源"。[2] "那么这个时候我们提出中国人文的礼乐之教,把礼乐的根源意义在现代重新加以发现,这是现代知识分子得以重视的重大的课题之一。"[3]所以徐复观先生这个说

---

① 徐复观:《中国艺术精神》,第23页。
② 徐复观:《中国思想史论集》,台北:台湾学生书局,1959年初版,1993年第9次印刷,第240—241页。
③ 徐复观:《中国思想史论集》,第240—241页。

法是值得我们深思的,也确需我们重新发现礼乐的现代价值。

关于礼乐的现代价值,徐先生说它包罗广大,其中之一乃在于对具体生命的情欲的安顿,使情欲与理性能得到和谐统一,以建立生活中的中道,使情欲向理性升进,转变原始性的生命,以成为成己成物的道德理性的生命,由此道德理性的生命来承担自己,承担人类的命运。这就可以显示出中国人文主义的深度,并不同于西方所谓人文主义的深度。中国人文主义和西方人文主义确有不同,中国的人文主义不是寡头的人文主义,它不与宗教对立,不与自然对立,不与科学对立,的确有其深度。

徐复观先生对于"礼教吃人"的说法也加以批评,他说:"即使在所谓的封建时代,礼也是维系人的地位和人与人的合理关系,而不是吃人的。封建的宗法制度,主要是靠亲亲、尊尊的两种精神,礼是把这两种精神融合在一起,以定出一套适切的行为规范。这些与法家只有尊尊没有亲亲的精神所定出的秦代的礼仪,是决然不同的。在实际上,儒家礼乐大大缓冲了政治中的压制关系,汉儒是多反对叔孙通取秦仪来定汉仪,而思另有制作的根本原因在此。"[1]

所以,我们以礼节来节制人的性格和行为,这是近仁的工夫,这是孔子立教的最大的特色。我们现在要讲在礼乐文明中来调动它的资源,在现代化中重新诠释礼乐,借助礼乐之教的推行来补充刑法、政令的片面化,发展民间社会,调整政治、社会和人生。在一定意义上,礼乐是补充、调整、改善片面的刑法和政令的,有助于文明的建构和保护民间的道德资源。

儒学以仁义为道体,以礼乐为路径。礼是民族、国家、社会、家庭

---

① 徐复观:《中国思想史论集》,第 237 页。

的秩序。以个人言，守礼则文明，无礼则禽兽。以群体言，隆礼则致治，悖礼则致乱。乐是礼的补充。礼治理身形，乐陶冶性情。

法律出于强制，礼则出于人性之自然，靠人的良知与社会习尚即可推行。法治无礼乐辅助，则徒有具文。民主无礼乐维系，则徒增混乱。如人人不知尊重他人，亦不知尊重自己，又怎能施行民主？礼的作用，在保障人与人自由的界限，人类要求得自由，不能离开礼与礼乐。

礼与礼乐是传统四民社会具有内在约束力的信仰系统，是从社会上层到老百姓的行为方式。西方法律背后是基督教精神在支撑、在起作用，中国新时代法律背后一定要有本土文化精神，特别是长期积淀下来并对公序良俗有滋润的儒家礼乐文明来支撑、来起作用。

"礼"具有秩序、节度、和谐、交往四大原理。三礼之学是中华民族宝贵的精神遗产，仍有其现代价值。礼让为国，安定社会，消弭争夺战乱，节制骄奢淫逸，是使人民得以安居乐业的前提。以一定的规矩、制度来节制人们的行为，调和各种冲突，协调人际关系，使人事处理恰到好处，是礼乐制度的正面价值。这里有社会正义的意蕴，即反对贫富过于悬殊。一部分人富起来了，富了以后怎么办？孔子讲"富而后教""富而好礼"，讲教化、教养，反对铺张浪费、夸财斗富，用今天的话来说，就是不要有土豪的心态与做派。目前我国的大众文化渲染淫逸，对社会风气有极大的腐蚀作用，对青少年的成长十分不利，而文化批评的力量却格外薄弱。这是值得我们检讨的。"礼"恰好是调节、治理我们的欲望、人情的。

就现代生活而言，在外在强制的法律与内在自律的道德良知之间，有很大的空间，即包含社会礼俗在内的成文与不成文的生活规范，这也就是所谓的"礼"。古今社会规范的差异不可以道里计，但提高国民的文明程度，协调群体、乡村、社区、邻里的关系，促成家庭与社会健康、和谐、有序发展，不能没有新时代的礼仪文化制度、规矩及与之相关的价值指导。今天我们仍然面临提高国民的文明程度的任务，在这一方面，礼学有深厚的资源。就国家间的交往而论，尽管周秦之际的诸侯国与现代的民族国家不可同日而语，但互利互惠、和平共处的交往之礼义，亦有可借鉴之处。

过去讲"五伦"，君臣、父子、夫妇、兄弟、朋友。现在，君臣这一伦可以发展为上下级关系一伦。从朋友一伦，以及《大学》中的"与国人交，言而有信"，可以发展为同事关系一伦，或群己关系一伦。"五伦"关系可改造转化为新的礼治秩序，进而发展文明间、宗教间、民族间、国家间的交往伦理，乃至生态伦理。所以，前年我在《新时代"六伦"的新建构》一文中指出，应增加同事一伦，还应增加群己一伦，以应对个人与社会、国家、人群之间或陌生人之间的交往，乃至调整人类与天地、山河、动植物类的关系，处理好自我与他者的关系问题。新"六伦"似应为：父（母）子（女）有仁亲、夫妻有爱敬、兄弟（姊妹）有情义、朋友有诚信、同事有礼智、群己有忠恕。当然，还可以有新"七伦"等。

礼乐文明在社会与国家治理方面，在人的精神安立、安身立命方面，意义甚大、甚广，不可轻视。我们今天建设新时代的礼与礼乐，应以此为目标。

2016 年 11 月 11 日晚应邀在欧阳祯人教授主办的自媒体"珞珈山——空中杏坛"微信群上演讲，此为整理稿。

墨学概观

一 墨子其人其书与墨家学派

墨子名翟(dí)，出生于春秋末战国初。他是伟大的思想家、哲学家、教育家、科学家、军事家。关于他的籍贯，也是众说纷纭，有楚人说、鲁人说、宋人说，多种说法。大体上学者们肯定，他是宋国大夫，长期生活在鲁国(鲁东地区)。墨子说自己是"上无君上之事，下无耕农之难"，也就是说他可能是有一定的文化身份，又接近"农与工肆之人"的士。他早年学习儒术，也是从儒家过来的。但是不满意周礼的繁文缛节，因此他自创了学派。

墨子师徒组成的是宗教性、政治性的社团。他奔走于齐、鲁、宋、楚、魏诸国。孟子也不得不肯定"墨子兼爱，摩顶放踵利天下为之"。可见儒家学派虽然批评墨家学派，两派之间有一些不同，但他们是同源的伟大的思想流派。

据说，公输班为楚国制造了云梯，准备攻打宋国。墨子听到这一消息，从齐国出发，星夜兼程，十天赶到楚国的郢都(江汉平原)。他同时向楚王宣讲"兼爱""非攻"的道理，在楚国演示了自己守城的方法，公输班比不过他。墨子又告诉楚王，说墨家弟子三百人已经拿着守城的武器在宋城等待"楚寇"矣。楚王不得不放弃攻打宋国的计划。这就是历史上非常著名的墨子止楚攻宋的故事。另外他还阻止了鲁阳文君攻打郑国和宋国。我们知道春秋战国时期有很多的战争。墨子后来又来到了楚国，南游到楚都，献书给楚惠王。楚惠王欣赏这些"良书"（很好的书），但是不准备实行。所以墨子就拒绝了楚惠王给的一些优厚的待遇。他说："道不行不受其赏，义不听不处其朝。"即如果你不听我主张的话，就是高官厚禄我也不受。

墨子的"墨"、墨家的"墨"，当然是因为墨子叫墨翟，姓墨。"墨"字怎么来的？据文字学家们说，"墨"字有三种含义：一种含义是木匠用绳墨；一种是墨刑，古代在犯人脸上刺字或图案，再染上墨；还有墨瘠，贫穷、贫贱。所以墨子一生"以自苦为极"，向往大禹精神。墨家学派有很多的首领，叫"巨子"，都是能够吃苦耐劳的人，他们肤色黢黑，胫无毛，沐雨栉风，是非常了不起的一些人。所以墨家和其他学派不一样，基本上是由手工业、下层人士甚至刑徒等组成的。他们具有宗教色彩，也是学术团体。他们穿的是布衣草鞋，生活勤俭。他们到各国从事宣传活动，都要遵守墨家的纪律，推行墨家的主张，而且还要向团队缴纳一定的俸金。墨家都能够仗义执言、见义勇为、赴汤蹈火、死而后已。墨家的巨子，像孟胜为了守义，死于阳城君的封地。他的弟子徐弱先孟胜殉死，殉弟子共一百八十三人。墨家的巨子腹䵍居于秦国，他的儿子杀了人，秦惠王免死。腹䵍说，我们墨家有墨家的法律，按法律他一定要被处死。墨家学派就是由这样一些非常有奉献精神的下层劳动者组成的团体。

孟子说："杨朱、墨翟之言盈天下，天下之言不归杨，则归墨。"杨朱是极端的利己主义者，墨翟是伟大的利他主义者。当时有一阵子是杨墨两家的主张在中原流行。韩非子的《显学篇》讲，当时的"显学"（就是最热闹的学问，信众最多的学问）无非两家：一家是儒学，一家是墨学。"儒之所至，孔丘也；墨之所至，墨翟也。孔子、墨子俱道尧舜，而取舍不同。"他们都自谓真尧舜，自己说自己是真正奉行尧舜主张的门徒。可见当时儒墨两家成为显学，是有共同性的。儒墨两家也是有区别的,墨子之学出于夏礼,孔子之学出于周礼。但他们同样尊重尧舜,都有很高的道德追求标准。墨子对《诗》《书》之教颇有修养,他反对的只是烦琐的、形式化的礼乐。

墨家活动的时期大概有两个世纪,之后的传衍不太可信。《吕氏春秋》讲,孔墨"皆死久矣,从属弥众,弟子弥丰,充满天下"。关于墨家学派,《韩非子》讲"墨离为三"。墨子去世以后墨家学派分成了三派,有相里氏之墨,有相夫氏之墨,有邓陵氏之墨。《庄子·天下》提到墨子时,讲到南方的学派,比方说有苦获、己齿、邓陵子。他们以自己为中心,互相称别人为"别墨"。墨家学派在中原地区的确有很大的发展。他们拥有侠义精神,多勇武之士。墨家善于运用概念、判断、推理的逻辑方法和辩证思维来批驳论敌。因此,墨学含有"侠"义和"辩"义。还有人说墨家学派有游侠派、论辩派、游仕派。说法当然还有很多很多。

关于《墨子》其书,《汉书·艺文志》记载有七十一篇,宋以后实际只有五十三篇,也就是今本《墨子》,这些都放到了《道藏》里面。如果不是清代学者的整理,我们今天就看不懂墨子的书,特别是后期墨家的《墨经》。《墨经》有所谓"旁行"。什么叫"旁行"?《墨经》有经、说两部分。过去用竹简、木简抄写时,是作为上下两段抄的。上段写的是经文,下段写的是说文(解释的文字)。后人不知道这是旁行结构,把这两段抄在一起,没有办法来句读和断句,就引说来辅助。清毕沅校注时才指出旁行句读。《墨经》经过清毕沅、张惠言、孙诒让整理校释,又有梁启超《墨经校释》、谭戒甫《墨辩发微》、高亨《墨经校释》等。所以墨学的复兴,是自《墨经》以后才开始的。

根据梁启超、胡适之、方授楚等人的研究,《墨子》大概有五个方面的主要内容:

第一部分,是卷一的《亲士》《修身》等七篇。墨家的数传弟子利用墨子某一言论来论述自己的主张。

　　第二部分,是最重要的内容,包括从卷二到卷九的《尚贤》《兼爱》《非攻》《尚同》等,各分上、中、下,共二十四篇。这是《墨子》的核心内容。它是二传、三传弟子驳斥其他的非墨学派而写的文章,或者是对墨子的思想言论的记录,体现了墨子主要的社会政治思想,也就是"十义"。

　　第三部分,就是前面稍微提到的整理最难、最不容易读懂的所谓"墨经",也叫"墨辩"。《经》有上下篇,《经说》也有上下篇。《经说上》是解释《经上》的,《经说下》是解释《经下》的。还有《大取》《小取》,一共有六篇。学者现在一般认同,《经》和《经说》的上下篇应该是墨子自著或者演说而成的,主要是墨子的思想;而《大取》《小取》叫"墨辩",是后期墨家辩者逻辑学思想的体现。清末以来,为迎合西方思想,接纳西方文化,墨学大兴,就是因为其有《墨经》。喝洋墨水、学习西方的学者,觉得这就是我们的逻辑学,而且比古希腊的逻辑学水平还要高。

　　第四部分,从卷十一到卷十三《耕注》等,有五篇文字,是墨子言论、行迹的记录,有点类似《论语》的最后一篇《乡党》。它们是墨子门人写的。

　　第五部分,包括卷十四《备城门》等,还有卷十三的一部分,一共有十一篇文字。主要内容是城市守备的方法,包含有某些兵家之言。李学勤先生认为,这是在秦之墨者所言。

　　另外,除了今本《墨子》之外,还有出土文献。1956年,在河南信阳长台关楚墓里面出土了《墨子》的佚篇,这也可供我们参读。大家可以看李学勤先生的书。

二 墨子以"兼爱"为中心的十大主张

当然,关于墨子的中心思想,有人认为就是"义",我们认为还是"爱"。世界上大的宗教文化思想传统无不以"爱"来立派。墨教就是"兼爱"之教,儒教就是"仁爱"之教,当然,这里的教不是指像基督教那种宗教。我们知道,基督教有博爱之说,伊斯兰教有仁爱之说,佛教有慈悲之说,等等。这都是以爱来立教的。

墨子思想很丰富,总体上是"兴天下之利,除天下之害"。他的十大主张,表面看来有一些矛盾,但是这些治国方略是为救治列国的病态准备的,针对某国某地只需要根据具体情况对症下药。所以墨子教导他的弟子:各位,你们到列国去,要因时因地制宜。假如这个国家的统治者昏乱,你就先从尚贤、尚同着手,把真正贤能的人放到恰当的位置上来,又要依从上面的指令。而你到另外一个地方去,这个国家或地区人民很贫穷,但是统治者还在奢华地搞一些烦琐的礼仪,你就给他们宣传节葬、节用,不要厚葬,不要浪费。墨子是有针对性地讲。这个国家非常享乐腐化,你就宣传非乐、非命;有些国家的国君不爱民,就要讲天有意志,天爱民,鬼就在你上面,君主若违天意就要受天的惩罚;有的国家一定要称霸,搞掠夺、搞欺凌,那你就要讲兼爱、非攻。所以他的十大主张看起来有矛盾,实际是有针对性的、因时制宜的一些主张,这叫"择务而从事"。

墨子的核心主张是兼爱、互助。当时国与国之间、家与家之间、人与人之间相互抢夺、残害,发生强凌弱、富侮贫等一系列罪恶的社会现象。这都是天下之大害也,他决心加以救治。他认为这是"不相爱"引起的。因为我们只晓得爱自己的身、家、国,而不爱他人的身、家、国。其实我们要不分你我,不分彼此,一统天下之利害、好恶。墨子以爱人又爱己、为人又为己来解释仁德,把"兼相爱"作为仁德所追求的最高目标。他反对"别",他讲"兼",方法是"以兼易别"。"兼"在金文里面,就是一手握住两禾,是并举的意思,表示平等。兼爱当然不同于孔子的仁爱。儒家的仁爱思想其实也是博爱,孔子讲"泛爱众",韩愈讲"博爱之谓仁"。儒家还讲"爱有差等",意即我对父母的爱与对兄长的爱不同,对自己父母的爱与对别人父母的爱不同。儒家主张从亲情出发,推己及人,"老吾老以及人之老,幼吾幼以及人之幼"。儒家的"善推其所为",这种推广是推己及人,有一个推的、体验的过程。墨子是"爱无差等"。墨子要当下有一种奉献、牺牲精神,很了不起。他要求人们对别人的爱和对自己父母的爱、对自己亲人的爱没有差别,一视同仁。"故圣人以治天下为事者,恶得不禁恶而劝爱。故天下兼相爱则治,交相恶则乱。故子墨子曰:'不可以不劝爱人者,此也。'"他说的是一种"爱无差等"的爱,他说"不可以不劝爱人者,此也"。

他又讲,我视人家的国家好像是我的国家,人家的家庭就像我的家庭,人家的身体就像我的身体一样,所以"诸侯相爱则不野战,家主相爱则不相篡,人与人相爱则不相贼,君臣相爱则惠忠,父子相爱则慈孝,兄弟相爱则和调。天下之人皆相爱,强不执弱,众不劫寡,富不侮贫,贵不敖贱,诈不欺愚"。这是墨子的一种主张。我们看他和儒家的主张有交叉的部分,当然根本上还是不一样的。他之所以提出以兼为善、以兼为仁义的思想,是因为和老百姓讲兼爱,一定要讲互利。他说:我爱别人,别人也会爱我;我利别人,别人也会利我;你厌恶别人,人家也会厌恶你;你伤害别人,别人也会伤害你。这还是一种交换的原则。利人利己、害人害己,这是一种功利主义的交换原则。墨子把互爱互利的道德原则推广为一种普遍原则。他兼和义利,讲互惠互利,容易被小生产者接受。

在"兼爱"基础上墨子还要讲"非攻"。他首先指出攻占的不义,而后指出攻占的不利。无用的攻伐,夺民之用,废民之利。老百姓去打仗,你就没有粮食吃了。秋天你去打仗,你也没有办法收割粮食。你为了一时的战争、不义的战争,使老百姓饥饿冻死,不可胜数。而且战争也扰乱了天神,影响了天神之利,天神也会惩罚你。所以他是这一种讲法,这就是"非攻"。

在"兼爱"基础之上他又讲"尚贤"。他说:"官无常贵,而民无终贱,有能则举之,无能则下之。"而且他讲,"选天下之贤可者,立以为天子",选择贤可者,命为各级政长。他讲"尚贤",而且讲"尚同",各级领导的是非以天子的是非为是非,自上而下逐级统一。他设计了"尚同"的社会蓝图。

墨子特别有意思的是讲"天志",即天有意志,又讲"明鬼"。他认为天是自然、社会和人民的主宰,能赏善罚恶。"顺天意者,义政也;反天意者,力政也。"这是墨子的"利天""同天"之说。天是自然社会、人民的主宰,所以他要尊天事鬼。他把宗教政治化、道德化了。我们看到的是,儒家也尊重天,儒墨两家关于天之理解有异有同。希望天作为善、义之根源,是道德的终极根据,两者是相同的。天有意志,其实代表的是老百姓的意志。"天视自我民视,天听自我民听",这是《尚书》里面反映的中国古人共同的观念,墨家、儒家都是这个观念。天能够赏善罚恶,主宰天子。但是两者又有不同,墨子的"天志"思想主要反映劳动人民的利益要求,是平民意志的反映;而墨子的论证方式,是以"利"为枢纽,其"天志""明鬼"论是借用超越的、神秘的力量来治理现实社会的病态,以"兴利除弊"来塑造一个合理化的社会。

另外他还有"非命""尚力""尚同""节葬""节用"的主张。他主张尚力不尚命，"赖其力者生，不赖其力者不生"。墨子认为命定论是帮助暴君欺骗百姓的，老百姓不一定要接受现实，而要有所作为，不要信命，要信自己的力量。他的"尚同"的主张有盲目性，一味服从上级。另外他又讲祭祀鬼神，人鬼同利。他主张祭祀，因为他觉得大家祭祀以后还可以把祭品留下来分享，家人、族人、乡人共享。祭品可以共享，葬了以后不能共享，所以他反对厚葬，但是又主张一定程度上的祭祀活动。另外他还强调要从国家、人民的实力出发，从自己家里的经济水平出发，强调节用。

这十大主张前面都讲到了，但他是因时因地制宜的，不是说每到一时一地都是这十个主张，铺天盖地而下。不是的，他是有针对性的，中心是"兼爱"。

三　墨子的认识论和科学成就

我们今天讲实践是检验真理的客观标准，当时人怎么看待这个问题，墨子怎么看待这个问题呢？墨子有所谓"三表法"。"有本之者"，本在哪里？"上本之于古者圣王之事。""有原之者"，原在哪里？"下原察百姓耳目之实。""有用之者"，用在哪里？"发以为刑政，观其中国家百姓人民之利。"墨子以此来判断认识的正确与否。在这里，他比较重视感觉经验、闻见之知，肯定古典文献的记载，还肯定社会的效果，以此作为衡量学说是非曲直的标准。所以"三表法"有它积极的意义。但是，依照同样的标准，可以证明鬼神的存在。因为古籍中有鬼神的记载，百姓中有鬼神的传闻，而且墨子认为鬼神的威慑有利于国家治理和人民的安定。

墨子还主张通过五官获得感性的认识。他讲,"知,材也","材"是指认知能力;"知,接也","接"是指通过感官和外物的接触产生认识;"唯以五路知","五路"是指五官;"知而不以五路,说在久","久"是指时间。这是说人们在很长的时间内形成了的熟练技能,可以不再通过五官去知觉。这是熟能生巧所致,不是超感觉的,还是强调感官。

另一方面他也强调心思的重要性。"心"对于"五官"的见闻之知有辨析察识的功能。他讲,"虑,求也";"循所闻而得其意,心之察也";"执所言而意得见,心之辨也"。通过察辨来鉴别真伪,使认识上升到理性的阶段。这是对"三表法"一种重要的补充。

另外他讲"名实合为""知行合一",他讲"知:闻、说、亲;名、实、合、为"。知是什么呢?"传受之,闻也。"知是从传闻和阅读中得到的知识。"方不障,说也。"说是重视"说知",依靠推理的方法,来追求理性知识。"身观焉,亲也。"我们直接的经验是亲力亲为的。"所以谓,名也。"比如这个杯子、这个桌子,其概念是名词概念,它们是有内涵、有外延的。另外,他所表达的是什么呢?"所谓,实也。"是实际事物。概念和事物、认识和实物相符合,叫"名实耦,合也"。"志行,为也。"有正当目的的行为叫"志行"。这是讲到墨子的一些认识论的思想,包括逻辑推理,其来源是实践,是感官。墨子强调目的性要善,要符合百姓之利,不是巧言令色、欺世盗名。这是他的认识论思想和伦理学思想相符合的表现。

墨子为中国古代科学技术做出了重要的贡献,其主要成就在《墨经》之中。以今天的眼光来看,涵盖了几何、数学、物理、工程机械、科学思想与方法等方面。

数学方面,他给出了一些数学和几何命题的定义。比方说,"倍,为二也"。即原数自加一次或乘以二为倍。又如,"圆,一中同长也",即圆是距中心同样长度的线构成的圆形。虽然其定义和文字的表述没有数学符号的表达,但是有抽象性、逻辑性、严密性,代表了先秦时代数学理性思维的最高水平。

物理学方面,主要是力学和光学的定义。"力,刑之所以奋也。""刑"是形体,"奋"是运动,"力"是使物体发生运动的原因。这来自经验的概括,也符合力的属性。墨子对光学的研究水平最高,他的光学条目虽然只有八条,但是非常有系统性、逻辑性,涵盖了阴影问题、小孔成像问题、凹面镜问题、凸面镜问题。所以李约瑟先生在《中国科技史》里面高度评价了墨子关于光学的贡献:"比任何我们所知的希腊的为早,印度亦不能比拟。"

在工程与机械制造方面,他发明了用机械力量代替人拉弓的连弩车,威力巨大。他利用杠杆原理制造了掷车、转射机,比较灵活。他还是发射机的鼻祖。

在科学思想与方法方面,墨子也有很多的贡献。墨子给出了时间和空间的定义。什么是时间? 中国文化讲"可大可久","大"是空间,"久"是时间。"久"怎么定义? 墨子的定义是"弥异时也","久,合古今旦莫"。空间是"宇","弥异所也","宇,东西家南北"。"宇"是东西南北的空间。

总之,墨子的科学方法与逻辑学是密切联系的。前面我们说到《墨经》中有一些科学研究的记录,当然虽缺乏像欧几里得《几何原本》那样的系统性,墨子本人也不是职业的科学家,但是这些记录代表了先秦时代我国科学研究的最高水平。其内容的逻辑性、严密性,在我国科技史上很具有特色和价值,甚至在世界科技史上都占有一席之地。

四　墨家的逻辑学

墨家的逻辑学包含了"名""辞""说""辩"，以"辩"学统摄全体。

首先，"以名举实"。举名，就是命名、加名。名用来称谓实，是主观的给予、加予。"以名举实"，即名实相符之意。名不仅反映事物的现象，更反映它的本质或属性。我们今天说的杯子，不管质料怎样，不管是什么形状，我们都叫它杯子，杯子有杯子的内涵和外延。今天讲桌子，不同形状、不同质料做成的这种东西，我们把它叫作桌子。名词就规定了这一类事物的一些特征，没有名词我们就没有办法对话，人类也没有办法思维。所以中国古代逻辑学是以墨家的逻辑为代表的，后面还有名家，也是受到墨子的影响。以名举实，是逻辑学的初步。名就是概念。"所以谓，名也；所谓，实也。""知其所知不知，说在以名取。"知与不知的区别在哪里？就在于以名举实。从根源上说，名由实起，名统一在实，但必须由实来正名，名实统一。

名有外延。从外延大小来分，有达名，有类名，有私名。"名""达""类""私"。"达名"是最一般的概念，如"物"。"类名"反映一类事物的概念，像马有白马、黄马、黑马。马的概念是以"类"说。"私名"是专门的、单独的概念。比方说"臧"是一个特定的人的名称。另外墨子告诉我们，从属名和种名来划分，有兼名和别名。比方说叫"牛马"，就是兼名，把牛和马都合在一起。牛是别名，马也是别名。牛是牛，马是马，不是牛马。牛马、牛或者马，属于全体和部分、大类和小类、属名和种名的关系。所以《墨经》强调以名举实。

但是他并不把名词、名相、概念当作是一种静止的、孤立的物件。他不只是有形式逻辑的思想，他还有辩证逻辑的思想，他始终把事物变化的过程反映到名词概念中来。比方说"宇",是空间的概念,他说"宇或徙,说在长宇久"。空间是个概念,空间概念怎么讲?对"宇"这个符号或语言的释义是:"宇:长徙而有处徙。宇南宇北,在旦(朝)有(又)在(暮),宇徙久。"比方说物体在空间上由南移动到北,时间上是从早上到晚上的延长,由朝到暮的延续,所以叫"宇南宇北,在朝又在暮,宇徙久"。物体在时间上的延续又总是与所处的迁移联系在一起的,所以物体在空间上由南到北,在时间上早上移到了晚上。它在规定"宇"是空间的这一符号时,以为空间隶属于时间,又与运动分不开,和变化分不开。所以我们知道《墨经》不只是强调以名举实,而且证明它不是孤立的、静止的形式逻辑的名,其名还有辩证逻辑的含量。

其次,"以辞抒意"。后期墨家在"墨辩"里面涉及作为判断的"辞"和"言"的不同形式。比方说"尽,莫不然也",这是全称判断,是全称直言肯定判断。再比方说"或也者,不尽也","或"含有特称、选言判断和选言推理的含义,如"时或有久,或无久""尺与端或尽或不尽"等。"假也者,今不然也。""假"是区别于"今已然也"(实然判断)的假言判断。此外还有必然判断和"且然"(将然)判断的形式。"且入井,非入井也。"将要入井而尚未入井,含有某种时态的关系。

再次,"以说出故"。墨家"说"式推理的基本逻辑范畴是故、理、类。"夫辞,以故生,以理长,以类行者也。"在整个"说"式推理过程中,故、类、理是基本前提。"故"是事物所以成立的原因、条件和论题的根据、理由。其中有"大故",有"小故"。"小故"是"有之不必然,无之必不然"。"大故"是"有之必然,无之必不然"。所以"大故"是充分必要条件,"小故"相当于必要条件。"理"也即"法"。"理"和"法"是指事物之理和立辞的论据。墨家逻辑推论非常强调"类"的同异,"以类取""以类予"都是关于类的推演。在推论中,首先必须"明类"。墨家逻辑的推理方式,有具类比特点的"辟""援""推"和属于一般演绎论式的"或""假""效""侔",含有选言推理、假言论式、直言的演绎论式、复杂概念推理等形式。

最后,"辩"学是基本原理,统摄全体。墨家的辩学不是诡辩。"夫辩者,将以明是非之分,审治乱之纪,明同异之处,察名实之理,处利害,决嫌疑。"墨子、墨家是"兴利除弊",其逻辑学也不是诡辩论。墨子强调的是,你的辩说、你的名辞说辩,要符合于国家、民族、老百姓基本的利益,不能乱来。所以"辩"的目的和作用是"明是非""审治乱""明同异""察名实""处利害""决嫌疑"。不是为了言说而言说,不是猎奇,不是奇技淫巧。这是战国时期第一次全面研究了作为逻辑学的"辩"的问题。所以他讲"摹略万物之然,论求群言之比"。他是考察客观事物的所以然,分析比较不同的言论,来解决认识真理的方法问题,为社会实践服务。"辩"的原则是:"以名举实,以辞抒意,以说出故。以类取,以类予。"这就是前面阐述的名实关系问题,概念、判断、推理的一些方法和规则问题。在"名""辞""说""辩"四者中,"正名""析辞""立说"是"明辩"的基础,"明辩"则能兼三者之能事。这是逻辑学的思想,非常丰富,不亚于希腊的逻辑。

五 墨家在中国思想史上的地位、贡献和现代意义

综上所述,墨家是"九流十家"之中重要的一家,是中国文化中一种重要的基因。贺麟先生曾经打过比方,如果说儒家的口号是"到庙堂去、到朝廷去",道家的口号是"到山林去",墨家的口号则是"到民间去、到老百姓中去"。贺麟先生这个比方可能也简单化了,但是大

体上可以说，墨家是反映社会下层老百姓的心声的。它和儒家不同，它"背周道而用夏政"。墨家的崛起，反周从夏，以大禹为榜样，以兼爱为中心，日夜不休，形劳天下，利天下而为之。墨子试图利用原始文化中的博爱、互利、民主、平等、为公的精神去批判和否定礼治架构的不合理，批判黑暗的政治统治和奢侈靡财的文化，试图再造一种与下层民众的生活相协调的价值体系。他从儒家中走出来，想再造一种和老百姓生活相协调的文化价值体系。

前面说到墨家的学术贡献，还表现在自然科学技术、认识论、逻辑学方面，尤其是中国文化的薄弱环节。没有墨家，我们可以说这方面是非常惨的。幸好有墨家在这方面补了缺。尤其是墨家的逻辑学，它可以和印度的因明逻辑和西方的形式逻辑、演绎逻辑相媲美。

墨学在汉代以后迅速衰微，原因何在？首先，从外部来说，儒学地位越来越高了，知识分子视墨学为邪说暴行，因而它被冷落了。其次，从内外关系来说，墨家学说可能不太适应秦汉以后中国的社会生活。张岱年先生、任继愈先生都有详细的讨论，我这里简约化地把两位老先生的讨论介绍到这里。秦以后的社会是政治上高度统一的社会，所面对的是分散的农业自然经济、个体经济。一个高度统一的朝廷和分散的个体的自然经济两者整合得好，中国社会就会繁荣进步。而儒家思想适宜于这两者的协调——一个极其分散，一个高度统一——并把它们协调起来。墨家的兼爱思想，有打破家庭本位之嫌。特别是墨家的组织，墨家的游侠作风，墨家的辩说特征，都不适应农业文明的大一统社会，而且会被集中的中央政府禁止。比方说汉朝就打击游侠。墨家文化就逐渐演变为社会下层游侠的思想，在上层中地位很低。

另外，墨家主张以兼易别、整齐划一的"尚同"思想，反对多样化，不适宜社会各阶层表达自己的愿望,反而加剧了社会矛盾。所以墨家的"尚同"和儒家的"和而不同",以及和秦汉以后统治者要求的集中,都不一样。这也就是荀子所批评的"墨子有见于齐,无见于畸","有齐而无畸,则政令不施"。

再次,从内部来讨论,墨家自身有一些缺陷,使它终结了。第一,墨子去世以后墨家缺乏德才兼备的领袖,缺乏像孟子、荀子之于儒家,庄子之于道家那样大师级的人物。第二,墨家组织内部缺乏民主,加上墨子的苦行主义、自我牺牲使人难以接受,他的理想也很难实现。第三,墨家后世的墨侠集中在秦国,有拥秦之嫌,拥秦在汉朝以后的知识分子中名声不好。第四,墨家有的后学的诡辩过于微妙。这是韦政通先生总结的墨家内部的一些原因,当然不一定准确,这里只是提供思考。

此外,墨学衰微的原因还在于秦汉以后上层文化的主流有重政轻技、重道轻器的倾向。这当然和儒家有关,我们尊重儒家,也不避讳儒家的缺陷。既然是重政轻技、重道轻器,就把墨家放在下一等的技和器的层面上。其实墨家有它的道。所以整个氛围不适应墨学的发展,墨学自然科学的思想,以及几何学、光学、力学、机械制造、逻辑学,没有合适的发展土壤。墨家思想在汉以后较少有人研究,但是墨家文化在民间社会起着巨大的作用。在科学方面影响着魏晋时期的鲁胜、刘徽这些科学家。在道德方面,墨家所提倡的道德品质、勤俭节约、兼爱互利的思想成为我国劳动人民的一种主要的精神。特别是墨家的一种救世献身的热忱、意志的磨炼,成为中华民族理想追求的有机组成部分。刻苦勤劳、磨炼意志、献身精神、兼爱互利思想,是伟大的人格典范的组成部分,是伦理学道德学说的重要组成部分。另外墨家重视经验、强调践履的作风,影响了清初颜元、李塨学派。

在社会实践方面,墨子思想对我国道教的兴起和农民起义也产生了影响。

梁启超先生1904年在《新民丛报》撰写《子墨子学说》和《墨子的论理学》(论理学即逻辑学),举起了墨家的旗帜。当时流亡在日本的章太炎、梁启超等人办的报纸,或者是有改良、革命思想的人在国内办的报纸,都把墨子的头像印出来,以墨学的复兴来标志民族的复兴。所以梁启超先生讲,我们要学习墨家的宗教思想、实利主义、兼爱学说,这是救国的良方。"今欲救之,厥惟墨学。"从一百一十多年以前梁启超先生以墨学救国到今天,我们看到墨家思想在现代仍有意义。

今天是和平和发展的时代。墨子所主张的"兼爱""非攻",尤其针对当时列国的争战和老百姓的民不聊生。其实今天西方的霸权,同样也造成民不聊生。大家看看伊拉克战争,英国人披露的布莱尔和小布什打伊拉克的内幕。我们可知,今天的"兼爱""非攻"这一诉求,也代表着世界各国人民的利益和期待。我们批评霸权主义,制止非义的战争,制止恐怖主义的活动,仍然是需要如墨家一样提倡爱心、提倡彼此的沟通,来推动国家、民族、宗教的对话,来促成和谐中国、和谐世界的建构。这是从世界文化意义上来说的。当然,还不止这些,墨子的"十义"都有今天的现实意义和普遍意义,其中有很多东西可以成为普世价值贡献给世界,贡献给人类。

墨家所创造的节俭,在今天的中国非常有意义。不知道大家注意了没有,曾国藩先生逝世之前写好了遗书。这些遗书,后来他的弟弟回家看到。遗书里面就提到了墨家。他强调"习劳则神钦"。他肯定大禹、肯定墨子"极俭以奉身,极勤以救民"。俭和勤达到极致的地步,用以奉身,用于救民,这可以说是士子修身重要的途径。今天我们党提倡廉政建设，强调政德，反对奢靡之风，对全社会、对每一位干部群众来说，墨家的勤德和俭德都是榜样。我们要学习墨子的精神，来为老百姓服务。习近平总书记强调政德建设，山东省做政德文化培训，墨家不可缺。一定不要缺了墨家，一定要把墨家纳入政德的重要资源中。

墨子、墨家在海外也有影响。六年前我到比利时的鲁汶大学去过，由戴卡琳教授带着一个团队几十年如一日，师生们一个字一个字地研读《墨子》，组织研究生一个字一个字地研读《墨子》，这个精神值得我们学习。我们今天还没有发现中国有哪个团队在一个字一个字地研读（除了墨子中心），这样专注地研究墨子。墨子、墨学是有世界意义的。中国传统文化有很多资源、很多经典、很多基因要继承下来，我的一个看法是，不要互相争正统或主干，那是自然形成的。道家、墨家、儒家、法家，诸子百家，九流十家，其实过去古人早已经说过了，各有利弊。我们要崇其所善，要从这些资源中找到今天可以创造性转化、创新性发展的内容，由我们来综合创新。当然，传统中国是儒家型的社会，儒学的成分要多一些。但是，诸子百家是相互补充的，而且墨家是从儒家中出来的。

此文是作者2016年7月8日在滕州市委、市政府与《光明日报》合办之墨子公开课上所做的第一讲的录音整理稿，原载《光明日报》2016年7月25日国学版。

儒家人文主义与道家自然主义

简单地说,儒家是人文主义的,道家是自然主义的,这种概括或许勉强可以成立,当然也不免以偏概全。儒道两家本属同源,历史上不断互动互补,相辅相成。中国文化中伦理秩序与自然秩序不相隔阂,道德智慧与自然智慧并举互济。

一 儒道各有偏重

说儒家是人文主义的,是说儒家重视社会伦理秩序与道德文明的建构。儒家善于继承传统文化、典章制度而又趋时更新,因革损益,凝聚社会人心,积极有为地推展事功。儒家所主张与推行的伦理教化,大体上与民众的要求,特别是社会的秩序化、和谐化,缩小贫富差距,端正人心,淳化风俗的要求相适合。用历史的眼光看,列君臣父子之礼,序夫妇长幼之别,是对当时经济政治资源配置的相对合理的选择。

说道家是自然主义的,是说道家回归自然而然的状态,对人为,对社会伦理予以解构。一般地说,"这所谓'自然'不是与人相对的自然界,更不是机械论的必然性或因果律之类,它只是自然而然,没有任何的目的或意志之义"[1]。"道"使万物生长,"德"使万物繁殖。它们使万物生成、发展、成熟、结果,对万物爱养、保护。它们生养了万

---

[1] 蒙培元:《儒、佛、道的境界说及其异同》,载张广保、杨浩主编:《儒释道三教关系研究论文选粹》,北京:华夏出版社,2016年,第87页。

物而不据为己有,推动了万物而不居功自恃,统领、管理万物而不对万物强加宰制、干预。一般说来,"道"成就了万物之"德","德"代表了"道",内在于千差万别的个别事物之中。按这种思路,老子亦肯定文明建构、人伦生活,如说"始制有名"(《老子》三十二章,以下只注章序),"朴散则为器,圣人用之则为官长。故大制不割"(二十八章)。社会的伦理生活、文明制度,按自然条理生成并无害处,害怕的是,人为作用的强化,或执定于种种区分,将其固定化、僵化,则会破坏自然之道。老子肯定道德的内在性,反省文明史,批评礼乐和伦理道德的形式化,亦与此一致。如说:"失道而后德,失德而后仁,失仁而后义,失义而后礼。夫礼者,忠信之薄而乱之首。"(三十八章)老子批评圣、智、仁、义,绝圣弃智,绝仁弃义,毋宁说,他肯定的是真正的圣、智、仁、义。老子知道,到了强调"礼"的时候,一定是忠信丧失,"礼"的秩序发生危机的时候。这恰好是一种人文睿智!

牟宗三说:"道家不是从存有层否定圣、智、仁、义,而是从作用层上来否定。'绝''弃'是作用层上的否定字眼,不是实有层上的否定。"①可见,儒家建构人文,道家解构人文。道家强调无用之用;儒家强调有用之用。儒家之"有""用",即建构人文世界,"以人文化成天下";道家之"无""用",则要从人文世界中超越出来,回归到自然而然的自然境界。儒家在人伦中,同时也在天、地、人、物、我的相互关系之中安顿生命;道家回归自然,更是在天地自然中安顿生命。传统社会的知识人几乎都兼综儒道,得意是儒家,失意是道家。除了儒道思想,还有佛教,都是知识人的精神食粮或精神安顿处。

知自然之道必知天,知人伦之道必知人,"天人合一"是儒道共同

---

① 牟宗三:《中国哲学十九讲》,上海:上海古籍出版社,1997年,第126页。

的信念。这一信念指的是人与超自然的神灵相贯通,与自然万物同体、融合。以下要说的是,儒家的人文尊重自然,道家的自然包容人文。

二 儒家人文中的天道与自然

儒家的人文主义不反对自然与宗教,而包含了自然与宗教,儒家的人文主义不是寡头的人文主义。儒家有对天、天道、天命的尊崇与敬畏,儒学具有一定的宗教性、超越性。儒家的礼,包含了对昊天上帝至上神灵、对天地山川自然神灵与对祖宗神灵的礼敬、礼拜,此亦为尊重人与人文的源头,儒家有终极关怀与信念,以之安身立命。

儒家祭祀最重视的是祭天、祭地,祭天地就是追本溯源,尊重人之所自出。在这层意义上,"天地"即人的父母,既有着价值本体意涵,又具有宗教性意涵。"天神"是至上神,对天神的崇拜要重于对地神的崇拜,然后就是对山川诸神的崇拜。除祭祀至上天神与自然神灵外,还要祭祀祖宗神灵。这里反映出人文化的"礼"仍具有的"宗教性"与"超越性"。价值观念、道德范畴"仁""敬""忠信""义"等,与"礼"紧密地联系在一起。春秋时代以"礼"为中心的人文精神的发展,将古代宗教人文化了,使之成为人文化的宗教。儒家、儒教,就是人文的宗教,道德的宗教。

儒家肯定"真情实感""切身体会""设身处地",强调身体的感受。冯达文说:"在儒家这里,不需要过分虚无缥缈的神的灵召,也不需要过分复杂的理论建构,通过感受,我们很自然地就能走出自我,走向他人,走出功利,走向道义,从而使我们的灵魂乃至社会获得拯救。通过开启、激发我们的情感,或者说通过点出我们内在生命的光明面,来使我们获得拯救,这是孔、孟建立的原创儒学的一个基本特点。"①用著名神学家汉斯昆的说法,这是中国的智慧。

孔子思想核心的"仁"就是天人合一的超越境界,"仁"之人道精神有其"感通"之义,而这一"感通"的最终一层,是人与天的感通。人的宗教道德性的精神源自"天",而"天"不在生存、变化、发展、流行的人物之外,就在其中。"天"内在于一切人物之中。儒家讲人性与天道的贯通、感通,强调了圣凡的统一,实际上承认人人有神性,物物有神性,生命圈层中人、动植物及其他物都有自身价值。

人在天地之中一定要尊重山川、陂池、动物、植物等。这种尊重与敬畏,儒家通过祭祀山林川泽加以表达。《礼记》强调,礼是符合时令,配合地的物产的。人取用动植物,依据于不同季节有不同的生物,不同的地理环境有不同的物产。可见制礼与行礼的原则是不违背自然的原则,故一定时空条件下不适于生长的物产,君子不用来行礼,鬼神也不会享用。以本地稀罕的动物作为礼品,这种人是不懂礼的。行礼须以本国、本地的物产,根据土地的大小、年成的好坏,量力而行。

儒家的"以德取物"观,即取用有爱、有序、有节、有度等生态伦理思想,承认了植物、动物乃至整个自然界的生存发展权利。从可持续发展的角度来看,"以德取物"也保证了"取物不尽物"的理想得以实现。儒家主张合理地利用自然资源,天人合德,节制人类无限制的欲望,反对对其加以破坏性地开发利用,从而得以实现永续利用。

《礼记·月令》因天时制人事,每月的天象、物候不同,天子的日常起居与所当行的政令也随之有异,强调人事的条理与自然的律动

---

① 冯达文:《中国古典哲学略述》,广州:广东人民出版社,2009年,第432页。

相配合。尤其是，儒家道德实践也奉行自然的原则，不是勉强的、刻意的。刘笑敢认为："仁德本身要求的就是内在自觉、自发地实践仁的原则，不要外在的压力，也不要自我勉强，这样的表现才是自然的、真诚的仁。"①在人际关系、为己之学与反求诸己、人格境界上，儒家也肯定自然而然、不人为强加的原则。

张载《西铭》："乾称父，坤称母。予兹藐焉，乃混然中处。故天地之塞，吾其体；天地之帅，吾其性。民吾同胞；物吾与也。"②这就是说，人是天地所生，禀受天地之性，只有与天地合德，才不愧为人。老百姓是我们的同胞兄弟，万物都是我们的朋友。王守仁《大学问》："大人者，以天地万物为一体者也。……是其一体之仁也。"③正如蒙培元所说："如果说孔孟以'仁'为道德境界，那么新儒学即理学则以'仁'为宇宙境界，具有超伦理、超道德的宗教意义。'天地万物一体之仁'是一种真正的宇宙关怀，具有宗教超越性。"④

由上可知儒家批判寡头的人类中心的人文主义，而极富宗教心灵，儒家的人文涵摄了自然与宗教。儒家人文主义有深厚的宗教性与自然而然的倾向，尊重并亲和自然。

三 道家、道教自然中的人文

道家以自然智慧批评、反思人文，超越人文，包含了、丰富了人文

---

① 刘笑敢：《孔子之仁与老子之自然》，载张广保、杨浩主编：《儒释道三教关系研究论文选粹》，第 361 页。
② 张载：《正蒙·乾称篇》，载《张载集》，北京：中华书局，1978 年，第 62 页。
③ 王守仁：《大学问》，载《王阳明全集》下册，上海：上海古籍出版社，1992 年，第 968 页。
④ 蒙培元：《儒、佛、道的境界说及其异同》，载张广保、杨浩主编：《儒释道三教关系研究论文选粹》，第 87 页。

价值,使人文发展更加健康。在一定意义上,毋宁说道家追求真人性、真人文。① 关于老子之"自然"的理解,刘笑敢提出"人文自然"的概念,即是说,此"自然"不是天地自然、物理自然、生物自然、野蛮状态、原始社会,不是反文化、反文明的概念。"老子之自然表达的是对人类群体内外生存状态的理想和追求,是对自然的和谐、自然的秩序的向往。这种价值取向在人类文明的各种价值体系中是相当独特的,是值得我们重视和开掘的,对现代社会的各种冲突来说更有可能是切中时弊的解毒剂。"②

老子之"道"是生成万物的超越根据,它涵括了"无"与"有"之两界、两层。道家以"无"设定真实的本源世界。就道体而言,道是无限的真实存在实体;就道用而言,周溥万物,遍在一切之用。"道之全体大用,在'无'界中即用显体,在'有'界中即体显用。"③"有"界是相对的现象世界,"无"界是超越的精神世界,绝对的价值世界。相对的"有"与绝对的"无"相互贯通。这是就两界而言的。若就两层而言,"无"是心灵虚静的神妙之用,是"道"之作用层;"有"是生、为、长养万物之利,是道之现实层。《庄子·天下》赞扬关尹、老聃"建之以常无有"。"建之以常无有"是真正的哲学智慧。老子这种既无又有、既相对又绝对,即妙用即存有之双向圆成的玄道,启发了后世魏晋玄学、宋明道学(理学)之即体即用、即无即有的模型。

但道家之道的现实方式是负的方法、否定的方式,是"不""反"

---

① 陈鼓应先生从多方面论述了老子、道家的人文世界、社会关怀,肯定道家的人文精神,详见陈鼓应:《道家的人文精神》,北京:中华书局,2015年。
② 刘笑敢:《老子古今:五种对勘与析评引论》上卷,北京:中国社会科学出版社,2006年,第49页。
③ 方东美:《原始儒家道家哲学》,台北:黎明文化事业公司,1987年第三版,第168—169页。

"复",即通过虚无保证存有,通过不有、不恃、不宰、不争、贵柔、守雌、不为来长养万物,那么这种"有"其实也是虚有。老子形上学的重心是"无",是"道冲","用之或不盈,渊兮似万物之宗"(四章),是不生之生、不有之有、不长之长、不用之用、不宰之宰、不恃之恃、不为而为。

老子讲境界形态上的"无",或者讲"有",大体上是从作用上讲的。在宇宙、现象世界生成的过程中,"有之以为利,无之以为用"(十一章),即"有"提供了客观便利的条件基础。但"有"一定要在"无"的创造性活动作用、力量及活动作用的空间(场域)或空灵境界中,与"无"相结合,才能创造出新的有用之物,开辟出新的天地。正是在这一背景下,老子讲"道常无为而无不为"(三十七章)。实有之用是有限之用,虚无之用是无限之用。无用之用乃为大用。

"为学日益,为道日损,损之又损,以至于无为。无为而无不为。"(四十八章)减损知、欲、有为,才能照见大道。"损",是修养的工夫,是一个过程。"损"就是做减法。我们面对一现象,要视之为表象;得到一真理,要视之为相对真理;再进而层层追寻真理的内在意蕴。宇宙、人生的真谛与奥秘,是剥落了层层偏见之后才能一步步见到的,最后豁然贯通在我们人的内在的精神生命中。"无为而无不为",即不特意去做某些事情,依事物的自然性,顺其自然地去做。所以老子强调学习要做加法,求道则要做减法,减掉世俗看重的身份地位、功名利禄,减损又减损,一直到无为。无为不是不做事,而是不妄作妄为。

"致虚极,守静笃。万物并作,吾以观复。夫物芸芸,各复归其根。归根曰静,静曰复命;复命曰常,知常曰明。不知常,妄作,凶。知常容,容乃公,公乃王,王乃天,天乃道,道乃久,没身不殆。"(十六章)意思是说:致力于"虚"要经常、要彻底,也就是不要让太多现存的、人云亦云的知识、规范、利害、技巧乃至仁义等充塞了头脑,要用否定的方式排除这些东西,激活自己的头脑,使自己保持灵性、敏锐,有自己独立运思的空间。"守中"也是"守虚"、致虚。"守静"即保持闲静的、心平气和的状态,排除物欲引起的思虑之纷扰,实实在在地、专心地保持宁静。这也是随时排斥外在之物的追逐、利欲争斗等引起心思的波动。"观复",即善于体验万物都要回复到古朴的老根,回复到生命的起点、归乡与故园的规律。"观"就是整体的直观、洞悉,身心合一地去体验、体察、观照。"复"就是返回到根,返回到"道"。体悟到"道"的流行及伴随"道"之流行的"物"的运行的这一常则,才能叫"明"(大智慧)。反之,不识常道,轻举妄动,必然有灾凶。

"常"是常识、真相、规律,我们只有"知常",才有大聪明,才有宽容之心,才能知道天下的公道,这才是与道相符的心态,一生才不会有危险。体悟了"道"的秉性、常则,就有博大宽容的心态,可以包容一切,如此才能做到廓然大公,治理天下,与天合德。与"道"符合才能长久,终身无虞。通过"致虚""守静"到极致的修养工夫,人们达到与万物同体融合、平等观照的大智慧,即与"道"合一的境界。我们平常太忙,有太多的活动,要守守静,反思反省;有太多的实务,要守守虚,多思考问题。我们要特别注意扬弃知性与物欲的牵累,做到动静互涵,虚实相济,这也是道家修炼的工夫。我们也要学会调节生命,学会排遣,不能一根筋地走到黑。道家、道教的玄观,是启发我们超越现实,透视无穷。

"人法地,地法天,天法道,道法自然"(二十五章),老子之道不在一个平面上,有着人由法地而法道、人由法天以法道、人直接法道、人法道之自然的四个层次。道的四个层次是正反相涵与次第升进的,在一种圆融无碍的大系统之中。

牟宗三特别强调"道常无为而无不为"中所包含的"道"的实现原理:"万物将自化","将自定",自生自成,落在万事万物之自身。"牟宗三于是以'实现原理'喻'道'之玄妙之义,而因此将此一境界形态的形上学,落实于物物自定自化的'自然'。此一'自然'之义是不仅可以用来对宇宙万物之客观性作一真实之描述,也同时可以用来对人文化成之世界作一切实的诠解。"①"道"之实现与创造,由"道"而然的宇宙万物与人文世界的发展,是自生、自为、自化,各有成就;"道"不塞、不禁、不扰,反而辅助万物之生、成、长、养。这冲虚之道的"生生之德"当然与儒家肯定乾坤、天地、父母的大生、广生的"生生之德"不同,是另一形态的实现原理和"人文化成"观念。

牟宗三又指出,道家"无为"是针对"有为"而来的,是对周文疲敝有感而发的。春秋战国时代,贵族堕落腐化,礼乐典章制度堕落成了造作的、虚伪的、外在的、形式化的东西。"道家讲的'自然'就是自由自在,自己如此。就是无所依靠,精神独立。精神独立才能算自然,所以是很超越的境界……所以讲无为涵着自然这个观念……向往自由自在,就一定要把这些虚伪造作通通去掉,由此解放解脱出来,才是自然……虚伪造作使得人不自由自在,道家对此有真切的感受,所谓'存在的感受'。"②

道教重生命、重养生,对形(物质生命)与神(精神生命)两方面都十分看重,发展出一套内丹炼养之术,健身长寿之理,以及道家医学理论与实践。道教所重在人文基础的人本身。道教理论也包含丰富的人文思想。唐末、五代的杜光庭是道教理论的集大成者,他的重玄学说关于体与用、道与德、无与有、本与迹、根与末的辩证关系的讨论

---

① 叶海烟:《道家伦理学:理论与实践》,台北:五南图书出版公司,2016年,第260页。
② 牟宗三:《中国哲学十九讲》,上海:上海古籍出版社,1997年,第86—87页。

十分丰富，重视本质与现象、本体与功用两者的相辅相成，双行并举，这就包含了对人文化成和主体能动性的肯定，以及人文世界的现实原理。杜光庭的理身、理国论也极有特色："他的'理国论'，从主张任民之性，经谦静到复朴还淳，每一步骤都渗透着主观目的性……通过帝王治国实现道教'致太平'的社会政治理想。他的'理身论'将个人修炼与道德教化内容糅为一体，力主为善戒恶，积功累德，故此他并不一味反对有为进取，而把进取有为、积功累德视为入道门的阶次。"①其无欲修身与治国的目的是相一致的，其理身、理国之论与儒家的修身治国学说有异曲同工之妙。

可见，道家、道教的"自然之道"中，包含有重视人之生命本身及人文主义的重要意涵：自本、自生、自成、自化的人文化成观；人格精神的独立自由；通过修身实现社会政治的太平理想；追求真善美合一的人生意境。

四　儒道"两行"之理

道家的逍遥无待之游，是自我真实的自由人格之体现，以"适己性""与物化"为特征；儒家的刚健自强之道，是自我真实的创造精神之体现，以"人文化成"为特征。我国古代的思想智慧强调中华民族及其文化的可大可久，讲究空间的无限性与时间的延续性，强调对生态的保护。儒释道三教都有关于生态保护的内涵。道家认为，太过强势，太过占有，太多的有为，恰好会适得其反。

老子的智慧和孔子的智慧是互补的。孔子为了理想，知其不可

---

① 李大华等：《隋唐道家与道教》下册，广州：广东人民出版社，2003年，第599页。

而为之,为了道德的理念与社会的理想而拼搏奋斗。而老子可以洞见这个世界深邃的问题,减损自己的功名利禄,达到大有为而不是盲目有为的状态,如此才能无所不为,才能洞悟道的本体。老子讲无为而治,以正道治国。因为如果什么都要政府管,是很难管的;政府无穷大,也是有问题的。

儒家的理想人格是圣贤人格。儒家心目中的圣人或圣王,有着内圣与外王两面的辉煌。虽然"内圣外王"一说出自《庄子·天下》,然而后来却成为儒家的人格标准。内圣指自我德性修养,外王指政治实践及功业。儒家强调在内圣基础之上的内圣与外王的统一。因此,儒家人格理想不仅是个体善的修炼,更重要的是责任感和担当意识,是济世救民。儒家的人格特性包括如下内容:自强不息、意气风发、认真不苟、发愤忘食、兼善天下、关怀他人、系念民间疾苦、知其不可而为之,"天下兴亡,匹夫有责""立德、立功、立言""三军可夺帅,匹夫不可夺志""富贵不能淫,威武不能屈,贫贱不能移",等等。儒者对国事民瘼有真诚的关怀,努力为国家、民族和人民建功立业,即使遭到贬谪也以深沉的忧患系念天下百姓的疾苦和国家的兴亡。儒家也有其超越精神:穷居陋巷,自得其乐,安贫乐道。孟子讲的"君子三乐",即"父母俱存,兄弟无故"的天伦之乐,"仰不愧于天,俯不怍于人"的理性之乐,"得天下英才而教育之"的教育之乐,正表现了儒者的情怀。

道家庄子的真人、圣人、神人、至人、天人的理想人格,与儒家有别,其特性是:一任自然,遂性率真;与风情俗世、社会热潮、政权架构、达官显贵保持距离;独善其身,白首松云,超然物外,恬淡怡乐。这是庄子和道家的神韵情采。与儒家积极入世的现实品格相比较,道家凸显的是超越和放达,既积极肯定、参与、改造现实,又以保持距离的心态,否定、扬弃、超越现实。其目标都是让现实更美好!

庄子之真人、至人、神人、圣人,都是道的化身,与道同体,因而都具有超越、逍遥、放达、解脱的秉性,实际上是一种精神上的自由、无穷、无限的境界。这深刻地表达了人类崇高的理想追求与向往。这种自然无为、逍遥天放之境,看似玄秘莫测,但实际上并不是脱离实际生活的。每一时代的同类的人、群体的人,尤其是个体的人,虽生活在俗世、现实之中,然而总要追求一种超脱俗世和现实的理想胜境,即空灵净洁的世界。任何现实的人都有理想,都有真、善、美的追求,而道家的理想境界,就是至真、至善、至美的合一之境。儒家的成圣人、成贤人,道家的成至人、成真人,佛家的成菩萨、成佛陀,都是道德人格的追求。

儒家的"诚恕"之道与道家的"齐物"之论可以互释。"诚恕"之道与"齐物"之论不单单是个体修养身心的方法,也是一个社会共存互尊的前提。否则,各种纷争、意见、利益冲突就会瓦解整个人类社会。我们要多阐发、多实践"恕道"与"齐物"的理念,这才真正是国家间、民族间、文化间、宗教间、人与人之间相接或相处的正道。

儒家"谦让"与道家"不争",同样是个人修养的重要工夫。《周易》有《谦卦》,四书及《老子》《庄子》中有大量关于谦退的指点,尽管语言表达各有特点与机巧,但给人们的启发却有异曲同工之妙。曾国藩说:"凡做人,当如花未全开,月未圆满之时。花盛则易落,月满则必缺,水满则易倾,人满则招损。……声名太盛,宜常存一不自满之心,庶几以谨厚载福。"①这就是曾氏学习儒道并结合自身生活的体验与感受。

---

① 王澧华:《王澧华评点曾国藩批牍》,长沙:岳麓书社,2014年,第43页。

以人文化为特征的儒家与以返璞归真为特征的道家相反相成，互制互补。牟钟鉴说："儒道互补成为中国文化的基本脉络，一阴一阳，一虚一实，既对立又统一，推动着中国文化的发展，同时保持着一种平衡，避免走入极端。在此基础上，有佛教文化进入，形成三教之间的互动，更增加了中国文化的灵性与超越精神。"①

许抗生说，儒道"两者之间，你中有我，我中有你，儒家中有道家的思想，道家中亦有儒家的思想。……道家重自然，儒家重人文，儒道两家的融合，从某种意义上说，实就是道家的自然哲学与儒家的人文哲学的结合。中国传统文化是离不开儒道两家的"②。这两家是中国文化的根基，是融合外来文化的基础。

中国台湾学者曾昭旭以王船山"两端归于一致"与牟宗三实有层与作用层分而又合的方法论讨论儒道关系，认为儒道两家互为体用：以儒家理想为主，则道家义理是其实现原理；以道家理想为主，则儒家义理是其实现原理。"儒家的义理是道德之所以为道德的本质原理，道家义理则是道德所以能真成为道德的实现原理。""当儒家讲秩序（礼）、关系（人伦）、责任（义），讲黾勉、弘毅、博闻的时候，其虽然没有在实有层正面肯定逍遥自在、和谐自然，却是在作用层上孜孜矻矻地经营一个可让纯真生命自在流行的人文世界。……儒家之有为，是作用地保存了生命之自由。"③自由也须从个人的主体自由推广到群体的各安其位，各遂其性，各美其美，美人之美；这是更充分的自由

---

① 牟钟鉴：《儒、佛、道三教的结构与互补》，载张广保、杨浩主编：《儒释道三教关系研究论文选粹》，第80页。
② 许抗生：《简论中国传统文化的儒道思想互补》，载张广保、杨浩主编：《儒释道三教关系研究论文选粹》，第340页。
③ 曾昭旭：《论儒道两家之互为体用义》，载张广保、杨浩主编：《儒释道三教关系研究论文选粹》，第348—349页。

理想的实现,这恰是儒家的理想境界。

儒家推展文明建设,构建和谐有序的社会;道家探寻文明的限制,抉发自然造化与人性的真实,超越自私用智的偏颇。儒道双行,恰如庄生讲的"两行"之理,包含人文与自然、超越与内在、无限与有限的两行兼顾,在人文到自然,自然到人文,超越到内在、内在到超越,无限到有限、有限到无限的"回环"之中,找到人真正的安身立命之所。"两行"是有差别的、有张力的辩证过程的统一。

儒家的人文主义中有自然主义,道家的自然主义中有人文主义。儒家的道德智慧中有自然智慧,道家的自然智慧中有道德智慧,两者相济相参,并举互动。儒道之间有批评、有争论,同中有异,异中有同,正因此而能"和而不同",互为体用,成为中国文化的主流。兼顾儒家、儒教与道家、道教之"两行",才合乎中国之"道"流行的妙谛。

原载《船山学刊》2017 年第 5 期。

如何解读孔孟的亲情伦理

十多年来,学界围绕着《论语》第十八章"父子互隐"与《孟子》论舜的两章("桃应问曰"章与"万章问曰"章)展开了激烈的论战。有人误读这三章,甚至以此作为孔孟之道是现代腐败根源的铁证。我与同道之所以要驳斥这些谬论,是因为这关系到如何解读古代思想史资料的问题。"五四"以来,尤其是"文革"以来,有很多人戴着有色眼镜,习惯于大批判的非此即彼的套路,已不能读懂古书。

一 读懂文本,理解真义

首先我们略说一下"父子互隐"章:

> 叶公语孔子曰:"吾党有直躬者,其父攘羊,而子证之。"孔子曰:"吾党之直者异于是:父为子隐,子为父隐。——直在其中矣。"(《论语·子路》第十八章)

刘宝楠《论语正义》对此章做了很长的注释,其注总结前贤的释读,引证相关文献中对这一故事的论说,应是比较完整、准确的。"攘"是"有因而盗"之意,即"凡六畜自来而取之曰攘也"。"证"是告发。"直躬"是楚人,以直闻名,但此人是沽名钓誉、买直名的人。据《韩非子·五蠹》,因攘羊事,直躬向官府告发其父,楚令尹要杀他,认为他"直于君而屈于父"。最后把他抓了,治了罪。又据《吕氏春秋·

当务》，直躬告父后，上面要杀其父，直躬又请代父受诛。将诛时，他对吏说，父攘羊，我向官府告发了，这是信；将杀父，我代父受诛，这是孝。这样信而孝的人被杀，国家将有不杀的人吗？吏报告荆王，荆王就不杀他了。孔子听闻后说，这个直躬哪里有什么"信"呢？他"一父而载取名"，即利用其父两次得到"直"的好名声，此"不若无信"。

关于"隐"字，孔子曾说"言及之而不言谓之隐"（《论语·季氏》），刘宝楠《论语正义》仍沿用《说文解字》注为"蔽"。进一步，他又引郑玄注《礼记·檀弓》"事亲有隐而无犯"的"隐"："隐谓不称扬其过失也。"在这里，"隐"有两个义项：一是不公开言说、告发；二是微谏。在儒家的语境中，如果儿子遇到这样的事，不只是隐讳不公开，同时还要在私底下微谏，和风细语地批评父亲，讲清道理，让他把不请自来的羊送还给羊的主人。在处理这类事情中，父子之间不公开扯破脸皮，效果会更好。在这里，"隐匿""隐讳"是消极的不作为、不公开告发与声张之意思，但这并不能解读为积极的"隐匿错误"，今人用该语则含有积极"藏匿"义。①

以下我们主要就《孟子》论舜的两章，略作讨论。

> 桃应问曰："舜为天子，皋陶为士，瞽瞍杀人，则如之何？"孟子曰："执之而已矣。""然则舜不禁与？"曰："夫舜恶得而禁之？夫有所受之也。""然则舜如之何？"曰："舜视弃天下犹弃敝蹝也。窃负而逃，遵海滨而处，终身欣然，乐而忘天下。"（《孟子·尽心上》第三十五章）

---

① 详见林桂榛：《关于"亲亲相隐"问题的若干辨正》，载郭齐勇主编：《〈儒家伦理新批判〉之批判》，武汉：武汉大学出版社，2011年，第426页。

有人说舜"一方面命令司法官皋陶逮捕了"自己的父亲,但从以上原文看,舜何曾具体下达过"命令"? 皋陶逮捕瞽瞍,乃其天职所在,不待舜的命令而自觉为之。舜并不能干预司法,他与皋陶的名分与权力都分别有所授受。足见在孟子的思想世界中,"权"(权力)与"法"是并列独立的。

父子或亲人间的情感的培护——容隐制度,是东西方之通理、通则,目的在护持天赋的、具有神性意义的人类最基本的感情。亲情是人类与族类生存的根本,是家国天下正当秩序得以维系的中心。当几个价值发生冲突时,人类的智慧是维护最高价值。孟子与桃应的讨论,是很有深意的伦理两难推理的设计,其高超的智慧绝非直线式的批评者所能理解。实际上,孟子师徒假设的舜的应对方略,既维护了司法公正,又避免了公权力的滥用,以舜放弃公权力、自我放逐来保全忠孝、情法之两边。舜如果真的背着老父逃到当时物质匮乏到极致的海滨,那也是一种自我流放,而且,既放弃了公权力,何谈"腐败"?

每一个人同时是伦理的人与政治的人,故孟子的设计中,"执之而已矣"是作为政治的人的应对,而"窃负而逃"是作为伦理的人的应对。当然,如上所述,这二者不是平列的。有人对"终身欣然、乐而忘天下"颇为诟病,抨击亚圣乃至整个儒家无理性、无正义、无公德云云,事实上这是由于论者只习惯于挑拣只言片语行大批判,而不肯读书,不知道孟子的这一论说在《孟子》文本中的前见与前理解,即拥有天下的权势富贵非儒家君子的所乐、所欲。孟子说:"君子有三乐,而王天下不与存焉。""广土众民,君子欲之,所乐不存焉;中天下而立,定四海之民,君子乐之,所性不存焉。君子所性,虽大行不加焉,虽穷居不损焉,分定故也。"(《孟子·尽心上》)以上数章有着一致的价值导向，可以互释。先儒认为，与权势、财富相比，亲情更为重要。这是"桃应问曰"章关注的焦点与重心。以下再请看"万章问曰"章：

> 万章问曰："象日以杀舜为事，立为天子则放之，何也？"孟子曰："封之也；或曰，放焉。"万章曰："舜流共工于幽州，放驩兜于崇山，杀三苗于三危，殛鲧于羽山，四罪而天下咸服，诛不仁也。象至不仁，封之有庳。有庳之人奚罪焉？仁人固如是乎——在他人则诛之，在弟则封之？"曰："仁人之于弟也，不藏怒焉，不宿怨焉，亲爱之而已矣。亲之，欲其贵也；爱之，欲其富也。封之有庳，富贵之也。身为天子，弟为匹夫，可谓亲爱之乎？""敢问何曰放者，何谓也？"曰："象不得有为于其国，天子使吏治其国而纳其贡税焉，故谓之放。岂得暴彼民哉？虽然，欲常常而见之，故源源而来，'不及贡，以政接于有庳。'此之谓也。"（《孟子·万章上》第三章）

万章说做天子的哥哥舜把弟弟象流放了，这合适吗？孟子就说：哎呀！这哪里是流放啊！是封赏给他一块土地与人民。万章又问：舜流放了共工、驩兜、三苗之君和鲧这些犯了大罪的人，但是这么不仁的人（象），舜还把他封到有庳国去，难道有庳国的老百姓不是人吗？对于以上四位，你就谴责，或者杀掉，或者流放，对于你的弟弟，你就封他，怎么能够这样呢？这是引起众说纷纭、莫衷一是的又一条材料。舜把象封到有庳国，让他富和贵。孟子解释说：哪里是放呢？哪里是封呢？有的说是封赏他，有的说是流放他。像这种状况，舜做了天子，还派了一些监管的官员在管理有庳国的事务，然后也让象经常在朝贡的时候，兄弟间见个面，所以在有庳国封给象一块土地，实际上也是让他受到一定的监管。

有人说：舜的弟弟象是个坏人，仍要封赏他，使他富贵，这不是腐败是什么？这种批评太简单化了。实际上，我们从孟子与万章的对话中不难看出，当时有两派：一派认为一定要封赏象，另一派则认为一定要流放象；一派批评封象，另一派则批评放象。在当时，舜若不封象，其合法性会使人怀疑并会被挑战。反之，亦然。孟子取其中道，认为舜对于象既封且放，封中有放，放中有封，最终照顾到社会安定与兄弟情谊这两边。舜是孝的典范，舜做天子的合理性与合法性在此。尽管舜父、后母及弟对舜很不好，曾不断加害于舜，但如若舜当上天子之后对他们不讲孝悌，他当天子的理由就丧失了。

虞舜时代真实的财产与权力的再分配或继承制度并非分封制，但孟子是战国中期的人，他的前理解只能是源于殷代后期并在西周初年由周初统治集团周公等确立的封邦建国制，故他把分封制投射到虞舜时代。至于分封制度合理与否，正当与否，腐败与否，那是历史学与历史哲学的问题，不是道德评价的问题。有些人发一点义愤，继续当愤青，无可无不可，但那不是做学问。孟子有经有权，其设想的分封象于有庳国又"使吏治其国"，是一种政治智慧，即对象予以管束。西周以降的社会、政治、法律之思想或制度与家庭的伦理、社群的整合及家国天下秩序的建构，是基本协调的。当然不免有矛盾与紧张。分析、评论这些资料，只能放到彼时的社会结构、历史文化、价值系统的背景中，而且要善于发掘其中有深意的、超越时空的价值。例如我国法律思想文化及容隐制度，其实与现代人权的维护有内在的关联。

二 关于公私、情理与正义

我们的论敌用非此即彼的思维定式,在公与私、情与理、情与法、正义与非正义上做一边倒的选项,判定孔孟在此只讲私情,不讲理、法与公德,不讲正义。

从孔子完整的孝悌、仁义、忠信的道德系统来看,他绝不会认为"攘羊"是对的,绝不肯定偷盗,也绝不会肯定父子相互隐匿错误。从"父子互隐"章的具体情境来看,孔子面对楚国叶公的挑战,反唇相讥,批评直躬买直名实为不直,伤害了父子君臣伦理系统的根本。实际上,在父亲把不请自来的羊或顺手牵来的羊留在自家栏圈中的事情发生之后,作为儿子的直躬完全可以不马上向官府告发,或在邻里间公开宣扬;同时,孔子主张在私底下微谏(微即隐),让父亲自己去纠正错误。

"直在其中矣"之"直",一方面固然有"率直""率真"等真情实感之意,另一方面更是源自天理的人性、人情之直,此"直"为"曲之直"、有条件的"直",即朱熹所说的"父子相隐,天理人情之至也。故不求为直,而直在其中"[1],"本非直也,而直已在其中"[2],也是刘宗周所言"无直名,有直理"[3],它偏向于保护父子亲情;而"直躬"之"直"则是抽象的、僵硬的"直",它无视于人的生命存在,与现实脱节,易伤害亲情伦理。

---

① [宋]朱熹:《四书章句集注》,北京:中华书局,1983年,第146页。
② [宋]黎靖德编,王星贤点校:《朱子语类》第四册,北京:中华书局,1986年,第1202页。
③ [明]刘宗周著,吴光主编:《刘宗周全集》第一册,杭州:浙江古籍出版社,2007年,第452页。

保护亲情伦理是人类最高的正义，是最大的"公"，也是世界不同法律体系在历史上要尽可能做到的。

孟子是怎么讲的呢？他说："父子之间不责善。责善则离，离则不祥莫大焉。"（《孟子·离娄上》）这是说，父子之间的关系，要讲恩亲之德，相互包容。《中庸》讲"亲亲为大"，侍奉亲人为大，那不是说侍奉亲人是唯一的，而是说你从侍奉亲人这里去体会、体贴，你才知道做人之道和根本，你才懂得爱，不会泯灭良心。假如一个人连对父母都不孝，他能够在社会上爱别人，做好公务吗？我看没有这样的例子。

其实西方也有类似的理念、理论和法律上的容隐的规定。黑格尔的《精神现象学》把家庭伦理放在神圣法的范畴中来解读。我们往前溯，看柏拉图的《游叙弗伦》。有一次，苏格拉底在法庭前的广场碰到了游叙弗伦，游叙弗伦是来告发他的父亲的。游的父亲有什么问题让游告发呢？原来，游的父亲头一天把一个真正杀人的奴隶捆绑起来，扔到一个壕沟里面，游父想等自己办事回来以后再处理，结果他办事回来晚了，那个绑缚在壕沟里的奴隶死了。游叙弗伦想到法庭告发自己的父亲，这时候就碰到了苏格拉底。苏格拉底怎样跟他谈话呢？

我们知道苏格拉底有他的辩证法，擅长对话，精通辩论的方法。苏格拉底就跟游叙弗伦谈"虔敬"这个名词怎么界定，然后慢慢地、一步一步地引游叙弗伦上钩。他不想把自己的思想强加给游叙弗伦，他要让游叙弗伦自己去体会：儿子告发父亲是有问题的。苏格拉底与孔子，一个是古希腊的智者，一个是先秦的圣人，他们在子告父罪的问题上都是一致的，即不主张亲子告发自己的父母。

在《游叙弗伦》中，苏格拉底跟游叙弗伦谈了很多，其实无非就是让游叙弗伦不去告父。游氏最后并没有去告发他的父亲,因为按照苏格拉底没有直接说的这些道理,儿子告发父亲是慢神的,是不虔敬的,是不尊重神的,也是有违神的意旨的。苏格拉底、柏拉图也很重视家庭伦理,并没有把家庭伦理与法律对立起来,他们绝不赞同儿子控告父亲的行为,其根据是批判地继承了的传统虔敬观,而传统虔敬观、习俗与法律首先要求"尊敬父亲"。《游叙弗伦》主张"子告父罪"会伤害城邦正义。① 这也表明:防止亲情被伤害、被扭曲,是人类的共性;高智慧的贤哲不仅重视法律,更重视法律之上的法理与宗教伦理精神。

　　古罗马哲学家西塞罗在《论责任》第三卷《义与利的冲突》中,引用了希卡同《论道德责任》一书的相关论述:

　　　　"假定一个人的父亲偷盗寺庙中的宝物或挖掘通往国库的地道,他的儿子应向官方告发吗?"

　　　　"不,那是有罪的;相反,如果父亲被控,他的儿子应当为其辩护。"

　　　　"咳,那么国家利益不是比其他一切责任更重要吗?"

　　　　"是的,国家利益的确比其他一切责任更重要。但公民忠于其父母,这对我们的国家有好处。"

　　　　"但如果父亲试图篡夺王位,或叛国,他的儿子也要保持沉默吗?"

① 详见陈乔见:《逻辑、理性与反讽——就〈游叙弗伦篇〉的解读与邓晓芒教授商榷》,《学海》2007年第2期;林桂榛:《苏格拉底对"子告父"表示赞赏吗?》,《江苏社会科学》2007年第4期;顾丽玲:《苏格拉底眼中的游叙弗伦问题——以柏拉图的虔敬观为视角》;刘水静:《重析西方文化传统中的"亲亲相隐"与"大义灭亲"之道德意涵》。顾文与刘文均载郭齐勇主编:《正本清源论中西》,上海:华东师范大学出版社,2014年。

"当然不能,他应当恳求他的父亲不要这样做。假如他的父亲不听,他可以责备甚至威胁他的父亲;最后,如果事情发展到有可能导致国家的覆亡,他应当宁可牺牲父亲也要维护国家的安全。"①

上述引文是希卡同的观点。西塞罗未在论述中表明自己的立场。

我们再看孟德斯鸠的《法的精神》。孟德斯鸠讲,妻子怎么能够告发自己的丈夫呢? 儿子怎么可以告发自己的父亲呢? 为了对盗窃这一罪恶的行为进行报复,法律竟然规定另一个更加罪恶的行为,这是违反人性的。他是不主张亲人之间的反目互告的。两害相权取其轻,相比较而言,维护亲人之间的和谐,对社会的公序良俗更为重要。当时的另一条法律是,允许与人通奸的妻子的子女或者丈夫的子女来控告,并对家中奴隶进行拷打。孟德斯鸠说,这真是一项罪恶的法律,为了保存风纪破坏了人性,而人性却是风纪的源泉。所以孟德斯鸠一针见血地指出,那些貌似公正的法律条文,对法理精神、对人性其实是践踏的。是法理精神大,还是法律条文大呢? 是人性重要,还是法律重要呢? 我们当然不能绝对地把它们对峙起来。如果为一个小的问题损伤了一个大的问题,特别是损伤亲情,这是伤筋动骨的。我们的传统社会中,从汉代以来,中国就有把儒家孔孟的这些观念转化为法律条文的。比方说董仲舒以《春秋》大义来判断案子,从公羊学中发掘出父子相隐,并推广到养父子相隐,还有几代都可以有隐默的制度,就是说儿子隐匿犯罪的父亲、孙子隐匿犯罪的祖父不违法,

① 西塞罗:《论老年·论友谊·论责任》,徐奕春译,北京:商务印书馆,2003年,第256页。

不判他们窝藏罪。

　　前面我们说过，"隐"字在"父子互隐"章不能抽象为"隐匿错误"，孔子本无此意。但历代学者对于此章的诠释，尤其是涉及法律意义的运用与诠释，却指点了亲人犯错误，甚至是犯罪之后，人们应如何对待、处置的问题，以及公权力应如何对待、法律上应如何规范的问题。在汉代以后的中华伦理法系的建设与实践过程中，"亲亲相隐"的"隐"字，逐渐演变为"隐匿亲人的罪""隐匿犯了罪的亲人"的意涵了，而且这是受法律保护的。这也就是刘宝楠讲的"隐"的第三个义项："若不幸而亲陷不义，亦当为讳匿。"我们应注意，"隐匿犯了罪的亲人"之"隐"，当然不是孔子原意，而是后起意，大体上是人们反思秦法的弊端的结果，当然更是汉代及以后社会法律实践的需要。

　　在桓宽的《盐铁论》中，以贤良文学为代表的民间人士、儒生，强烈反抗、抗议皇权专制，依据的即是孔孟之道与公羊《春秋》。《史记》中汉宣帝的本纪所载，在汉宣帝地节四年，第一次用诏书的方式宣示了中华伦理法系中如何保护亲情，其中讲父子之亲、夫妇之道是天性。也就是说，从汉宣帝时期开始，中国的法律就已经允许亲人之间特别是直系亲属之间容隐的权利，即保障这种容隐的权利。东汉末年的时候，法令规定了军士逃亡可以拷打军士的妻和子，这显然违背汉宣帝地节四年的诏书。这个法令遭到了一些有识之士的反对，后来曹操把它废除。之后晋元帝采纳建议，规定亲属之间不得互证其罪。此后，南北朝时期继续发展，到唐代的唐律里，完全确立了同居相隐不为罪的原则，即我们几代人在这里同居，那么我们有权隐匿自己犯罪的亲属。可见，这个容隐的范围进一步扩大，到了唐代，法律比较健全，已经形成了一个完整的体系，已经不只是在直系亲属、近亲之间,还有了一个比较大的范围。①

　　这说明,对私人领域、私人空间的保护,是最大的公正。合情合理的法才是良法。孔孟之道是全面的,不仅倡导以"仁爱"为中心的仁、义、礼、智的价值体系,严辨人禽、公私、义利之别,强调公正廉洁与人格操守,而且主张区分门内、门外,在门外公共领域中,义德高于恩亲,在门内私人领域中,恩亲高于义德,而在一定意义上也主张"大义灭亲"。但所有这些,儒家是讲"具体理性"的。只有从儒家价值的整体系统出发,从"具体理性"出发,才能深刻理解诸如《孟子》论舜的两章等文本,才不至于肢解、武断、扣帽子。

原载《文史知识》2014 年第 8 期。

---

① 参见吴丹红:《特免权制度的中国命运——基于历史文本的考察》,载《证据学论坛》第十卷,北京:中国检察出版社,2005 年,第 370 页。

论孟子的政治哲学

——以王道仁政学说为中心

政治哲学关注的焦点是政治之正当性,主要是"应然"问题,而不是"实然"状况。对于政治之事件、历史、活动、运作、结构,权力来源、根据及其分配,权力的转移等,政治哲学讨论的重点不在于陈述,而在于评价,尤其是做道德的评价。从这一视角研究儒学,我们不难发现,政治哲学正是儒学的强项。

先秦儒家政治哲学的两个关键词是"王道"与"仁政"(孟子特别强调这两者,有时也综合为"王"或"王政"),这些词汇本身就带有评价、褒贬。在这里,"王"音"旺",意即"以仁德的政治来统一天下"①。与"王道"相对应的是"霸道",与"仁政"相对应的是"暴政"。儒家主流一贯批判"苛政""暴政"与"霸道"。孔子主张仁政、宽政,强调"修己以安百姓"。孔子赞扬的五种美政是"惠而不费、劳而不怨、欲而不贪、泰而不骄、威而不猛",要害是"因民之所利而利之"。他极力反对"不教而诛"等四种恶政,批判对小民的暴虐与悭吝(《论语·尧曰》)。

一 王道与王政

(一)王道

"王道"之说,古已有之。《尚书·洪范》:"无偏无党,王道荡荡。"

---

① 杨伯峻:《孟子译注》上册,北京:中华书局,1984年,第8页。本文引释《孟子》主要依据此书。

据《史记》,伊尹劝商汤"致于王道";"孔子明王道"(见《殷本纪》与《十二诸侯年表》)。

（孟子)曰:"不违农时,谷不可胜食也;数罟不入洿池,鱼鳖不可胜食也;斧斤以时入山林,材木不可胜用也。谷与鱼鳖不可胜食,材木不可胜用,是使民养生丧死无憾也。养生丧死无憾,王道之始也。……七十者衣帛食肉,黎民不饥不寒,然而不王者,未之有也。……保民而王,莫之能御也。"(《孟子·梁惠王上》,以下引《孟子》只注篇名。)

（齐宣)王曰:"王政可得闻与?"(孟子)对曰:"昔者文王之治岐也,耕者九一,仕者世禄,关市讥而不征,泽梁无禁,罪人不孥。老而无妻曰鳏,老而无夫曰寡,老而无子曰独,幼而无父曰孤。此四者,天下之穷民而无告者。文王发政施仁,必先斯四者。"(《梁惠王下》)①

上引足见孟子心目中的"王道",其基础是保障民生,关注老百姓的基本生存问题(生死葬祭,尤其是维持生命,起码保证不饥不寒),以及给社会贫弱者、最不利者(如鳏、寡、孤、独)以最大的关爱。

孟子力辩王霸:"以力假仁者霸,霸必有大国;以德行仁者王,王不待大……汤以七十里,文王以百里。以力服人者,非心服也,力不赡也;以德服人者,中心悦而诚服也,如七十子之服孔子也。"(《公孙

---

① 《荀子·王制》有"王者之法"章与本章前半段类似:"王者之法: 等赋,政事,财万物,所以养万民也。田野什一,关市几而不征,山林泽梁以时禁发而不税,相地而衰证(征)。"见梁启雄:《荀子简释》,北京:中华书局,1983年,第107页。

丑上》）孟子面对当时列国争霸的局面，肯定王道是德政，强调以德服人，以德行仁，这涉及诸侯国之内政外交的各个方面。

（二）王道与仁政

《中庸》推尊孔子"祖述尧舜，宪章文武"，孟子强调道统，所以"王道"即"先王之道"，是尧、舜、禹、汤、文、武、周、孔之道。诚如赵明所说，先秦儒家推崇的王道是价值、人生与历史融贯会通的政治文化生命体，也是政治评判的最高标准，他们对政治中人的"德性"，也即是否"得道"，是要严格审查的。"从'文武之道'到'尧舜之道'，再向'天道'的思想追寻，充分体现了先秦儒家政治哲学力求超越经验历史而寻求更具普遍意义的政治正当性根基的努力。""先秦儒家把政治秩序的正当性根源最终落实到了'历史'的'王道'之上。"①

孟子说："尧舜之道，不以仁政，不能平治天下。"（《离娄上》）徐洪兴说："'王道'是旧有的名词，'仁政'才是孟子发明的。实际上，它们是完全相通的，'仁政'就是'王道'的体现，就是'王道'的标志。""就'仁政'的内容来看，实际与其他地方所提的'王道'是一脉相承的。孟子在这里只是更具体化了一点。"②孟子重点以"仁政"作为政治正当性的标准，并提出了相当系统的"仁政"学说。

二　仁政是养民、安民、教民之政

孟子的政治哲学以其性善说为理论前提。他把道德仁义之实由人性推广到社会、国家的治理之中，故有所谓仁政之说。孟子曰："人皆有不忍人之心。先王有不忍人之心，斯有不忍人之政矣。以不忍

---

① 赵明：《先秦儒家政治哲学引论》，北京：北京大学出版社，2004年，第88—89页。
② 徐洪兴：《〈孟子〉选评》，上海：上海古籍出版社，2011年，第203、255页。

人之心,行不忍人之政,治天下可运之掌上。"(《公孙丑上》)他主张"亲亲而仁民,仁民而爱物"(《尽心上》)的推恩原则,认为"推恩足以保四海,不推恩无以保妻子"(《梁惠王上》),将推恩充其极则"万物皆备于我"。孟子反对"以力服人"的"霸道",反对杀伐征战、与民争利及以暴力对待百姓,主张"以德服人"的"王道",主张保民、教民,以民为本。

"仁政"是什么? 简言之:第一,"仁政"是养民、安民之政;第二,"仁政"是教民之政。这是对孔子的"庶、富、教"与"安民治政"基本原则的扩充与具体化。萧公权说:"仁政必有具体之设施。孟子所言,似可以教养二大端概之。而其养民之论,尤深切详明,为先秦所仅见。七篇之中,孟子所注重者为裕民生、薄赋税、止争战、正经界诸事。"[1]杨泽波说:"《孟子》中'保民'一词有狭义与广义之别。狭义的'保民'只是安民,而广义的'保民'也包括养民和教民。杨伯峻《孟子译注》将'保'字解释为'安定''保护''保持',是有道理的。"[2]杨著有专节"保民:王道主义的措施",用广义的"保民",具体包含安民、养民、教民三项内容。我在本文中把养民与安民合在一起讲。

(一) 政在养民、安民

仁政学说的目的是为民,其最基本的要求则是要解决百姓的温饱问题,安顿他们的生命与生活。孟子的民本思想以解决民生为急务,即所谓"民事不可缓也"。仁政的基础首先是解决百姓的生活,在孟子当时所处的社会环境下,百姓能保命并维持基本的生活已是非常难得了。

为此,孟子明确提出"恒产恒心""制民之产"说,主张政府一定要为民制产,以为人民只有在丰衣足食的情况下才能安分守己,从善如

---

[1] 萧公权:《中国政治思想史》,北京:红星出版社,2005年,第59页。
[2] 杨泽波:《孟子评传》,南京:南京大学出版社,1998年,第161页。

流。他说：

> 无恒产而有恒心者，惟士为能。若民，则无恒产，因无恒心。苟无恒心，放辟邪侈，无不为已。及陷于罪，然后从而刑之，是罔民也。焉有仁人在位罔民而可为也？是故明君制民之产，必使仰足以事父母，俯足以畜妻子，乐岁终身饱，凶年免于死亡；然后驱而之善，故民之从之也轻。（《梁惠王上》）

"制民之产"是为了解决黎民百姓基本生产与生活资料的保障问题，此为养民、安民的基础。孟子特别强调"五亩之宅，树之以桑，五十者可以衣帛矣。鸡豚狗彘之畜，无失其时，七十者可以食肉矣。百亩之田，勿夺其时，数口之家可以无饥矣"（《梁惠王上》）。关于一夫授田百亩及计口授田制，是孟子之后中国社会的重大问题，在历代制度中都有规定，在现实中也都有不同程度的实现。

孟子又提出"经田界"的问题，这也是农业社会的重大问题。授田之后，贫民的田地很可能被官府、豪强掠夺，故孟子曰："夫仁政，必自经界始。经界不正，井地不均，谷禄不平，是故暴君污吏必慢其经界。经界既正，分田制禄可坐而定也。"（《滕文公上》）百姓依赖土地生活，"正经界"乃尊重百姓私有财产的必要措施，经界既正，百姓可以无后顾之忧了。孟子之后历朝历代的知识人与清官都重视"经田界"，不仅有主张，而且有行为。

经济规则与政策，除土地之外，还有徭役、赋税与关市问题。解决人民的温饱只是民生的第一步，为了彻底贯彻民本思想，孟子主张执政者在治其田畴的同时，还要省刑罚、薄税敛，如此百姓才能渐次致富。"王如施仁政于民，省刑罚，薄税敛"（《梁惠王上》）；"易其田畴,薄其税敛,民可使富也"(《尽心上》);"野九一而助,国中什一使自赋"(《滕文公上》)。孟子主张,减轻刑罚,轻徭薄税;实行井田制,农人只助耕公田,不再征税;开放山林川泽,除出于生态保护的原因禁渔、禁猎、禁砍伐外,允许老百姓渔猎、砍伐;给空地储藏货物却不征收货物税,如果滞销,不让它长久积压,开放市场,设关卡只稽查而不征税,以方便各地的商旅。

> 市,廛而不征,法而不廛,则天下之商皆悦,而愿藏于其市矣;关,讥而不征,则天下之旅皆悦,而愿出于其路矣;耕者,助而不税,则天下之农皆悦,而愿耕于其野矣;廛,无夫里之布,则天下之民皆悦,而愿为之氓矣。(《公孙丑上》)

面对梁惠王,孟子严厉批判了当时的社会不公,"庖有肥肉,厩有肥马,民有饥色,野有饿莩,此率兽而食人也",并批评秦、楚等国"夺其民时,使不得耕耨以养其父母。父母冻饿,兄弟妻子离散"(《梁惠王上》)。

总之,民生关乎百姓的生命、生活,是仁政的第一步。仁政首先要解决民生问题,在先儒养民、富民——安顿百姓的生命与生活的基础上,孟子首次明确提出为民制产,认为人民只有在丰衣足食的情况下才不会胡作非为,并接受教化。仁政以土地制度为基本保障。这还是生存权问题,民生问题。小民的土地宅园,核心家庭的基本温饱,老人的赡养,均是仁政的主要内容。这里多次提到要保证黎民不饥不寒,粮食如水火那么多,五十岁以上的人有丝棉袄穿,七十岁以上的人有肉吃等。凡此种种,皆可看出孟子的民本思想以民生为起点,切实而具体,皆是为民之生存与发展而设也。

孟子把百姓的生命看得至高至上，因此极力反对当时诸侯国之间的杀伐征战，以为善阵、善战乃大罪，而"国君好仁，天下无敌焉"（《尽心下》）。"好仁"最基本的要求即不嗜杀人，保存百姓的生命。在孟子，只要执政者不滥杀无辜，能行仁政，则天下之民即可往归之。孟子曰："今夫天下之人牧，未有不嗜杀人者也。如有不嗜杀人者，则天下之民皆引领而望之矣。诚如是也，民归之，由（犹）水之就下，沛然谁能御之？"（《梁惠王上》）孟子不但反对杀伐征战，也反对与民争利。

> 孟子曰："今之事君者皆曰：'我能为君辟土地，充府库。'今之所谓良臣，古之所谓民贼也。君不乡（向）道，不志于仁，而求富之，是富桀也。'我能为君约与国，战必克。'今之所谓良臣，古之所谓民贼也。君不乡（向）道，不志于仁，而求为之强战，是辅桀也。由今之道，无变今之俗，虽与之天下，不能一朝居也。"（《告子下》）

这是针对战国时代列国君臣的功利主义而做的批判。在战乱频仍之际，孟子反对不顾人民的死活，通过驱民耕战来满足人君的私欲。君臣巧取豪夺，上下交征利，诸侯国相互争斗，带来的后果是两极分化，民不聊生，孟子对此予以严肃的批判。

（二）政在教化百姓

孟子的仁政思想，其始在于保存百姓生命，解决百姓生活温饱问题；其终则在教育人民以人伦。百姓的生计解决了还不够，还须施以教化，如此方能调治民心，和谐人伦关系，安定社会秩序。所以孟子主张"谨庠序之教，申之以孝悌之义，颁白者不负戴于道路矣"，"壮者以暇日修其孝弟忠信，入以事其父兄，出以事其长上"（《梁惠王上》）。

百姓皆能亲其亲、长其长，则国益安矣。

孟子强调办学校，办教育，尤其是人伦教化，使百姓"明人伦"。"设为庠序学校以教之。庠者，养也；校者，教也；序者，射也。夏曰校，殷曰序，周曰庠；学则三代共之，皆所以明人伦也。人伦明于上，小民亲于下。"（《滕文公上》）人伦者，人伦生活之准则，即所谓父子有亲、君臣有义、夫妇有别、长幼有序、朋友有信，由此百姓有一定的教养，形成和谐的社会风气，维护公序良俗。前面我们说过，孟子仁政思想与孔子"富之教之"的思想一致。百姓人人皆得生活保障，"养生丧死无憾"，此王道之始也。然必使百姓人人皆能受教育、"明人伦"，方为王道之终。由此可知，行仁政必待教化而始完备，而善教亦是执政者得民心之不可或缺的手段。

孟子曰："善政不如善教之得民也。善政，民畏之；善教，民爱之。善政得民财，善教得民心。"（《尽心上》）良好的教育，方能使百姓心悦诚服，有如七十子之服孔子。而再好的政治手段也不过与民争利、得民财而已，达不到得民心、使百姓衷心拥戴的效果。可见，不管是执政者自身还是百姓，皆应注重德性之培养、礼义之化成，否则"上无礼，下无学，贼民兴，丧无日矣"（《离娄上》）。

三　关于政治权力的限制与转移

（一）权源：天与之

《孟子》一书有关天子、诸侯权源问题，特别指出是来之于天，是天与之。

　　　万章曰："尧以天下与舜，有诸?"孟子曰："否；天子不能以天

下与人。""然则舜有天下也,孰与之?"曰:"天与之。""天与之者,
谆谆然命之乎?"曰:"否;天不言,以行与事示之而已矣。"曰:"以
行与事示之者,如之何?"曰:"天子能荐人于天,不能使天与之天
下;诸侯能荐人于天子,不能使天子与之诸侯;大夫能荐人于诸
侯,不能使诸侯与之大夫。昔者,尧荐舜于天,而天受之;暴之于
民,而民受之;故曰,天不言,以行与事示之而已矣。"(《万章上》)

此章(第五章)谈禅让,指出天子、诸侯、大夫的权力不能私相授受,天
虽然不说话,但以行动与工作来表示。尧、舜、禹的授受是经过考验
的,前任把继任者推荐给天,继任者较长时期的实际表现使天接受了
他,百姓也接受了他。尧死后,舜为使尧子继位而避让,但诸侯与百
姓有事还是找舜而不找尧子,拥戴舜而不拥戴尧子,这说明舜继位是
天意。如果不是这样,舜逼迫尧子让位,那就是篡夺,不是天授。《孟
子》书在此引了《太誓》(即《泰誓》)逸文"天视自我民视,天听自我民
听",意即天意是通过民意反映出来的。这就暗含着权源虽在天而实
在民,天意实际上听从于民意的意思。

　　下一章讨论传贤与传子的问题,孟子说:"天与贤,则与贤;天与
子,则与子。"(《万章上》)孟子不能像今人那样去解释传子代替传贤
的历史原因,以及益、伊尹、周公、孔子有德无位的历史原因,他试图
以"天"与"命"的张力来解释。"莫之为而为者,天也;莫之致而至者,
命也。"(《万章上》)历史的吊诡是,传子之后,天所要废弃的,一定要
是像夏桀、商纣那样残暴无德的君主,所以益、伊尹、周公等虽是圣
人,因为所逢君主不像桀、纣,便不能得到天下。最后孟子以假托孔
子的话作结:"唐虞禅,夏后殷周继,其义一也。"(《万章上》)传贤与传
子道理是一样的! 这个道理在孟子看来是道义、仁德。

大体上，我们可知，孟子把人世间政治权力的最终源头收摄于上天，而又把民意讲成天意，这是有甚深意蕴的。孟子提出"天与"的观念，实是否定执政者以政权为私产，而以民心向背为政权转移之根据。"以行与事示之"即以民心所向示之，因此孟子引《太誓》文"天视自我民视，天听自我民听"以明其义。"天命"中虽有人力所不能及者，但仍主要表现于民心。民心乃政权转移之关键，这一点下面还要详说。

(二) 选拔：尊贤使能

孟子的民本思想还体现在尊贤使能方面。对百姓施以教化或教育，不单单在于使其"明人伦"，更在于能在民众中选贤举能，使其参与到国家政权的治理中去。孟子曰："贵德而尊士，贤者在位，能者在职。"(《公孙丑上》)"尊贤使能，俊杰在位，则天下之士皆悦，而愿立于其朝矣。"(《公孙丑上》)荀子亦主张"尚贤使能"。"尊贤使能"凸显了平民参政的特色，是民本思想在政治上的重要体现。由于孔子"有教无类"观念的影响，在我国历史上有教育制度与文官制度密切配合，使民间布衣有不同渠道进入各级政府，参与各层政治活动，由教育的公平达到政治的公平。当然，这种公平是相对而言的。

(三) 监督与制衡：民意、察举、明堂治政

民本思想还体现在尊重民意上。孟子论民意与察举曰：

> 国君进贤，如不得已，将使卑逾尊，疏逾戚，可不慎与？左右皆曰贤，未可也；诸大夫皆曰贤，未可也；国人皆曰贤，然后察之；见贤焉，然后用之。左右皆曰不可，勿听；诸大夫皆曰不可，勿听；国人皆曰不可，然后察之；见不可焉，然后去之。左右皆曰可杀，勿听；诸大夫皆曰可杀，勿听；国人皆曰可杀，然后察之；见可

杀焉,然后杀之。(《梁惠王下》)

由此可知,对于上述各种政治权力,孟子主张在充分尊重民意的基础上进行考察。尤其是人事问题要慎重,是否举拔、罢免或诛杀,在倾听民意后要审核,然后再裁决。知民之好恶,充分尊重民意,"所欲与之聚之,所恶勿施"(《离娄上》),正是以民为本的鲜明体现。

在与齐宣王讨论时,孟子肯定明堂治政。"夫明堂者,王者之堂也。王欲行王政,则勿毁之矣。"(《梁惠王下》)"明堂"治政是原始民主制的遗风,经孟子肯定,历朝历代均不乏儒家知识人加以推崇与推行。

(四) 转移:罢免与革命

孟子以譬喻启导齐宣王,论弃之、已之。其实际的意思是:应当罢免不称职的官员,乃至国君。

> 孟子谓齐宣王曰:"王之臣有托其妻子于其友而之楚游者,比其反也,则冻馁其妻子,则如之何?"王曰:"弃之。"曰:"士师不能治士,则如之何?"王曰:"已之。"曰:"四境之内不治,则如之何?"王顾左右而言他。(《梁惠王下》)

民本思想还体现在政权基础及其转移方面。孟子很看重民心向背,认为民心乃政权之基础,民心向背是政治上成功与否的决定因素。"桀纣之失天下也,失其民也;失其民者,失其心也。得天下有道:得其民,斯得天下矣;得其民有道:得其心,斯得民矣。"(《离娄上》)行仁则得民心、得天下,不行仁则失民心、失天下,故孟子曰:"三代之得天下也以仁,其失天下也以不仁。国之所以废兴存亡者亦然。"(《离娄上》)孔子以前之古代思想,虽有民本观念之萌芽,但此种思想之大成则待孟子之说始见。旧说本以"天命"解释政权之转移，孟子则直以"民心"释"天命"。①

在此基础上，孟子进而肯定汤武革命顺天应人：

> 齐宣王问曰："汤放桀，武王伐纣，有诸?"孟子对曰："于传有之。"曰："臣弑其君，可乎?"曰："贼仁者谓之'贼'，贼义者谓之'残'。残贼之人谓之'一夫'。闻诛一夫纣矣，未闻弑君也。"（《梁惠王下》）

此即表明执政者倘失仁义之道即是独夫民贼，人民可以推翻其政权而诛杀之，这就是传统政治上的革命论。这就明确表示政权可以转移，而转移之依据即在民心向背。民心之重要有如斯，故孟子更有"民贵君轻"的著名思想。"民为贵，社稷次之，君为轻。是故得乎丘民而为天子，得乎天子为诸侯，得乎诸侯为大夫。"（《尽心下》）在治理国家、统一天下的问题上，百姓是最重要的，国家政权是次要的，国君是更次要的。孟子的民本思想对历代批判君主专制的思想家影响很大，成为中国乃至东亚重要的政治资源。②

四　执政者德性之培养

（一）德治

孟子仁政思想是对孔子"德治"思想的发展。孟子以及儒家之德

---

① 劳思光：《新编中国哲学史》第一卷，桂林：广西师范大学出版社，2005年，第131页。
② 参见郭齐勇：《儒家的公平正义论》，《光明日报》2006年2月28日理论版；郭齐勇：《〈孟子〉与儒家的正义论》，载庞朴主编：《儒林》第三辑，济南：山东大学出版社，2006年。

治思想包含两个层面,即修己与治人,且两者标准不同。修己即执政者德性之培养以及民之教化,治人即以仁德惠泽于民。在德治的两个层面中,执政者德性之培养又是其关键,因为仁政或曰不忍人之政即由此而发。德治与法治相对而言,言德治者,以为治乱之道,系乎执政者之德性。[①]执政者能善推其仁德,斯有仁政之建立,比之徒恃法治者不可同日而语。

孟子尝谓"徒善不足以为政,徒法不能以自行"(《离娄上》),善心与善法两者相辅相成,缺一不可。然执政者之德性或善心则更为根本。只有在执政者善心或仁心的基础上,仁政之具体措施才会有的放矢。执政者必先有其德性,而后据此德性或仁心施行仁政,有此仁政之大方略,然后天下方能得治。

孟子笔下"立天下之正位""行天下之大道"的"大丈夫"的行为标准是:"得志,与民由之;不得志,独行其道。富贵不能淫,贫贱不能移,威武不能屈。"(《滕文公下》)这种任道精神和崇高人格曾激励了我国历史上无数的志士仁人。在利益和仁义发生冲突时,孟子主张把"仁义"放在首位,提倡先义后利。孟子提倡独善其身与兼济天下的统一。他主张做官要"求之有道"。"古之人未尝不欲仕也,又恶不由其道。不由其道而往者,与钻穴隙之类也。"(《滕文公下》)"吾未闻枉己而正人者也,况辱己以正天下者乎? 圣人之行不同也,或远,或近,或去,或不去;归洁其身而已矣。"(《万章上》)在自己遭受侮辱时,怎么能匡正别人、匡正天下呢? 圣人的行为,各有不同,有的疏远当时的君主,有的靠拢当时的君主,有的离开朝廷,有的身居魏阙,归根到底,都得使自己廉洁正直,不沾染污泥。

---

① 劳思光:《新编中国哲学史》第一卷,第 136 页。

（二）不能以修己的标准治人

执政者德性之培养总是仁义为先，即义先于利。但这一原则不能应用于百姓。换句话说，即不能以修己的标准去治人。徐复观即认为，儒家修己与治人的标准不同，两者不容混淆。"孔孟乃至先秦儒家在修己方面所提出的标准，亦即在学术上所立的标准，和在治人方面所提出的标准，亦即在政治上所立的标准，显然是不同的。修己的学术上的标准总是将自然生命不断地向德性上提，绝不在自然生命上立足，绝不在自然生命的要求上安设价值。治人的政治上的标准当然还是承认德性的标准，但这只是居于第二的地位，而必以人民的自然生命的要求居于第一的地位。治人的政治上的价值，首先是安设在人民的自然生命的要求之上，其他价值必附丽于此一价值而始有其价值。"[①]作为德治的两个层面，修己与治人的标准是不同的，此乃先秦儒家之通义，且一直相沿至两汉。这种区分非常重要，因为若以修己的标准去治人，则可能造成以道德礼义杀人的悲剧。汉儒董仲舒亦持此论：

> 《春秋》之所治，人与我也。所以治人与我者，仁与义也。以仁安人，以义正我，故仁之为言人也，义之为言我也，言名以别矣。仁之于人，义之于我者，不可不察也。众人不察，乃反以仁自裕，而以义设人。诡其处而逆其理，鲜不乱矣。是故人莫欲乱，而大抵常乱。凡以暗于人我之分，而不省仁义之所在也。……是故内治反理以正身，据礼以劝福。外治推恩以广施，宽制以容众。孔子谓冉子曰："治民者先富之，而后加教。"语樊

① 徐复观：《释论语"民无信不立"——儒家政治思想之一考察》，载《学术与政治之间》，台北：学生书局，1985年，第299页。

迟曰："治身者，先难后获。"以此之谓治身之与治民，所先后者不同焉矣。《诗》云："饮之食之，教之诲之。"先饮食而后教诲，谓治人也。又曰："坎坎伐辐，彼君子兮，不素餐兮。"先其事，后其食，谓治身也。[①]

上文所谓治身即修己，治身与治人之不同即修己与治人之不同。治人则以仁安人，治身则以义正我，而不能反其用以逆其理。治人则先富后教，治身则先其事后其食，先后之序亦不能颠倒。可见，治人与治身（修己）之标准不可混同。孔孟从不拿执政者修己的标准去治人，去要求百姓。对执政者之修己而言，总是道德礼义为先，即所谓"以义正我"。而针对百姓之治人而言，则是养生先于教化，即所谓"以仁安人"。孟子曰："此惟救死而恐不瞻，奚暇治礼义哉?"（《梁惠王上》）此即是把百姓的生命、生活放在道德礼义之前。

总之，孟子的仁政学说既强调执政者德性的重要，又强调执政者以民为本的理念。他强调仁政的一切施设皆是为民而设，百姓之生计及其礼乐教化既是政治的起点，亦是其最终的目标，是故在此基础上深化了民本思想。

五 余 论

杜维明指出："在'保民'和'爱民'的思想氛围里，孟子的批判焦点是有王侯之名而实际上只配称独夫民贼的人君和只能遵循'妾妇之道'而显赫一时的权臣，因此在和居高临下的政权势力对话时，孟

---

① 苏舆：《春秋繁露义证》，钟哲点校，北京：中华书局，1992年，第249—254页。

子从不要求、更不斥责士庶人、百姓或天下之民。但这并不表示孟子根本不承认天所降的下民有影响政治的参与精神；他们绝不只是被动的群众而毫无主观能动的潜力。恰好相反，正因为孟子充分肯定'天视自我民视，天听自我民听'的交感互动原则，他才指出'乐民之乐者，民亦乐其乐；忧民之忧者，民亦忧其忧'的回馈现象。《孟子》一书中所显示的民、百姓和庶人，不仅有认识自身利益、判断仁政暴政和品题领导阶层为公为私的能力，而且可以付诸行动，做出同乐同忧、自安生理、逃亡流离，乃至叛乱革命种种选择。……孟子以私淑孔子自勉。他最大的心愿是推行仁政，彻底转化'率兽食人，人将相食'的残忍世界，以逐渐达到天下太平的人间胜境。"①杜维明关于孟子对民、百姓和庶人自身价值与能力的肯定，十分中肯，这也是孟子民本学说的题中应有之义。

以王道、仁政为中心的孟子的政治哲学十分丰富与深刻。与古希腊哲人相比，先秦儒家特别是孟子对老百姓民生的关注是非常突出的特点，然而小民的生活基本上没有进入古希腊哲人的视野；与西方传统政治文化相比，中国文化、儒家对政府的教育职能，特别是对百姓实行道德教化的要求，也是显著的特点，而传统西方之政府职责中，基本上没有教育并提升民众的道德水准的约定。

在中国乃至东亚思想文化史，特别是政治文化史上，孟子的王道、仁政学说绝对是奠基性的经典，是里程碑！两千数百年来，东亚思想家与民众不断反刍孟子的"民贵君轻""制民之产""经田界""保民而王""养民安民教民""不嗜杀人能一之""得民心者得天下""尊贤使能""闻诛一夫纣""善政"等思想命题。王道与仁政是历史文化生

---

① 杜维明：《孟子：士的自觉》，载李明辉主编：《孟子思想的哲学探讨》，台北：中研院文哲所，1995 年，第 15—16 页。

命的本体,超越经验而具有普遍的意义,因而也是一切政治架构与行为的最高评价标准。孟子有关权力正当性的讨论有终极之天与天道作为支撑,按他的看法,政府与治人者的权力来自天授,不是私产,不能私相授受。权源虽在天而实在民。天意由民意来表示,人民的意志、人心的向背是政权转移的根据。仁政学说以民为本位,其低度要求是制止征伐、战乱和滥杀无辜,解决民众生计即百姓的温饱问题,给农夫、农家以土地和田宅等基本生产、生活资料,并减低徭役赋税,开放山泽川林;高度要求是让百姓接受教育,接受礼乐教化,明人伦并提升道德。仁政学说对于政治权力的限制与转移亦有方略,强调政府与执政者必须接受民意监督,同时举拔、任用贤能,在明堂议政,及时罢免、撤换不称职的官员乃至国君,甚至可以革命,诛杀独夫民贼。仁政就是德治,执政者的德性修养有着重要意义。培养执政者的德性应以仁义为先,义先于利,但这一原则不能应用于百姓。儒家修己与治人的标准不同,两者不容混淆,当政者应当以仁治人,以义正我。孟子是暴政、霸道的严厉批判者,其言行中充满了儒家的人道主义精神与以德抗位的传统。他的王道、仁政思想在今天仍有价值与意义。

原载《中原文化研究》2015 年第 2 期。

浅谈《庄子》

　　庄子,战国中期人,约生于公元前 375 年,约卒于公元前 300 年,名周,宋国蒙(今河南商丘东北)人。庄子与齐宣王、魏惠王同时,与惠施为友。他曾做过蒙地漆园小吏,后来厌恶政治,脱离仕途,靠编草鞋糊口,过着隐居生活。他一生的行踪多在楚境。他那汪洋恣肆的风格和奇妙无穷的思辨,与楚国的文化传统有着密切的关联。

　　庄子及其学派的学术结晶,便是《庄子》一书。是书汉代有五十二篇,言多诡诞,类似《山海经》或占梦书。魏晋流行至今的通行本有三十三篇,其中内篇七,外篇十五,杂篇十一。自宋以来,一些学者就提出了《庄子》内、外、杂篇的区分和真伪问题。一般认为,内篇语言风格接近,思想连贯,自成一体,乃庄子自著,是全书之核心。外篇和杂篇大多出于庄子后学之手。有意思的是,司马迁在《史记》中说庄子著书十万余言,列举的篇目却只是外、杂篇的《渔父》《盗跖》等。近年湖北出土了汉代简书《盗跖》。苏轼和晚近不少学者怀疑外、杂篇,指其为伪书。今人也有反其道而行者,力证外、杂篇才是庄子自著。

　　《庄子》以"三言",即"寓言""重言""卮言"为主要表现形式。其书"寓言十九",意即绝大部分是寓言。所谓"寓言",乃言在此而意在彼。作者借助河神、海神、云神、元气,甚至鸥鸦狸狙、山灵水怪,演为故事,让读者体会其中的道理。所谓"重言",是借重古先圣哲或当时名人的话,或另造一些古代的"乌有先生"来谈道说法,让他们互相辩论,或褒或贬,没有一定之论。但在每一个场合,却都隐藏着一个俏皮的庄子。卮是酒器，或是漏斗。"卮言"即无心之言，或酒后之言，没有很强的主观性；或是漏斗式的话，隐喻无成见之言。其实，庄子说的话，只是从不同角度替大自然宣泄不同的声音。《庄子》的言语，暗示性无边无涯，涵盖面无穷无尽，给人以广阔的想象空间，可以做出多重的、创造性的解读。以下，我们略为介绍一下庄子的思想。

一 道 论

庄子是世界级的哲学家。他的"道论"与老子的"道论"既有联系，又有区别。第一，庄子的"道"是宇宙的本源，又具有超越性。"道"先于物并生成各物，是使万物成为各自个体的那个"物物者"，即"本根"。宇宙无所谓开始，亦无所谓结束，这是因为"道无终始"。但是，这个"道"不是造物主、上帝或绝对精神本体，而是一无始无终的大生命（宇宙生命）。万物的生命，即此宇宙大生命的发用、流行。既然道的生命是无限的，那么在一定的意义上我们也不妨说，万物的生命也是无限的。第二，庄子的"道"具有普遍性。万物都具备"道"，"道"内在于一切物之中，没有道，物不成其为物。道无所不在，道甚至存在于低下、不洁的物品，如瓦甓、尿溺等之中。第三，庄子的"道"是一个整体，其特性为"通"，通贯万物。"道"是浑然一体的，没有任何的割裂。世间的万事万物，都有其存在的原因、合理性、价值，只要不人为干预，因任自然，因物付物，任万物自用，可各尽其用，各遂其性，都有意义与价值。第四，庄子的"道"是"自本自根"的。"道"是一切的本根。"道"不依赖于任何事物，自己成立，创生万有，天下万物依凭着道而得以变化、发展。第五，庄子的"道"不可感知与言说。它既是客观流行之体，又是主观精神之境界，其自然无为、宽容于物的特性,也是人的最高意境。道体自然,道本无为,不可用语言来表达与限定。

二　理想人格论

理想人格论是"道论"在人生论上的推展。庄子认为,人们通过修养去体验大道、接近大道,可以超越人们对于生死的执着和外在功名利禄的系缚。但这不需要人为地去做什么。他的修养的原则是"不以心损道,不以人助天",依此而可以达到"寥天一"的境界。其生命体验、审美体验的方式是直觉主义的"坐忘"。"坐忘"的要点是超脱于认知心,即利害计较、主客对立、分别妄执,因为这妨碍了自由心灵。与"坐忘"相联系的另一种实践工夫是"心斋"。"心斋"就是洗汰掉附着在内心里的经验、成见、认知、情感、欲望与价值判断,自虚其心,恢复灵台明觉的工夫。

庄子的"天地与我并生,而万物与我为一"的思想,强调自然与人是有机的生命统一体,肯定物我之间的同体融合。人应当顺应自然,而不应任意地宰制、占有自然。

庄子主张"齐物","齐物"的意思就是"物齐"或"'物论'齐",即把形色或性质不同之物、不同之论,不平等、不公正、不自由、不和谐的现实世界种种的差别相("不齐"),暂时视为无差别的"齐一"。这种"以不齐为齐一",即提升自己的精神境界,在接受、面对真实生活的同时,调整身心,超越俗世,解脱烦恼。"以不齐为齐",亦包含着任万物、万事各得其所。存其不齐,即承认并尊重每一事物自身具有的价值标准。庄子希望人们不必执定于有条件、有限制的地籁、人籁之声,而要倾听那自然和谐、无声之声、众声之源的"天籁",以消解彼此的隔膜、是非和有限的生命与有限的时空、价值、知性、名言、概念、识见及烦、畏乃至生死的系缚,从有限进入无限之域。庄子以道观的视域,反对唯我独尊,不承认有绝对的宇宙中心,反对各是其是、各非其非,主张破除成见,绝不抹杀他人、他物及各种学说的生存空间,善于站在别人的立场上更换视域去理解别人,不以己意强加于人。

庄子"逍遥"的境界是"无所待",即不依赖外在条件与他在的力量,期盼"与道同体"而解脱自在。庄子"各适己性"的自由观的前提是"与物同化"的平等观。庄子自由观的背景是宽容,这种平等的价值观肯定、容忍各种相对的价值系统,体认其意义。庄子修身的特性是:独善其身,超然物外,一任自然,遂性率真;与时尚风俗、社会热潮、政权架构、达官显贵保持距离。与儒家积极入世的现实品格相比较,道家凸显的是超越和放达,以超脱的心态批评、扬弃、超越、指导现实。我国历朝历代的文人,没有不读《庄子》的。这是因为传统社会文士的人生不免充满坎坷,需要心灵的慰藉、寄托与调节。

在庄子看来,所谓"真人"是天生自然的人,能去心知之执,解情识之结,破死生之惑,守真抱朴;与天为徒,又随俗而行;与人为徒,既不背离天理,又不脱离人事。庄子提出了"逍遥无待之游"——"至人无己,神人无功,圣人无名"的人生理想。庄子之真人、至人、神人、圣人,都是道的化身,因而都具有超越、逍遥、放达、解脱的秉性,实际上是一种精神上的自由、无穷、无限的境界。这深刻地表达了人类崇高的理想追求与向往。这种自然无为、逍遥天放的天人合一之境,看似玄秘莫测,但实际上并不是脱离实际生活的。任何现实的人都有理想,都有真、善、美的追求,而道家的理想境界,就是至真、至善、至美的合一之境。

三 艺 术 精 神

庄子所谓至人、真人、神人,可以说都是能"游"的人,即艺术精神呈现出来的人,艺术化了的人。他们的人生,是艺术的人生。徐复观先生说,庄子所把握到的人的主体,即作为人之本质的德、性、心,乃是艺术的德、性、心。所谓"心斋""坐忘",正是美的观照得以成立的精神主体,是艺术得以成立的精神主体,也是艺术得以成立的最后根据。而要达到"心斋""坐忘",只有两条路子:一是消解由生理而来的欲望,心便从欲望的要挟和利害的痴迷中解放出来;二是消解由知识而来的是非,即与物相接时,心便从知识无穷的追逐中得到解放。人在世俗是非之中,即呈现出"天地精神"而与之往来。庄子体认出的艺术精神,由人生的修养功夫而得,从人格根源之地涌现、转化出来。其艺术作品也是直接由其人格中流出。庄子创造性地展示了道家放达、解脱的智慧与精神上独立、自由的境界追求。《庄子》一书是中国艺术精神的源头活水之一。中国艺术的二元,一是来自儒家,主要是孟子的"充实之谓美",一是来自道家,主要是庄子的"空灵之谓美"。中国美学,是这两者的巧妙结合。

最后我们说说本书译者梅维恒(Victor H. Mair)教授。他生于1943年,是著名的汉学家,美国宾夕法尼亚大学亚洲及中东研究系教授。他在唐代变文、古汉语典籍翻译与研究上,造诣甚深。梅维恒翻译了《道德经》与《庄子》。与有的译者选译诸篇不同,他全译了通行本《庄子》三十三篇。在百多年来三十多种英译《庄子》中,本书特别出彩,这主要源于译者的汉学功底。梅译的特点是,把《庄子》还原为文学作品,从文学的角度再现《庄子》中丰富多彩的人物、故事及表现手法,使庄子走出汉学家的小圈子。他的翻译,尽量体现部分文本之韵文诗的特点。他对原书大量以谐音虚构的人名的翻译,做到了精雕细刻。他恰当表达《庄子》中的各种修辞手法,使英文译本的读者透过诗性语言与意象去体悟庄子的人生意境。

此乃作者为梅维恒译《庄子》书所写前言,梅译《庄子》被收入"荆楚文萃丛书",2017年由湖北崇文书局出版。

忧患意识与乐感文化

一　何谓忧患意识？

　　"忧患意识"说，是徐复观于20世纪五十年代提出来的。他继承《周易·系辞传》"作《易》者其有忧患乎""明于忧患与故"的思想，认为中国忧患的文化，有宗教的真正精神，而无宗教之隔离性质，呼唤于性情之地，感兴于人伦、日用之间，使人们得以互相安抚，互相敬爱，以消弭暴戾杀伐之气于祥和恺弟之中。他把从原始宗教挣脱出来的中国人文精神之跃动、出现，定在殷周之际。当时，小邦周取代了大殷商。大殷商的一朝败亡，令人震惊与深思，尤其是令以周公为代表的周初统治集团，如临深渊，如履薄冰。

　　徐复观说，"忧患"是要以己力突破困难而尚未突破时的心理状态，乃人类精神开始直接对事物产生责任感的表现，也即精神上开始有了人的自觉的表现。只有自己担当起问题的责任时，才有忧患意识。这种忧患意识，实际蕴蓄着一种坚强的意志和奋发的精神。……在忧患意识跃动之下，人的信心的根据，渐由神而转移向自身行为的谨慎与努力。徐氏指出，这种谨慎与努力，在周初是表现在"敬、敬德、明德"等观念里面的。尤其是一个"敬"字，实贯穿于周初人的一切生活之中，这是直承忧患意识的警惕性而来的精神敛抑、集中，及对事务谨慎、认真的心理状态。这里的"敬"与宗教的虔敬、恐惧不同，是指人的精神由散漫而集中，并消解自己的官能欲望于自己所负的责任之前，凸显出自己主体的积极性与理性作用；是主动的、自觉的、反省的心理状态,以此照察、指导自己的行为,对自己的行为负责。这种人文精神自始即带有道德的性格。徐氏认为,中国人文主义与西方不同,它是立足于道德而非才智之上的。因之,所谓忧患意识,作为中国知识分子的一种文化潜意识,给中国思想史打上了深深的烙印。

以周公、孔子和司马迁等为代表,以中国文化主体的忧患心理、忧患人生及其对文化制品的积淀、贯注为视角,整理中国思想史,是徐氏的一大发明,一大贡献。

二 何谓乐感文化?

"乐感文化"说,是李泽厚于20世纪八十年代提出来的。他认为长期以来,汉民族文化的文化-心理结构,或人的心理本体,有一种实践理性,或实用理性。中国文化引导着中国人去过一种充满内心喜乐的生活,而这种生活就是一种"乐感"的生命存在方式。这样的一种存在方式不仅使我们的生命充满喜乐,使我们的生活充满感恩和乐观、豁达,而且向我们揭示了中国文化的一种深层精神:乐感文化。这种文化精神不同于西方的罪感文化,它立足于一个世界(此岸世界)而强调人的主体性存在,并赋予人参与天地之化育的本体地位,从而培育了中国人自强不息、乐观积极的精神状态。

李氏认为,中国文化是一种"乐感文化"。"乐感文化"由于没有人格神,其对人的终极关怀没有各种神灵导引,因此使人们在似乎是合目的、合规律的宇宙自然的总体中储备、汲取力量,所以中国是世界上发现自然美最早的国度。李氏指出,中国人很注重世俗的幸福,中国文化在庆生、乐生、肯定生命和日常生存中去追寻幸福的情本体特征。中国人没有超验理性，因此这种乐感文化体现了以人的现世性为本，而与西方传统强调的"绝对""超验"精神相对立。

李泽厚提出实用理性命题。他认为，乐感文化最大的特征是：实用理性。我们中国人，是最讲实用、最讲实际、最讲实惠的。这种讲实用、讲实际、讲实惠，使中国人具有灵活变通的性格，而不会死板、固执。这种权变，在让中国人变得圆融、圆满、可爱之时，也为中国人埋下了祸根，有其负面的走向。

三　孔孟的忧乐观及其生命承担

我们先谈谈孔子。他说："不仁者不可以久处约（穷），不可以长处乐。""士志于道，而耻恶衣恶食者，未足与议也。""富与贵，是人之所欲也；不以其道得之，不处也。贫与贱，是人之所恶也；不以其道得之，不去也。君子去仁，恶乎成名？君子无终食之间违仁，造次必于是，颠沛必于是。"发大财，做大官，这是人人所盼望的；然而不用正当的手段去得到它，君子不接受。君子没有哪怕吃完一餐饭的时间离开过仁德，就是在仓卒匆忙、颠沛流离的时候，都与仁德同在。人生存的价值就在于他能超越自然生命的欲求。

孔子有自己的终身之忧和终身之乐："君子谋道不谋食"，"忧道不忧贫"；"德之不修，学之不讲，闻义不能徙，不善不能改，是吾忧也"。他的快乐，是精神的愉悦。他的忧虑，是社会风气不好，人们不去修德讲学、改过迁善。孔子的学问是生命的学问，他的"道"是文明的大道。他赞扬颜渊穷居陋巷，箪食瓢饮，"人不堪其忧，回也不改其乐"，"饭疏食饮水，曲肱而枕之，乐亦在其中矣。不义而富且贵，于我如浮云"。同时，孔子提倡追求人生修养的意境，游憩于礼、乐、射、御、书、数六艺之中,"志于道,据于德,依于仁,游于艺","兴于诗,立于礼,成于乐","智者乐水,仁者乐山"。孔子的"吾与点也"之叹,是赞同曾点的看法,向往暮春三月与青年、幼童同乐,在湖光山色中游览、边游、边谈、边唱,表达了儒家在积极入世的情怀中也有潇洒、自在的意趣。

孔子提出的道义原则、仁爱忠恕原则、仁义礼智信等价值理想,是中国人安身立命及中国文化可大、可久的依据。这些原则、价值理想通过孔子自己践仁的生命与生活显示了出来,使他成为千百年来中国士人、知识分子的人格典型。

孟子强调"生于忧患,死于安乐",孟子先举了舜、傅说等六位人物的例子,说明"天将降大任于斯人也,必先苦其心智,劳其筋骨,饿其体肤,空乏其身,行拂乱其所为,所以动心忍性,增益其所不能"。出身卑微,经历艰难困苦,遭受过磨难、挫折的人,反而有柔韧性:忧患激励他们奋发有为;苦难成为人生的宝贵财富,使他们有了新的成就。对一个人来说,错误常常发生,才能改正;心意困苦,思虑阻塞,才能有所激发而创造。对一个国家来说,假如国内没有具有法度的大臣和足以辅弼的士了,国外没有相与抗衡的邻国和外患的忧惧,经常会被灭亡。无论是个人,还是国家、民族,忧患使之生存、发展,安逸享乐使之萎靡、死亡。要奋发图强,不要安于现状,不思进取。

孟子又讲"君子三乐":首先是"父母俱存,兄弟无故",这是家庭伦理之乐;其次是"仰不愧于天,俯不怍于人",这是独立人格、价值理性之乐;最后是"得天下英才而教育之",这是教育之乐。这三种快乐中,尤以中间一乐——精神自立的愉悦最为重要,即要堂堂正正地做一个人!

孟子十分重视人格独立和节操。每每向诸侯进言,他从不把诸侯高高在上的地位放在眼里,绝不被那些"大人"的权势吓倒。他有"说大人则藐之,勿视其巍巍然"的气概。他引用、重申曾子的话:"彼以其富,我以吾仁;彼以其爵,我以吾义;吾何慊乎哉?"人家有人家的财富、爵位,我有我的仁义道德,我并不觉得比人少了什么。继承子思的孟子有着自由知识分子的骨气和傲气,有着"舍我其谁"的气魄、胆识。他发展了孔子关于"德"与"位"的矛盾学说,举起了"以德抗位"的旗帜,对后世知识分子有极大的影响。他有"天爵"和"人爵"的区分。君子所追求的是天爵而不是人爵。孟子认为,道德原则或精神理想是人自身所具有而非依赖他人赐予的最为宝贵的东西,即"良贵"。别人给你的贵位不是"良贵","良贵"是自身具有的。

孟子还创造了"浩然之气"的名词。他说:"我善养吾浩然之气。"这种盛大、流行之气,充塞于宇宙之中。孟子主张调动气来配合道义,不仅使理义集之于心,而且使理义之心有力量,可以担当,可以实践,可以使理想变成现实。这样,面对任何安危荣辱、突然事变,就无所惧,无所疑,能担当大任而不动心。浩然之气是天地之气,也是我们生而有的气,只要不人为地伤害它,而善于保养它,就能合乎道义,辅助道义。

孟子提倡宏大刚毅、坚定不移的气节和情操,崇尚死而后已、无所畏惧的任道精神。在生死与道德发生冲突时,"生亦我所欲也,义亦我所欲也;二者不可得兼,舍生而取义者也"。这种冲突,实质上是人的自然生命与人的德性尊严之间的冲突。孟子所倡导的道德选择表现了超乎自然生命之上的善的价值之极致,表现了人为人格尊严而牺牲的殉道精神。孟子笔下"立天下之正位""行天下之大道"的"大丈夫"的行为标准是:"得志,与民由之;不得志,独行其道。富贵不能淫,贫贱不能移,威武不能屈。"这种任道精神和崇高人格曾激励了我国历史上无数的志士仁人。

四　传统士人忧乐观之背景的检讨

与这一思路相类似，司马迁《报任少卿书》曰："盖文王拘而演《周易》；仲尼厄而作《春秋》；屈原放逐，乃赋《离骚》；左丘失明，厥有《国语》；孙子膑脚，《兵法》修列；不韦迁蜀，世传《吕览》；韩非囚秦，《说难》《孤愤》；《诗》三百篇，大抵圣贤发愤之所为作也。此人皆意有郁结，不得通其道，故述往事，思来者。"个人忧患的经历，造就了这些伟大的思想家、作家。司马迁含垢忍辱，以这些先圣先贤为精神寄托，只为完成《史记》这一巨著。"虽万被戮，岂有悔哉！"他忍受奇耻大辱，写成了这一大著，藏诸名山，传之后人。他开纪传体史学的先河，真正达到了"究天人之际，通古今之变，成一家之言"的高标准。

我国文学史上，杜甫《天末怀李白》曰："文章憎命达，魑魅喜人过。"李白人才过人，命运多舛，遭人诬陷。文学史上常常是悲愤出诗人，乱世出佳作。

我国传统有所谓"贬谪文化"，优秀的官员几乎毫无例外地被贬过，韩愈、苏轼、朱子、阳明，等等，不一而足。

范仲淹的《岳阳楼记》大家都会背，其中反映了当时的知识人的纠结："不以物喜，不以己悲。居庙堂之高，则忧其民；处江湖之远，则忧其君。是进亦忧，退亦忧，然则何时而乐耶？其必曰'先天下之忧而忧，后天下之乐而乐'乎？噫！微斯人，吾谁与归！"人无时没有忧乐，为什么而忧，为什么而乐，何时何处当忧，何时何处当乐？范仲淹自己被贬，此文即为他的朋友、被贬的滕宗谅而写，同病相怜，有感而发。此文被千古传颂，实因世代都有怀才不遇的知识分子。他们"去国怀乡,忧谗畏讥,满目萧然,感极而悲",以"心旷神怡,宠辱偕忘,把酒临风,其喜洋洋"来麻醉自己。

我们对传统士人的进退维谷的生存处境,尤其是造成这种状况的制度、氛围、环境等,提出批判。我读束景南先生的《朱子大传》,颇有感慨。朱子一生,起起落落,临终被打为伪学、禁学,死了学生都不敢吊丧。他壮年时知南康军,不断抗争,为民赈灾。尔后,朝廷派他去浙东赈灾。束先生的书中写道:朱熹在浙东的作为与朝廷的愿望和目的越来越远,为朝廷所不容。朝廷是让他代表朝廷做出少许业绩以显示皇帝的深仁厚泽,朱子却真当回事,一定要"民被实惠";朝廷本只让他赈济灾民,他却进一步要为民减赋免税;朝廷本只把这场灾荒看成是天灾,他却进一步看成是人祸;朝廷只认为这场灾荒责任在地方,他却进一步认为根子在朝廷甚至是孝宗皇帝赵昚(慎)本人;朝廷本只要他措置赈荒中的"事",他却进一步要惩处赈荒中的"人"。朱子上状尖锐批评朝廷、皇上,最后为上所不容,终于倒了大霉。

明代王阳明的生命中也有类似状况。他被贬到贵州龙场的故事,各位都清楚。明代的政治生态几乎恶化到了极点,即使作为朝廷的命官也得不到任何尊重,时时有着性命之忧。

从思想文化的背景来看,为范仲淹所高扬的"先天下之忧而忧,后天下之乐而乐",其实也就是孟子"乐以天下,忧以天下"精神的活用,进而形成两宋儒者"以天下为己任"的担当。但孟子精神并不仅仅有"以天下为己任"的一面,同时还有对王权专制作批判与抗议的一面。这正构成了两宋士大夫积极参与朝政并且对朝政进行批评的精神与底气。但对朱明王朝来说,它所需要的仅仅是士人的报效精神,时时处处将为皇权服务视为自己的最高天职,却根本不需要对专制皇权建议、批评与抗议的精神。这就是不绝如缕的悲剧产生的原因。

我们认为，传统知识人与官吏屡被贬谪，是人才的最大浪费，也是社会的不公，有其制度的原因，应严肃批判、反省传统专制主义，因为那是不允许人有思想自由、独立人格的制度。在传统社会，人的权利、知识人的操守、学术的自由与独立，没有法律制度的保障。这样，牺牲大量优秀人才的时间与精力，打击了社会精英，阻碍了社会的进步与发展，造成很大的社会代价。虽然磨难对于个人的成长有益，但如果没有坎坷、波折，对社会与个人来说，岂不更好！

五 儒家忧乐观的现代意义

对于那些谋道不谋食、心忧天下的儒家士大夫而言，个人的贫富、穷达不在他们的念虑之中。如北宋初年的李觏，政治方面有抱负与追求，使得他充满了对于"邦国政教有玷缺不完者，下民疾害有酸楚未复者"的忧患。他曾经尖锐地揭露当时统治者对民众疾苦的漠视和下层社会民众在困苦中无处申诉、求告无门的社会现实。

实践儒家学说，也使得北宋思想家张载不计清贫，追求"孔颜之乐"。横渠镇地方偏僻，物产不丰。张载家中的田产仅够维持生计，他不以为忧，仍乐善好施。学生为生计所困，他总会施以援手，"虽粝蔬亦共之"。张载病逝时，"唯一甥在侧，囊中索然"。

张载在《西铭》中曾说："富贵福泽，将厚吾之生也；贫贱忧戚，庸玉汝于成也。存，吾顺事，没，吾宁也。"这种论述，即是主张人在社会生活中，正确地理解人之生死，既不为生死寿夭所苦，也不为贫贱忧戚所累，而是以自己有限的人生，持守天地之性，践行天地之仁，担负起自己对天地、父母及社会大众应尽的责任与义务，圆满地获取人生意义,实现人生价值。"存顺没宁"是张载的人生境界论。他认为,人的生死同其他器物的成毁一样,也源于"气化"。人有生死实为其本有的特性。全面地了解人生的这种特性,"知生无所得,死无所丧",即可以做到"死不足忧而生不可闷",理性地理解人生,现实地面对人生。这样的人生境界论"体用兼备",不论其理论价值,还是其实践价值,都给后世儒家的发展带来了深远影响。我们感佩张载的心胸和意境,这对我们当代人的人格成长也有积极的意义。

儒家忧乐观中有三点尤为重要,值得我们记取并创造发挥。

(一) 居安思危

《左传·襄公十一年》记载,晋悼公多次联合诸国伐郑,郑贿赂晋侯以乐师、乐器、美女、兵车,晋侯把乐队的一半赐给大臣魏绛,被魏谢绝。魏绛不肯居功,并引用《尚书》中的话,规劝悼公说:"居安思危,思则有备,有备无患,敢以此规。"这就是说,处于安定时要想到危险,想到了就有防备,有了防备就没有祸患。要防患于未然。凡事预则立,不预则废,未雨绸缪,不能大意麻痹,掉以轻心。

《周易·系辞下传》记载,子曰:"危者,安其位者也;亡者,保其存者也;乱者,有其治者也。是故君子安而不忘危,存而不忘亡,治而不忘乱,是以身安而国家可保也。《易》曰:其亡其亡,系于苞桑。"这里引用了《否》卦九五爻辞,说明心存戒惧、小心谨慎,时刻警惕灭亡,国祚乃可如系于丛生的桑枝上,坚固久长。我们现在没有战争与饥荒,生活太安逸,甚至太奢侈,人们的欲望太多,有人沉溺于声色犬马,争名夺利。没有危机感,这就是最大的危机。

曾国藩家书中指出,古人云:"劳则善心生,佚则淫心生。"他发挥孟子"生于忧患,死于安乐"的思想,时时警惕、批评子弟们的生活过于安逸、奢侈,认为这不利于家族和个人的健康发展。

可见,无论是对于国家,还是对于家庭与个人,都应居安思危。这是一种理性精神,是一种在安与危、存与亡、治与乱、得与丧中,处顺境而不忘逆境袭来的自觉。这是基于对人生与宇宙的透彻了解,并为理想的实现而动心忍性的智慧。

(二)忧乐圆融

这是已故庞朴先生的创造性阐释。他认为,忧患意识是知其为忧患遂因应而生起来的一种意志,或是当前虽无忧患存在亦能存有此种意志(居安思危)的那样一种觉识。它意味着力求克服种种困难,力求实现某种理想,并深知自己行为的关系与责任之所在。也就是说,忧患并非杞人忧天、患得患失,孔子所忧的不是财货、权势的不足,而是社会上有的人"德之不修,学之不讲"。那么,忧患意识就是仁心或善性的某种自觉。

乐感文化是一种文化心理结构,是全民族的集体无意识,那么,它不是"欢乐"或"快乐"意识,它是无意识,是百姓日用而不知的心态。

《诗》云:"如临深渊,如履薄冰。"未临而如临,未履而如履,这才是忧患意识。真正临深履薄了,需要的就不是忧患意识,而恰好是其对立面——临危不惧,乐以忘忧了。忧患的本体并不在忧患者之中,倒是在它的对立面、在安乐者之中了。一旦安于所安,乐于所乐,真正的忧患就开始了,临近了。

庞朴认为,中华人文精神,既然是一种精神,就不同于意识与集体无意识。包括忧乐在内的圆融精神,是我们民族的基本性格。中国精神把忧患与乐感融合了起来,是一种圆融的智慧。

(三)乐天知命

子畏于匡,处变不惊;颜回穷居陋巷,安贫乐道。这是儒家的达观心态的展现。乐天知命,恰好是在人生最困难的时候应当有的心态。《周易·系辞上传》曰:"旁行而不流,乐天知命,故不忧。"这是肯定事业多向发展而不流于俗,乐观豁达。知命,就是正确理解各主客观条件、偶然性因素的制约。孔子、颜子是乐天知命的典范。这种乐,不是感性、物质之乐,而是理性、精神之乐。

周敦颐在《通书·颜子》中指出,颜回不求富贵,安于贫简,因为他能"见其大而忘其小",意识到人生中有比财富与地位更值得追求的生活方式与生活目标,发现了人生真实的意义与价值。周敦颐所主张的"孔颜乐处",实际上涉及人生的幸福问题。在道德哲学中,人们对幸福有多种理解。一般说来,幸福是人对于快乐的一种心理体验。但是,在人的生活中,并非所有的快乐皆可谓之幸福。希腊哲学家亚里士多德认为,幸福是灵魂的某种合乎完满德性的实现活动。将德性与快乐联系起来理解幸福,是幸福论中重要的理论派别之一。"乐天知命",大体上即可归于这种类型的幸福论。在西方哲学中,也有哲学家强调理性和意志对于获取幸福的重要,认为理性和意志才能引导人们走向幸福,而感觉和欲望只是把人们引向快乐。"乐天知命""孔颜乐处",将"圣希天,贤希圣,士希贤"视为人生的理想与目标,这就是"天人合一"。

今天,即使是在人民民主制度下生活,只要是在社群中,只要与各色人等打交道,人总不免会被误解,遭遇挫折与失败,甚至会被人诬陷。即使在现代社会,因主客观各种条件的限制,每个人的人生都不会是一马平川,因此要有各种思想准备,调整好心态,经得起风雨、坎坷,也经得起安逸、怡乐等的考验。作为个人,忧而不失其乐、不忘其乐、苦中作乐,乐而不忘其忧、乐中有忧,处顺境不盲目自傲、得意忘形、居功自恃,处逆境要有信念、刚毅坚卓、看到光明。作为国家治理者,应时刻不忘安危、存亡、治乱的互动,形势好时要想到形势不好时,形势不好时要想到形势好时,谨慎乐观,不骄不躁,充分吸取越王勾践卧薪尝胆、唐太宗"贞观之治"的经验教训,把国家建设得更好!总之,我们应以家国天下的情怀,自强不息,厚德载物,积极乐观地生活与工作,居安思危,忧乐圆融,乐天知命。

总结一下:关于中国文化精神的标志性特征,徐复观提出了"忧患意识"说,李泽厚提出了"乐感文化"说,庞朴则反思了这两种说法,提出了"忧乐圆融"说。我国儒释道思想传统中有深厚的、源远流长的忧乐观,尤以先秦、宋明儒家的忧乐观及其生命实践最为突出,具有典范的意义。"作《易》者其有忧患乎""生于忧患,死于安乐",是先圣先贤点醒出来的忧患与安乐的辩证法。作为政治主体、道德主体和审美主体的人,对忧患与安乐有一种觉识,在忧患尚未产生时未雨绸缪,因而能居安思危,在逆境中能动心忍性,在顺境中具有忧患意识,是理性精神的表现。应当对造成传统士人进退维谷处境的制度、氛围、环境等,提出批判。现实的人乐观地面对困难,发愤立志,艰苦实践,乐天知命,可以由有限通向无限,上达超越的境界。

此为作者 2018 年 1 月 31 日在国家图书馆的讲座整理稿,本次讲座系北京大学与国家图书馆共同举办的"孔子·儒学·儒藏——儒家思想与儒家经典名家系列讲座"之一,原载《光明日报》2018 年 4 月 22 日,第 6 版,收入本书时有修改。

智者大师"观心"思想的现代价值

一　智者大师的人生历程

据智者大师门人章安灌顶的《隋天台智者大师别传》记载,大师法名智顗,字德安,在东晋初年,举家迁至荆州华容。南朝梁大同四年(538),智者大师就在这里出生,并在此度过了十五年的童年与少年时光。后来因为战乱而离开家乡,十八岁时于湘州果愿寺出家,之后在湖南一带学习经典。他听闻慧思大师的盛名,遂于陈元嘉元年(560)前往位于今天河南光州的大苏山亲近慧思大师。慧思大师一见如故,对他说:"昔日灵山同听法华,宿缘所追,今复来矣。"智者大师诵《妙法莲华经》时,得法华三昧,见到"灵山一会,俨然未散",不可思议,遂向师父汇报这种境界。慧思大师非常赞叹,推崇备至。之后,智者大师常代慧思大师升座说法。有一次慧思大师手持如意说:"可谓法付法臣。法王无事者也。"便前往南岳,将传法的使命交给了智者大师。

后来,智者大师前往金陵,讲《法华经》《大智度论》与《次第禅门》等,虽有很多徒众,然而大开圆解的却少之又少。智者大师遂入浙江天台山隐修,经过九年实修,形成自己的核心思想。后出山,住金陵光宅寺讲《法华经》,其弟子灌顶集成《法华文句》一书。其后,他在华东一带传法修行。几年后,陈朝覆亡,为了躲避战乱,他南下浔阳。随着隋朝的建立与社会的安定,开皇十一年,他在当时晋王杨广的召请下,前往江都讲学。

开皇十三年(593),为"答生地恩",他回到了故乡荆州,在当阳县玉泉山建玉泉寺讲经。在此后两年时间里,他在玉泉寺完成了《法华玄义》与《摩诃止观》的讲述。智者大师当年在荆州讲学,"听众一千余僧,学禅三百","道俗延颈,老幼相携;戒场讲坐,众将及万"。在他的影响下,形成了玉泉寺系统的天台宗,其中有灌顶、道素、弘景、惠真、鉴真等多人,相继不绝。

智者大师晚年再度受请前往江都讲经,最后回到天台山,圆寂时,年六十岁,僧腊四十夏。他完成了对他以前数百年中国佛教的反思,提出了如何克服佛教危机的方案,这一方案的原则是:统一南北佛学,加强止观实践。

二 智者大师与中国思想

盛唐时期佛学发展鼎盛,宋代的禅学与儒学高度发展,正是因为有隋朝乃至南北朝思想的积淀作为基础。在南北朝入隋之际的诸多思想家中,智者大师无疑是极富影响力的一位!就佛教思想而言,划时代的佛学大师都在判教上有巨大的贡献,距今流传的隋代文献中,有不下二十种判教理论,其中智者大师的判教对此后的佛教哲学发展产生了重大影响,此后的华严等宗派的判教莫不参考智者大师的"五时八教"体系。

在中国大乘佛教八大宗派中,第一个本土宗派天台宗即以智者大师所居的天台山为名,足见他在中国佛教的理论建设上的巨大作用。迄今为止,天台宗依然是"教下"最具有代表性的宗派,智者大师作为天台宗的集大成者与实际建立者,被世人称作"东土小释迦",可谓名副其实。智者大师解行并重,其思想特点在于教观双运,即佛学思想的阐发与禅观的实修并重。他的著作十分丰富,在荆州讲述的《法华玄义》《摩诃止观》与在金陵讲述的《法华文句》三部巨著被称为"天台三大部";他提出的"止观法门、一心三观、一念三千、六即"等思想对中国哲学思想的建构有着极为重大的意义。

现代大哲牟宗三先生最为推崇智者大师,尤其是天台圆教思想。牟先生认为,圆善强调德福一致,而圆教就是圆善。圆教能启发人的理性,使人运用理性从事于道德的实践或解脱的实践,能纯净化或圣洁化人的生命智慧,达到人生最高的理想境界。牟先生圆教与圆善思想是智者大师的现代版。

三 "六即佛"与"人皆可以为尧舜"

在《妙法莲华经玄义》里,智者大师开创性地提出了"六即佛"的思想,以"观心"为中心,圆教菩萨的修行即以"六即"为次第。

一切众生皆有佛性,不论是否听闻,世间相常住,这就是"理即";如果听闻一句佛法,对佛法深义有所了解,就是"名字即";而对此深信随喜,开始有所实践,心观明了,理慧相应,达到由知起行的境界,便是"观行即";观照之慧有所进益,得《法华经》所说的六根清净位,就到了"相似即"的境界;观照之慧倍增,初破一分无明惑,而发起真智,见佛性理,安住实智中,即是"分证即";随后努力破四十一品无明,入于一切智海,亲证唯佛与佛乃能究尽的实相,便是"究竟即"。

这"圆教六即"是止观法门的修行次第,而他明确肯定了"若观心人,谓即心而是,已则均佛",而一切众生皆有佛性、皆当成佛的思想,与《孟子》"人皆可以为尧舜"的思想有所契合,对后世中国的思想有极大的启发。如唐代时的禅宗六祖慧能,悟道时称"何期自性本自清净,何期自性本自具足",就是对"即心而是,已则均佛"的阐发。也正是因为对智者大师"心即是佛"的发扬,乃至未曾闻信佛法的人,亦是"理即佛",就是对所有众生最大的肯定。

在天台,"即"字很重要。如说菩提,必须说"烦恼即菩提",如说涅槃,必须说"生死即涅槃",才是圆说。如说"断烦恼证菩提",或"迷即烦恼,悟即菩提",或"本无烦恼,元是菩提",都不是圆说。牟宗三先生讲,这是诡谲的"即",而不是分解的"即"。这里有深刻的洞见。

到了宋明,"见满街都是圣人"的心学思潮勃发,大儒王阳明《咏良知》诗中说"个个人心有仲尼,自将闻见苦遮迷。而今指与真头面,只是良知更莫疑"。这是中华哲学传统一脉相承的心性思想,只此心性,即是平常,即是本性。

而到了今天,这种思想更加具有现实的价值。智者大师"勤修三观,闻六即佛"的思想,是对人性价值的一个极大的肯定。当代儒学致力于阐述道德理想主义,肯定道德主体性,无疑也要发挥中国文化的这一良好传统,来对治当代社会中存在的拜金主义、享乐主义,以心性之学来解决过度异化的现代疾病。在社会环境浮躁、心理问题频发的场域,心学给人以内在的安定。

四 "一心三观"与当前精神文明建设

在禅观方面,智者大师倡导"一心三观","空""假""中"三谛相应,于一心中圆修"空""假""中"三谛。这个禅观思想由慧思大师提出,经过智者大师的发展而完善。

一法一切法,指法性缘起的一切现象,皆不实在,故为假,观此则称假观。一切法即一法，指一切现象本性空寂，无独立之实体，故为空，这称为空观。一切法既非离假之空，亦非离空之假，同时具有假、空的性质，此为中道观。智者大师认为，"净心观者，谓观诸心，悉是因缘生法，即空、即假、即中，一心三观"。在修行这个圆融的观门时，有解悟、信敬惭愧、修行中逐步念念与即空相应、念念与即假相应、念念与即中相应的不同次第，得到不同的受益。这种禅观法门是一种理论与实践紧密结合的体系，它从圆融的角度，对一心的三个维度做出阐发，以次第为方便，显圆顿究竟，即次第而又超越次第，"大开圆解"。

国学大师钱穆在谈及自己学禅经历时说："尤喜天台宗《小止观》，……初如浓云密蔽天日，后觉云渐淡渐薄，又似得轻风微吹，云在移动中，忽露天日。所谓前念已去，后念未来，瞬息间云开日朗，满心一片大光明呈现。纵不片刻，此景即逝，然即此片刻，全身得大解放，快乐无比。"恰是对"一心三观"这一思想的阐发。

随着时代发展，禅学已传播到世界各地，也有了长足发展。如太虚大师早期在欧美的探索，净慧长老所倡导的"生活禅"修学理念在西欧的推广。在这一过程中，天台止观（定慧）作为禅观方式的集大成者，可谓不可或缺，许多人因为研习禅法，身心受益，可见其对于当前精神文明建设、现代人的身心疗愈有着非常积极的作用。

哲学家汤一介先生认为，中国传统哲学是由一套不同于其他民族的哲学的特殊概念范畴构成的，有"天人合一""知行合一""情景合一"三个基本命题，这三个基本命题表现在中国传统哲学关于真、善、美的特殊观念上。我们不难发现，这三个合一与智者大师的思想不谋而合，以智者大师观心为枢机，以"一念识心"为观所缘境，以"一心三观"为观心法要，即是对这三个合一的一个最好的历史回应。教观双美、心遍法界的天台思想,可为新的中国哲学体系提供丰厚的资源。

除此以外,智者大师提出或发展的"一念三千""十如是"等思想,都对后世中国哲学的发展产生了深远影响。面对当今世界物欲横流和低俗无聊的时代症结,这种"观心"的法门,都有着极为重大的意义。

此为作者于 2018 年 4 月 22 日在荆州"智者大师文化论坛"上发表的主题演讲。此会由中华文化促进会主办。

文化自觉

优秀传统文化的传承与发展

2017 年元月,中共中央办公厅与国务院办公厅印发、下达了《关于实施中华优秀传统文化传承发展工程的意见》(以下简称《意见》),把优秀传统文化的传承与发展放在国家总体战略的高度,做出了战略部署,具有重大的理论意义与现实意义。《意见》坚持十八大以来中央与习近平同志有关弘扬优秀传统文化,加强文化自觉与文化自信意识的系列指示精神,在理论与实践的结合上,阐释了中华优秀传统文化是中国现代社会与现代人的根本与灵魂的观点,全方位、多层面地指导了传统文化的研究与普及、继承与创新、传承与发展工作,尤其对优秀传统文化在今天社会生活中的转化与融合方面,在基础教育乃至全民教育中的地位与作用方面,有重要的提示与部署。以下我从三方面谈谈学习的体会。

一 增强对中国核心价值理念的体认

2013 年 11 月,习近平主席专程去曲阜考察了孔府和孔子研究院,表达了对历史文化和圣贤人格的高度敬意。2014 年 2 月,在中共中央政治局第十三次集体学习时,习近平提出:"深入挖掘和阐发中华优秀传统文化讲仁爱、重民本、守诚信、崇正义、尚和合、求大同的时代价值,使中华优秀传统文化成为涵养社会主义核心价值观的重要源泉。"

《意见》指出:"传承发展中华优秀传统文化,就要大力弘扬讲仁爱、重民本、守诚信、崇正义、尚和合、求大同等核心思想理念。"用"讲仁爱、重民本、守诚信、崇正义、尚和合、求大同"来总结归纳中华民族优秀传统文化,很有意义。这种概括具有以下四个特点:一是民族性。这十八个字是在中华民族长期发展进程中积淀而成的,至今仍为广大群众所接受,有着强大的生命力、亲和力。二是时代性。以"仁爱"为中心的仁爱、民本、诚信、正义、和合、大同,作为价值理念,具有超越民族、地域、历史的普遍性。中外文明交通史表明,中华民族完全可以秉持这些核心价值,与世界各国人民及其文化沟通对话。三是实践性。上述价值理念,要么针对的是宇宙人生的根本问题,要么具有强烈的现实意义,譬如和合观念之于生态危机、资源危机,大同观念之于世界和平等。四是简易性。在经历了两千多年的大浪淘沙之后,这些价值理念已经融入人民大众的性情心理之中,内化为中华民族的民族性格,成为全世界华人共同的文化信仰。

这些渊源有自、源远流长的优秀传统文化核心理念,如"五常"(仁、义、礼、智、信),"八德"(孝、悌、忠、信、礼、义、廉、耻),"己欲立而立人,己欲达而达人""己所不欲,勿施于人""老吾老以及人之老,幼吾幼以及人之幼""亲亲而仁民,仁民而爱物",天理人心,良知良能,知行合一,天人合一,道法自然⋯⋯不仅对百姓日常影响极大,同时还作为中国精神与智慧影响远及东亚、欧洲,参与了今日世界文明秩序的建设。优秀传统文化作为核心价值观的源头活水,核心价值观作为优秀传统文化的当代发展,两者间的关系是不可否认的。

2014 年以来,习近平主席多次提出要"增强文化自信和价值观自信"。他指出:"文化自信,是更基础、更广泛、更深厚的自信。"在他看来,文明,特别是思想文化,是一个国家、一个民族的灵魂。文化自信的前提是文化自觉,即真正认识、体悟中国文化的根本与灵魂。提高文化软实力,事关国运。

二　经典与经典教育的系统性

《意见》指出：优秀传统文化的教育要"贯穿国民教育始终"。就基础教育而言,我们希望语文、史地、德育、思政,甚至体、音、美等各课程、教材与读本中,多一些传统文化的因素,包括民族、地区特色的文化因素。还可以专门设置一门优秀传统文化的课程并编好教材。现在各地都在抢编此类读本、教材,五花八门,良莠不齐,明显带有功利化与工具性的趋向。编好教材,编者首先要有正确的目的、理念,其次要有相当的国学修养,再次要遵守循序渐进的原则。

中国传统文化中的经史子集、诸子百家、儒释道、蒙学读物、家训,乃至诗词歌赋,琴棋书画,还有民族与地方习俗文化等素材,丰富多彩,我们应充分照应到多样性,特别关注生动活泼的各种材料,选取可读性、趣味性的内容。尽管如此,传统文化的教育不能碎片化,而应有其系统性、整体性。我们还是要强调多样性中隐然有统一性,这些教材的编撰一定要有理念的指引,即不忘价值理性,不忘教育目的。我们从各不同侧面对学生进行多方面、多维度的文化传统教育,一以贯之的还是让学生逐步理解中国文化的根本精神。人之所以为人与中国人之所以为中国人的根本道理与核心价值,是中心的中心。当然,不能硬性地灌输,而应采取春风化雨的浸润方式。

选取反映中国精神、中国故事,内容形式俱佳、情文并茂的范文,特别有意义。可以学习姚鼐编《古文辞类纂》,曾国藩编《经史百家杂钞》,吴楚材、吴调侯编《古文观止》,蘅塘退士(孙洙)编《唐诗三百首》的经验,甚至可以直接选用其中的内容。上述姚编、曾编还特地选了古代不同的文体,如论著、辞赋、序跋、诏令、奏议、书牍、哀祭、传志、叙记、典志、杂记等,这对学生理解传统文化的特色,也十分重要。

钱穆在论及国民必读的国学经典时,开了七种书:《论语》《孟子》《老子》《庄子》《六祖坛经》《近思录》《传习录》。这七种书是从儒道释与宋明道学的基础典籍中选出的。就"国学入门书目",开得比较全面的是梁启超,他开了25种。其中,经部:《四书》《易经》《书经》《诗经》《礼记》《左传》;史部:《战国策》《史记》《汉书》《后汉书》《三国志》《资治通鉴》(或《通鉴纪事本末》)及《宋元明史纪事本末》;子部:《老子》《墨子》《庄子》《荀子》《韩非子》;集部:《楚辞》《文选》《李太白集》《杜工部集》《韩昌黎集》《柳河东集》《白香山集》。梁启超开的书目,涵盖四部,是从经史子集的基本经典入手的。黄侃指出的国学要籍二十三种,包括十三经,再加上《国语》《大戴礼记》,以及小学的《说文》《广韵》,史学的《史记》《汉书》,子学的《荀子》《庄子》,文学的《文选》《文心雕龙》。他说:"此廿余书中,若深研而详味之,谓之专门可,谓之博学亦可,如此则不致有主伴不分之失。"黄侃的书目立足于后学的训练。

什么叫经典? 经典之所以成为传之久远的经典,一定有其精义,对我们国家民族的长治久安有价值指导的意义。刘勰《文心雕龙》说:"经也者,恒久之治道,不刊之鸿教也。"可见,经者,长也、久也,是记载长久之道的书,其中有价值系统与信仰信念系统。

为什么要读经典? 如上所说,因为经典中有中华民族的常经、常道。有人说,中华文化的根源在五经四书之中,是有一定道理的。因为这里有我们中国人安身立命的根源与根据,也包含有当代价值。五经四书不专属于儒学,而是中华各民族共同、普遍、公共性的精神资源、道德资源。这里有中国人一以贯之之道,即做人、治世的常道。

经典教育是贞定中国文化主体性的常道的教育。我们建议，高中生应在课堂上较系统完整地学习四书的基本内容，这会使学生一辈子受用无穷。

三　传统文化的学科建设与师资培养

现在讲授传统文化课程最缺乏受过基础训练的教师。建议各高校的国学与文史哲院系，广为开办长短不一的训练班，培训当地幼儿园与中小学的教师。建议各地职能部门组织好师资培训工作。从长计议，还是要有国学学科的设置，让国学有户口，名正言顺地培养师资。

我们现行的学科建制是抄袭西方的。即使有文、史、哲、艺术、宗教等学科门类及所属一、二级学科等，与中国古代学术仍然不能兼容。如果说，中国古代自然科学与技术，不能用西方近代以来的科学分类来割裂、肢解的话，那么，中国古代的人文与社会学术就更不能被西方学科框架、限定了。

近二十年以来，我们一再呼吁建立国学学科，并在实践上创办了国学班与国学院，培养了国学本科、硕士、博士生，这是不得已而为之的做法。现在全国已经有数十所高校设立了国学教学或研究机构。尽管使用"国学"这一名词也有不周延处，但相对而言也不是不可以使用的。在现代西方，任何学科都有边界不清的问题，或许这恰好使学科有了发展的空间。在现在的形势下，我们就不是勉强呼吁建"国学"一级学科了，而是要大声疾呼建"国学"学科门类了。

我们认为，由国家层面设立"国学"学科门类，是刻不容缓之务。中国古典学术一直以经史子集四部之学为分野，以考据、义理、辞章、经世为一体之多面，而近百年来，我国高等学校将中国传统学术割裂，分别纳入文、史、哲等学科，以至于今日，能够用融通的眼光通读、理解和诠释中国经典者愈乏其人。例如儒家五经，是中华文化传统的源头经典，但是数十年来，日渐沦落成为文史哲专业研究的语料和史料而被肢解。中国古代围绕着经典所展开的内容丰富、庞大的小学、经学学术，就其考据方法和义理展开而言，普通文史哲相关专业的学生更是毫无了解和涉猎。创立"国学"学科门类，重新恢复中国古典学术的合理地位，方能培养出能融通，并深刻和准确理解经典的人才；而培养出人才，才能完成习近平主席提出的"讲清楚中华优秀传统文化"这一任务。

本乎此，我们强烈呼吁国家有关部门充分正视中国古典传统对于中华民族伟大复兴的源头意义和对于面向世界的中国的重要意义，本着对民族传统和子孙后代负责的立场有所作为，积极支持设立"国学"学科门类。应包含五大一级学科：经、史、子、集和中国的宗教。如把经学作为一个一级学科，那么经学下面可有单经研究、群经研究、经学史研究、今古文经学研究等二级学科的设置。其他学科（史、子、集和中国的宗教）可依此类推。"国学"学科的倡立，并非要替代现行的文、史、哲、艺等学科。"国学"学术的视野和方法，主要遵从中国古典学术的眼光和进路，例如经史子集四部之学的基本格局，考据、义理、辞章三分的学问理路，以及由小学而入经学，由经学而入史、子、文章之学的路向等。它是对当下按照西学格局而设的文、史、哲、艺等学科的有益补充，而非替代。在当代西方学科体系中，神学、古典学都是独立于文、史、哲、艺等之外的重要学科。我国的国学，颇类似于西方的古典学领域。

目前中小学教育急需开设中华优秀传统文化课程，急需大量具有专业资质的师资,社会各界迫切需要正讲而不是歪讲、俗讲"国学"的人才,我国浩如烟海的典籍文献与历史档案也急需整理与研究的人才。随着国家文化战略的发展,需要更多精通经史子集与中国古代科技、艺术、宗教文化的人才。国家、民族发展的现实需求,正是各校国学院存在的理由,也是我们希望设置"国学"学科的理由。

原载《孔子研究》2017年第1期,收入本书时有修改。

论文化自信

"文化自信"的前提是"文化自觉"。没有"自觉"的"自信"是盲目的。所谓"文化自觉",是对这一文化的方方面面、来龙去脉、内涵与特色有深切的了解,能以健康的心态与理性的精神,如实分析其历史作用、利弊得失与未来发展的契机、潜能或困境。

阳明先生《咏良知诗》曰:"抛却自家无尽藏,沿门托钵效贫儿。"他的意思是指人们常常泯灭良知,不知自家的精神宝藏,堕落为精神的弃儿。放着自家的宝藏不管不顾,成了精神文化的叫花子,这可以说是鸦片战争以后一段时间,我们的历史教训。

当然,我们今天讲的"文化自信",不是发思古之幽情,不是回到过去,而是立足于当代,面对今天中国与世界的诸多问题。在今天中国的现代化建设中,在人类命运共同体的构建中,优秀中国传统文化还有没有生命力,能否提供什么新的东西? 这倒是值得我们认真思考的问题。

长期以来,对于中国文化,国人丧失了自信力。然而,时至今日,"文化自信"已然成为时代的话语,真是时势比人强! 如何理解"文化自信"? 如何减少盲目性,增强自觉性? 本文略加讨论,就教于方家。

一 "文化自信"是对"文化自虐"与 "文化自恋"的双重扬弃

清末民初,全盘反传统、全盘西化渐成主潮,国人对自己的文化妄自菲薄、自我矮化。胡适说："我们自己百事不如人，不但物质机械上不如人，不但政治制度不如人，并且道德不如人，知识不如人，文学不如人，音乐不如人，艺术不如人，身体不如人。"①胡适的文化观虽然有批判传统惰性、针砭现实弊端的用意，但由此表现的文化虚无主义的态度和民族自信心的丧失，已达到无以复加的地步，是"文化自虐"的典型。

20世纪二三十年代和八十年代，学界曾两度讨论国民性问题，受西方、日本影响，国内学界很多人竟认为中国人的国民性只有"劣根性"，没有"良根性"，实际上是把人类所有的丑恶都集中在中国人身上。面对文化虚无主义与自戕主义的思潮，张岱年先生多次发表文章与演讲，指出：人们总是说国民性中有劣根性，诚然如此，是否也有良根性呢？"假如中华民族只有劣根性，那中华民族就没有在世界上存在的资格了，这就等于否定自己民族存在的价值……一个延续了五千余年的大民族，必定有一个在历史上起主导作用的基本精神，这个基本精神就是这个民族延续发展的思想基础和内在动力。"②张先生认为，中国文化有"良根性"，即中华民族的优良传统、习惯。"中华民族在亚洲东方能延续几千年，一定有它的精神支柱，没有这些，中华民族早就灭亡了。"③这个精神支柱，就是民族精神。张先生指出，中华民族屹立于世界东方已经五千多年，过去的中国文明曾经对西方近代启蒙运动起过一定的积极影响，难道几千年的文化创造都是要不得的东西吗？是祖先低能，还是子孙不肖呢？

---

① 胡适：《介绍我自己的思想》，载葛懋春等编辑：《胡适哲学思想资料选（上）》，上海：华东师范大学出版社，1981年，第345页。
② 张岱年：《文化与哲学》，北京：教育科学出版社，1988年，第66页。
③ 张岱年：《文化与哲学》，第48页。

我们认为,只有批判传统才能真正继承传统,但真正的批判必须是全面深入理解基础上的内在性批判,需要以缜密功夫从中国文化思想系统自身的内在理路出发而对它做系统梳理,避免将某种特定的思想框架强加在传统中国文化之上。不由分说,寻章摘句,以简单粗暴的方式来宰制、肢解传统,先入为主地把中国传统执定为粗糙、落后、保守云云,这类所谓的"批判"或美其名曰之"新批判",实与中国思想文化毫不相干。

当下,中国文化的复兴已成大势,又有人不加分析地歌颂传统文化,陷入一种"文化自恋"情结,好像凡是国学、传统的都是好的。三十年来,我们提倡弘扬优秀传统文化,一再两面批判、两面出击:一是批判"全盘西化"思潮;二是批判自恋情结,批判各种形式的伪国学。传统政治文化中的皇权专制主义是我们首先要深入批判的,这是我国健康现代化的严重障碍。我们还及时批评了时下的"国学热""儒学热""书院热"中的负面,批判沉渣泛起;批评了把国学作为敛财手段的功利倾向和误人子弟的做法,强调"正"讲国学,让国学、儒学中的核心价值、做人做事的正道,创造性转化为现代人的人生智慧,以此安身立命。

"文化自信"是对"文化自虐"与"文化自恋"、西方中心论与中国中心观的双重扬弃。没有全面真正的继承,就不可能有文化创新。创新不仅要有厚重的历史感,具备深厚的理论功底,也要有时代精神,具有深刻的问题意识。创新固然是因应时代的挑战而生,但创新绝非无源之水、无本之木,它一定是对传统的批判性继承。弘扬传统文化并不是要昧于社会现实而开历史倒车,相反,恰好包含着批判现代性的负面,批判时俗流弊,抛弃"五四"以来相沿成习的对中国文化的某些误解、成见,调动并创造性转化传统文化资源,介入、参与、批判、提升现实，促使传统与现代的互动，双向批判、双向扬弃。这才是我们应取的态度。

二 以"文化自觉"为前提的"文化自信"，有助于中国文化的"两创"

钱穆先生说："欲其国民对国家有深厚之爱情，必先使其国民对国家已往历史有深厚的认识。欲其国民对国家当前有真实之改进，必先使其国民对国家已往历史有真实之了解。我人今日所需之历史智识，其要在此。"[①]这就是对自己的文化要有一种自觉，这种自觉源自深度的理解。

有"文化自觉"的"文化自信"，才是真正的自信，才有助于中国文化的创造性转化与创新性发展。中国文化，特别是儒释道文化，在两千多年来一直塑造和滋润着中国人的心灵，在近百年来则遭到了前所未有的指责和批判，这其中固然与"救亡"的时代背景有关，也与中国文化中的负面，即其中的僵化和异化有关。同时这也与那一代知识分子的学识、心态乃至个人遭遇等有关。总体上表现为自信不足。儒学等在当下中国得到重新认识和重视，呈现复兴之势（当然也有不少鱼龙混杂），这其中的原因也是多重的，中国经济的崛起、国势的强盛当然是一个重要原因，外来思想资源无法安顿大多数中国人的心灵也是一个重要原因，但最为根本的原因在于，中国文化、儒学文化等自身的价值理念仍具有生命力，比如仁义礼智信、孝悌忠恕等。不管是传统的农业社会，还是现当代的工业社会、信息社会等，只要是

---

① 钱穆：《引论》，载《国史大纲》（修订本）上册，北京：商务印书馆，1994年，第3页。

人类社会，无论其组织方式如何，要形成公序良俗，就离不开这些价值。此外，中国文化、儒学文化等自身所具有的因时损益、与时俱进、自我更化的精神也是其葆有生命力而传承不断的重要原因。

新时代文化的"两创"不是无源之水、无本之木。实际上，有本则不穷。相比传统中国社会而言，儒学与现实的脱节确实比较严重。在此方面，我个人认为，当今首要之计是注重和加强儒学的教育与普及。我曾呼吁四书等儒家经典应该进大、中、小学课堂，要让儒学成为滋润我们中国人心灵的文化资源，成为我们党政干部的起码修养。我也曾呼吁并积极推进民间儒学的培育和发展，让儒学重新扎根于中国的这片土壤。

为政之道在于明德、亲民。王阳明解释"大学之道，在明明德，在亲民，在止于至善"时，特别强调在明明德的基础上亲民。他首先是强调为政者要修身以德，以仁德为核心价值，引领和实现政治的正义。官德不仅仅是一种职业道德，更是人的良知在政府事业上的直接运用。为官不讲官德，就是违背良知。进一步来说，亲民就是要以民为本，视百姓为骨肉亲人，尊重民心民意，体察民间疾苦。在具体的政治实践中，阳明以高超的政治智慧，将社会教化、社会治理以及具体的行政手段结合起来，治理了很多难治之地，实现了民不骇政，四方咸宁。阳明的为官之道，对于今天加强党员干部修养，化解社会矛盾，转变政府职能等，有借鉴意义。阳明讲"知行合一"，"知"在这里指良知，阳明强调真知真行。阳明学告诉我们，要在日用伦常之间，在礼乐刑政之间，将"天地万物一体之仁"发用出来，用来敬老爱亲，用来修身齐家，用来尽伦尽职、为政理事。做一分，就体认一分良知；体认一分良知，就要行一分。这一点，可以赋予今人实践道德、完善自我的勇气。

首先,我们要像孟子所说的那样"深造自得",对自家文化经典要有全面而深刻的研读、理解和体证,唯其如此,方能"居安资深",才能"左右逢源",也才能有真正意义上的文化自信。其次,我们还应该带有批判的眼光和精神,不能堕入所谓"宗教激进主义"。再次,官方和民间都应该积极推进灵根再植的体制、机制之建构,比如将以四书为核心的儒家经典纳入国民教育体系,把儒学纳入一级学科并且建设一批一流学科,恢复或重建民间书院及其功能,在有的地方尝试恢复庙学合一的传统,继续推进民间儒学的良性发展。最后,也有必要防止鱼龙混杂、国学骗术,警惕一些乌烟瘴气的东西以国学之名沉渣泛起。

三 "文化自信"与建构人类命运共同体息息相关

今天,人类社会是一个相互依存的共同体已经成为共识。既然人类已经处在"地球村"中,那么全球的利益同时也就是各国自己的利益。可持续发展不仅关涉各国,而且关乎全人类的长久发展。中国文化长期以来讲可大而可久,"大"指的是空间,"久"指的是时间。

人类命运共同体的建设仍是一个长期、复杂和曲折的过程。如果各国能真正从全人类长远利益出发来考虑问题,而不是从短期国内需求出发来制定政策,一个更高程度的、走向共同繁荣的人类命运共同体完全是可以建成的。

钱穆先生九十六岁高龄时口授了他一生最后的"文化遗言",即《中国文化对人类未来可有之贡献》一文。其中指出:中国文化中,"天人合一"是最重要的观念,是中国文化的归属之处。他深信,中国文化对世界人类未来求生存之贡献,主要也在于此。

中国文化、儒学,早在明清时代已经国际化,彼时的朝鲜、日本、越南等皆为儒教国家,而且,彼时也不乏西欧传教士开始研习、翻译儒学经典。时至今日,中国文化、儒学更是在世界范围内得到了愈来愈多的研究和传播。为何如此? 这原因是多重的,但最为根本的还是与中国文化、儒学自身的价值理念有关。中国文化、儒学当然可以为当今人类面临的共同问题和危机提供智慧与思想的资源,重"时"(比如《月令》)的观念,"天人合一""仁者与天地万物一体"的观念就可以为解决当代环境问题提供智慧,即要根本扭转近代以来西方所形成的那种征服自然、个人权利本位、刺激消费的观念。王阳明的"致良知",就是把"真诚恻怛"的仁爱之心发挥、扩充、实现出来,去应对万物,使万物各安其位,各遂其性。"致良知"包含着从人性上反思自己,反思人的贪欲、占有欲及人对自然万物自身权利与价值的不尊重,以及由此而产生的过度取用与开发。再如,儒家所提倡的仁者爱人、温良恭俭让、反求诸己、和而不同,可以化解当代世界因宗教冲突等因素而引起的恐怖主义问题。儒学对待其他文明或外来文明,不像有的宗教那样排外,因其基本原则就是"和而不同",宽容、包容,尊重其他文明,并尽可能学习其他文明之长处。

推动建设人类命运共同体,源自中华文明的"天下"观念。"以和为贵""协和万邦"的思想,"己所不欲,勿施于人"的忠恕之道,人与自然、人与社会、人与人的和谐理念,都是中华文化的重要精神因素。为构建人类命运共同体注入中国智慧,贡献中国力量,是我们的职责。

原载《孔学堂》中英双语杂志 2017 年第 4 期。

民间儒学的新开展

　　我国现代化事业的发展太快了，整个社会需要调节，尤其是在世道人心的安立方面。而"五四"以来，特别是"文革"以来，我国的文化精神传统在大陆遭遇灭顶之灾，几代人对传统文化相对隔膜，加之三十多年以来的金钱、权力挂帅，令国民的精神归宿感与对做人做事之正道的信念日渐淡薄。近十多年来，民间老百姓对自己的文化精神资源有了自发的需求，国学与儒学才出现了复兴之势。

一　何谓民间儒学及儒学的学术研究与民间儒学的关系

　　民间儒学是儒学灵根自植、重返社会人间的文化思想形态。自汉代至民国，儒学本来就活在民间社会，具有指导、凝聚人心作用的精神价值。历史上儒学的形态既有上层社会的经典注疏传统等研究性的层面，又有把经典中的精神与经验转化为治国平天下的外王制度与管理方略的层面，更有将其中的精神信念与价值体系通过各种方式教化于民众，转化成"百姓日用而不知"的行为方式的层面。民间儒学是活生生地在老百姓的生活中起作用。

　　杜维明先生说："在儒家的底层，像一般的农民、工人，他们也受到儒家文化的影响。这种影响有时候是不自觉的、潜移默化的，用西方的说法就是'心灵的积习'。正因为这个原因，很多人认为尽管'五四'以来儒家被摧残得很厉害，但是儒家心灵的积习、潜存的影响非常大，只要是中国人就会受到影响——人的自我了解、人与人之间的关系、人与自然的关系、人与天道的关系，都和儒家有关……民间所蕴含的儒家的基本价值，远远比一般知识分子更为深厚。"①也就是说，中国人一般都自觉或不自觉地受到儒家文化观念的影响，越是社会底层的老百姓，越是拥有儒家的基本价值。这是民间儒学的基础。

仁义礼智信等我国的传统美德，至今仍是活着的、有生命力的价值理念。普通平凡的老百姓，例如蹬三轮车捐钱给贫困生的白芳礼老人、奋不顾身救学生的最美女教师张丽莉、道德模范吴天祥、防治艾滋病的专家桂希恩、"信义兄弟"孙水林和孙东林，以及一些青年志愿者朋友，仍然继承并实践着中华文明的精华，以一颗仁爱之心，诚朴信实，时时处处为他人着想，爱利他人，服务社会。

近七八年间在我国大江南北的民间，有关"王善人"的故事广泛流传，不胫而走。王善人即王凤仪老善人（1864—1937），是位东北农村的长工，因笃行忠孝，自诚而明。王善人讲道，语似俚俗，而意境深远，均由自性中流露，不拘经教，权宜说法，活泼自然，其要旨在教人尽忠孝之道而化性立命。他没有念过书，却成了一位有影响的教育家，办了大量的女子学堂。原香港凤凰卫视的主持人梁冬在介绍王凤仪时，称他为"儒家的慧能"。王善人悟道颇有点传奇色彩，而由民间团体，特别是带有神秘性的与健身、养生、治疗疾病联系在一起的民间宗教团体自发推动了学习王善人的运动，他们四处赠送有关王善人的书、护身符（正面是王善人的像，背面是王善人讲"三界"语录）与光盘，还有现代人讲王善人的书与光盘，并办了有关王善人的网站。我以为这是我国善事、善书传统的现代版，颇值得我们儒家学者

① 杜维明：《体知儒学》，杭州：浙江大学出版社，2012年，第39页。

重视。此即我所说的民间儒学。①

近二十年推动民间儒学的特点是海峡两岸与香港互动,佛、道教团体与民间团体互动。例如台湾地区知名学者南怀瑾先生来大陆讲国学,王财贵来大陆推动儿童读经运动,净空法师在香港与安徽推动《弟子规》的学习运动等。现在《弟子规》已成为流传最广的蒙学读物,乃至成为企业管理的宝典。

与释道教合流互补而以民间宗教形式发展的民间儒学,古时即有,如太谷学派即是。它产生于清代嘉庆、道光年间,至抗日战争爆发时止,长达一个多世纪。太谷学派创始人为周太谷(1764—1832),该学派广泛传布于江苏仪征、扬州、泰州、苏州一带,百余年间,盛行于江湖,全盛时徒众达万余人。这一学派仍以儒家学说为主,但又吸收了道、佛两家的一些思想,是传统儒学与现代儒学的中间环节。

2010年6月29日我在北京大学儒学研究院成立大会上的致辞中指出:有关儒学研究,我想至少有六个向度。第一是儒学经典的研究。五经、十三经是中国历史上的政治、教育之本,有很多宝贵的治理社会的经验教训的总结,又是社会习俗、社会生活方式的记录。儒家经典当然不只在经部,还在子部、史部、集部中,要花力气整理与研究。第二是儒家人物的研究,包括儒林传、道学传与地方志上的人物。现在中国哲学史方面的博士论文、学术研究,多在孔孟、老庄、程朱、陆王上扎堆,而历史上各地域很多很有影响的人物却没有人去研究,例如明代经学史上的陈士元、郝敬,明清哲学史上的胡承诺等。有许多人物的资料尚待搜集、整理。儒学不专属于中国,还有韩国、

---

① 有关王善人的正式出版物,见中国华侨出版社2009至2011年出版之《王凤仪讲人生》《王凤仪诚明录》《王凤仪言行录》《王凤仪嘉言录》《王凤仪笃行录》《王凤仪性理讲病录》《王凤仪论理思想全集》等。

日本与越南的儒学及其经典、人物。第三是儒学历史的研究。我说的不仅仅是儒学精英的思想史,还包括社会史、制度史。由于我们的传统社会是儒家型社会,民间社会空间很大,民间自治组织很多,儒学与传统制度文明中的有益成分有密切的关系,如文官制度、教育制度、救荒济赈制度、监察制度等,可以总结并予以创造性转化。礼学中有关于衣食住行、视听言动、生死祭祀的规范、规矩,家礼、家训中也不乏转化为现代公民社会的规范、规矩的内容。除了制度与规范及儒家美政、美俗的功能之外,还有作为其中内核的以"仁爱"为中心的价值系统,更需转化。第四是儒学理论的研究。包括对现代性(化)与启蒙理性的反思,与自由主义、唯科学主义、女性主义、马克思主义的对话,与基督教、印度教、伊斯兰教的对话,乃至与整个文明对话,还有全球伦理、生态环境伦理的新建构等。当前,特别要纠正"五四"以来国内外学界对中国文化的诸多偏见。有很多看法相沿成习,积重难返,需要拨乱反正。第五是儒学全面参与现代中国社会文化的建设。如中国文化精神的重新凝聚,中华民族的自我身份的认同,伦理共识与真正具有内在约束力的信仰系统的重建等,成为促进中国现代化健康发展的正面的、积极的因素。我特别重视草根的民间社会的重建,例如湖北黄陂"信义兄弟"事迹的重释等。第六是儒学的教育与传承,培养后代。儒学从来都与教育有着密切关联的。今天,从蒙学、幼学教育到儒商的教育与干部、公务员的教育和培训,从家庭、学校教育到社会教育,儒学在其中都有很大的空间。要重视对管理者、官员与公务员等加强君子人格的培养与心性的修养、陶冶。

儒家学者的工作不应只停留在撰写研究论著上,儒生的本性在知行合一,身体力行,有理想、有人格,故要落到做事做人的实处,积极参与社会政治生活,扶掖青年,弘扬正气,鞭挞丑恶。儒学的学术研究与民间儒学并不是截然对立的,两者应互为表里,相互补充。当然,两者也可以分途。我们鼓励学者们以现代学术的方式,"为学术而学术",埋头做研究。另一方面,我们也鼓励学者们立志做全面的人、全面的儒者,例如梁漱溟先生。梁先生在 20 世纪二三十年代于山东邹平、菏泽等地推行乡村建设运动,即是民间儒学。① 香港法住学会霍韬晦先生所推动的文化事业基本上也属民间儒学的范畴。

我们且以朱子为例说明历史上儒学大家的全面性及诸方面的贯通。朱子的经学与理学研究在当时无疑是第一流的,同时,为了明辨理论是非,朱子用了很多精力去论战,而且他一生在政事治道、教育师道、经史博古、文章子集之学诸方面都有杰出的贡献。钱穆先生说:"朱子于政事治道之学,可谓于理学界中最特出。试观其壬午、庚子、戊申诸封事,议论光明正大,指陈确切着实,体用兼备,理事互尽,厝诸北宋诸儒乃及古今名贤大奏议中,断当在第一流之列。又其在州郡之行政实绩,如在南康军之救荒,在漳州之正经界,虽其事有成有败,然其精心果为,与夫强立不反之风,历代名疆吏施政,其可攒佩,亦不过如此。又朱子注意史学,于历代人物贤奸,制度得失,事为利病,治乱关键,莫不探讨精密,了如指掌。尤其于北宋熙宁变法,新旧党争,能平心评判,抉摘幽微,既不蹈道学家之义理空言,亦不陷于当时名士贤大夫之意气积习。以朱子之学养,果获大用,则汉唐名相政绩,宜非难致。"② 更重要的是,他潜心撰写、反复修改《四书章句集注》,此书在朱子身后六七百年间成为影响整个东亚诸国家地域朝野上下的最重要著作,代表了东亚的精神文明。受四书与《四书章句集

---

① 详见郭齐勇、龚建平:《梁漱溟哲学思想》,北京:北京大学出版社,2011 年,第 46—53 页。
② 钱穆:《朱子学提纲》,台北:东大图书公司,1991 年,第 27 页。

注》的影响,诸多蒙学读物、家训、善书、戏文、谚语等,使仁义礼智信、忠孝廉耻等核心价值进入寻常百姓之家,成为老百姓的生活指南与安身立命之道。

朱子很重视带有宗教性与社群性的民间礼俗的重建,着力推广吕大钧兄弟的《乡约》与《乡仪》,将两书合编成一书,修补加工为《增损吕氏乡约》。朱子又兼采宋代人的家规,在司马光《书仪》《家范》与程子祭礼的基础上,作《家礼》。是书的撰著,[①]更可见朱子对士庶通用,尤其是庶民可实行的日常生活仪礼、规范,主要是冠婚丧祭之礼的重视。《乡约》与《家礼》在我国、朝鲜半岛、越南、日本等地流传甚广,深入人心。关于《家礼》的普及,日本学者吾妻重二教授说:"《家礼》一书的影响超越了中国的地域范围,扩展到了韩国、日本等东亚世界。由上述东亚地区有着十分丰富的有关《家礼》的注释、撰述及其论文便可充分说明这一点。《家礼》在东亚近世时期所具有的影响,此前只被一部分研究者所了解,然而,我们应当重新关注《家礼》所拥有的这种巨大的感化力。"[②]传统社会中,儒家的终极关怀、精神价值是通过家教,通过执守行为规范的"礼",特别是乡约、家礼等,得以在下层民间社会流传与维系的。

二 民间儒学的态势及其进一步发展的多种途径

近十多年来,国学,特别是其中的儒学正在中国大陆的民间复兴

---

① 有关《家礼》的作者,自王懋竑以降,众说纷纭。近人上山春平、陈来、束景南、杨志刚、吾妻重二等专家证实《家礼》确为朱子自著。详见吾妻重二:《朱熹〈家礼〉实证研究》,吴震编,吴震等译,上海:华东师范大学出版社,2012年,第14—15页。
② 吾妻重二:《朱熹〈家礼〉实证研究》,第2页。

起来。有人曾问我：社会上出现"国学热"，比如穿汉服、行跪拜礼，让孩子背《三字经》《千字文》等蒙学读物与家训，还有各式各样的"国学班""祭孔大典"等，这些现象说明了什么？我回答说：这表明国民对国学、儒学有一种需要。由于国民教育中传统文化的内容太少，而国民又有一种了解我们的文化传统的迫切需求，这正是"国学热"的真实背景。我们应当积极引导，使老百姓对国学的学习与理解更加有理性。任何民族、国家的成员对自己的文化或宗教传统有了解的义务，同时这也是一种权利。反过来我们可以说，任何民族、国家的文化或宗教传统是自家走向现代化的基础与土壤。"五四"以来，特别是"文革"以来，中国的知识人不加分析地把自己的祖宗文明全部作为负面的糟粕和批判的对象，认为传统文化都是现代化的障碍，所以，体制内的教育中不仅传统文化的内容很少，而且还灌输了很多片面的、似是而非的矮化中国文化的看法，使之成为几代人的"共识"。这很危险，其危险性是使我们不能建立起真正的文化身份的自我认同、社会伦理的基本共识与终极信念和关怀。现在出现"国学热"，正是一种反拨。

　　我一直在批评"国学热"中的"虚热""假热"。我们体制内的教育中，有关国学的基本知识与核心价值的内容实在太少，大家不甚了了，甚至大的媒体、大的导演、名演员与主持人，在普通的称谓与谦辞使用，例如关于"家父""内人"等上，都闹出不少笑话。而现在社会上一旦有了对国学的需求，不免会出现沙泥俱下的状况。尤其是在商品生产的时代，很多赚钱的人盯上了这种需求，办了这样、那样以赢利为目的的各种国学班，而一些媒体只要收视率，很多演讲、影视剧等对历史文化实际上是在歪讲、邪演、庸俗化。故看起来很"热"，实际上恰好相反，效果是负面的。国学教育是有神圣性的，虽然可以用寓教于乐的方式,但是国民需要通过庄严的学习来理解自己的文化精神传统。抗战胜利后,为了消除日据时代皇民教育的影响,台湾地区在体制内的教育中,加强母语、国学教育,让所有的中学生都完整地学习了四书(课程与教材的名称是《中国文化基本教材》),一直延续至今。这对文化认同与一代代人的德性养育很重要。

对儿童、少年的教育,蒙学教育是很好的传统。从三岁到十三岁,是记忆力最好的时期,在家长与老师的引导下,适当背诵一点《弟子规》《三字经》《百家姓》《千字文》《千家诗》,背诵一点《家训》、唐诗宋词与四书等,没有什么坏处。蒙学主要讲的是行为规范、礼貌礼敬,讲品行,讲爱心、爱父母兄弟、爱邻人与陌生人。"勿以善小而不为,勿以恶小而为之""积善之家,必有余庆;积不善之家,必有余殃""老吾老以及人之老,幼吾幼以及人之幼"。孩子们长大了,会慢慢地反刍,慢慢地理解。最近几年,我与同事、学生编了"正启蒙""国学读本"等三套丛书,在湖北教育出版社出版。我们是针对幼儿、小学生与中学生的,有拣择,着重启发并帮助孩子们提高分析能力,且图文并茂。2012年,人民教育出版社推出了类似的国学读本。国学教育,主要是生命、性情教育,让孩子们从小在心、性、情、才上接受国学的熏陶,他们一辈子会受用无穷。和孩子一块儿学习,效果特别好,对养成健康的心理、人格与家庭、社区的和谐十分有益。

据我所知,武汉市一些中小学在校内教学中适当补充浅近的国学教育,对青少年的人格养成颇有成效。广州城市职业学院在全校范围内开设"国学精粹"必修课,并辅助学生社团推广书法、古琴、茶艺,营造人文校园,组织学生深入社区开展经典诵读,为大专学校做出了榜样。郑州市天明路"建业森林半岛"(楼盘名)内建了一个"本源社区书院",其理念是"感恩、尊重、给予"。2012年夏天,台湾地区学者朱高正先生邀我去考察,朱先生、曾昭旭先生与我还应邀在该书院做了演讲。在社区内建书院,正合我意。该书院在社区办人文学堂、少年国学院、图书馆与义工中心,活动有声有色,且讲实效。有的一家几代人一块儿在此接受教育,而且非本社区的居民也可参与。该书院还培养推广国学的义工,主要对象是在读的大学生。他们让国学走进社区的经验,值得推广。现在各地都在恢复书院,厦门市官民合办的筼筜书院开展国学讲习活动,颇受老百姓欢迎。湖北省与武汉市正拟复建新洲问津书院。各地民间社团组织为民间儒学的发展起着积极的作用,例如河南省儒家文化促进会等都在做一些实际的工作。各国有、私营企业也在不同程度推广儒学,儒学在企业管理上的作用越来越大。笔者曾在青岛参观过海信集团公司,其企业理念与管理方略吸纳了儒家精神。①

有人问我:今天我们对于国学到底应该继承些什么?形式上的东西(例如,穿汉服、行跪拜礼、祭孔等)是否重要?我回答说:形式非常重要。虽然我们主要继承的是中华文化精神,仁、义、礼、智、信等核心价值观,但仪式也很重要。我们每个人都要有王国维先生所说的敬畏之心、恻隐之心、感恩之心,而这恰恰是在待人接物、礼尚往来、冠婚丧祭的礼文仪节中慢慢养成的。蒙学中的行为规范也是让孩童从小养成礼貌、礼敬的习惯。陈来先生说:"礼就是文化、文明。古礼包含大量行为细节的规定,礼仪举止的规定,人在一定场景下的

① 在2013年1月深圳大学举行的"儒家思想与当代中国文化建设"国际学术研讨会上,中山大学黎红雷教授介绍了各地教育系统在中小学推广《弟子规》,黎教授的家乡海南省琼海市大园古村设立青少年教育基地推广蒙学,以及海南各地民间坚持祭祀之礼的情况;深圳大学问永宁教授介绍了深圳市孔圣堂、梧桐山私塾联合会、信德图书馆等的民间儒学情况。此外,笔者在会上报告本论文后,浙江大学李明友教授对笔者讲述了杭州、天台一带民间社团推广民间儒学的情况。这都说明民间儒学正在发展中,并对社会起了良性的作用。

进退揖让、语词应答、程式次序、手足举措皆须按礼仪举止的规定而行,显示出发达的行为形式化的特色。这些规定在一个人孩提时起开始学习,养成为一种艺术,而这种行为的艺术在那个时代是一种文明,一种文化上的教养。"①现代有现代的礼仪,中国人现今的尴尬不仅是"礼失而求诸野",而且是产生了很多最无行止规矩的粗鄙的人,使"礼仪之邦"不断蒙羞。

历史上,司马光、朱熹的家礼对整个东亚的精神文明都起了积极的作用。我提倡每户人家,在居住地的室内找一个较好的空间,摆上"天地圣亲师"的神木牌位及两口子双方已故的曾祖父母、祖父母、父母亲的牌位,在一定的节日或忌日穿上民族服装(如深衣)行跪拜礼或鞠躬礼。我们现行的冠婚丧祭之礼很杂乱,不东、不西、不古、不今,应增加一定的民族文化的内涵,制定新的健康的家礼(主要是冠婚丧祭之礼)。上海秋霞圃书院将在嘉定孔庙举行带有较多传统元素的婚礼仪式,我们期盼这一活动日常化。

台北大学赖贤宗教授倡导唱持活动,这很有意义。四书五经、蒙学家训及道教、佛教经典是可以吟唱的,配以乐谱,组织唱持活动,有利于传统文化的普及推广,使之深入人心。

孔子是中国文化的代表,孔子诞辰日应是我们的教师节。几十年来,我不断呼吁以孔诞为教师节。2010 年孔诞前夕,杜维明先生、陈来先生与我联合发起签名运动,希望促成此事,如不行就以孔诞为"尊师日"。我们是文化民族,孔子是至圣先师,祭孔有深意焉。孔子思想对欧洲文化启蒙,对《世界人权宣言》与《全球伦理宣言》的形成,有积极影响。多年来,我都在孔诞日带着国学学子在校内孔子像前

---

① 陈来:《北京·国学·大学》,北京:北京大学出版社,2012 年,第 47 页。

行礼(2011、2012年行的是释菜礼)并背诵《论语》若干章。武汉大学国学院还多次带学生到曲阜孔庙去祭祀孔子。

各地应逐步恢复书院与文庙。民国以前,各地书院与文庙林立,在社会上起着良性的作用。现在佛寺、道观的复兴很好,但相形之下,在文化生态上,书院与文庙还太过凋零。一些地方的民间组织正在恢复祠堂、书院与民间慈善会,这是民间儒学的题中应有之义。为了便于在现代社会生存与发展,儒家团体不妨如道教、佛教团体一样,申请成为教团组织,在民政部门登记;如同汤恩佳先生的香港孔教学会那样,成为合法的宗教团体。

传统儒学是乡村儒学,颜炳罡教授最近在山东的泗水县推动乡村儒学,带着学生和老乡一起读《论语》,效果很好。目前我国农村比较衰败,近年来兴起了保护古村落运动。据说我国现有约60万个村庄,其中古村落大约有5 000个,占全部村落总数量的不足1%。这不足1%的村落的保护工作还很艰难。我以为,保护工作应不仅仅限于生态与建筑,更重要的还有文化传统与价值观。当然,我国农村有少数地区,特别是有文化传统的地区,例如在广东梅州客家文化聚落区,民间还保留着尊文重教的传统。今天,重振乡村儒学的任务十分沉重,可以尝试与古村落保护运动同步进行,然后慢慢推开,努力复兴。

现代儒学除了乡村儒学的重振,更为主要的则是城市儒学的建设。乡村儒学与城市儒学也不是截然分开的,例如二十多年来,广大农村重修家谱的民间活动已进入到广大城市。如前所述,我们所说的城市儒学的建设,是努力使中国文化的基本做人做事之正道,即儒家的仁义之道,通过家庭、学校、社区、企业、机关等现代公民社会的组织形式,运用网络等技术手段,亦可以尝试通过冠婚丧祭之家礼等宗教性的仪式,在每个国民的心中扎根,促进公民道德的重建。[1]

总之,国学、儒学可以通过民间组织的各种各样的途径,如重建书院与文庙,恢复祠堂与民间慈善会,组织儿童读经与唱持活动,复兴并改革冠婚丧祭家礼,恢复以孔子诞辰为教师节并举行相应礼仪,乃至组成合法的儒教团体参与社会活动,以各种形式让儒学更加深入地走进我国广大城乡的家庭、社区、学校、企业、机关,走进老百姓的日常生活,进而通过耳濡目染,使儒家精神价值慢慢地内在化,重新成为中国人的内在的心灵。这当然是自觉的而不是强制的,当然需要引导。

三　民间儒学的现代意义及儒家在当代
中国文化建设中的作用

应该怎样做才能保持传统文化绵延不绝? 根本上还是要将国学,特别是儒学教育引入基础教育体系。国学是国本,当然是基础教育的主要内容,应以循序渐进的方式,在体制内的国民基础教育中加大国学、传统文化的分量。用政治教育取代道德教育只能是失败的。国学教育是生命教育、性情教育,是管总的。国学、中国文化中的很多珍宝还未被我们认识,我们应以健康的心态,以同情理解的方式,学一点经典,慢慢培养我们的兴趣,慢慢理解我们的传统,并创造性地加以转化,使我们的现代化得到健康的发展。

---

[1] 参见郭齐勇:《儒家文明的教养的意义》,《哲学分析》第 1 卷第 1 期,2010 年 6 月;郭齐勇:《儒家修身成德之教与当代社会的公德建设》,《光明日报》2011 年 7 月 26 日,理论版。

如上所述，民间儒学指的是儒学的核心价值、主要精神深入到家庭、学校、社会、企业、机关，变成国民的信仰、信念与日用常行之道的精神形态。

民间儒学，也可以理解为在民间、在日常生活世界里的儒学，或民间办的儒学，即民间组织推动的儒学。王阳明说："不离日用常行内，直造先天未画前。"（《别诸生》）这说明儒家的道有终极性，同时又在老百姓的日常生活之中。本来儒学就不是书斋之学，而是生活之学，但由于西方化的影响，儒学有变成书斋、会议之学的危险。所以我们尤其要提倡民间儒学，并鼓励青年学子立志到民间去弘扬儒学，再植灵根。

民间儒学的现代意义：第一，弘扬以"修身"为中心的格物、致知、诚意、正心、修身、齐家、治国、平天下的精神，克服现代病症，治疗顽疾，促使自然与社会的和谐，特别使人的心灵得到安顿，使社会生活与现代化良性发展。第二，在广泛吸取东西方各民族文化优长的基础上，在肯定文化时代性的同时，确保中国文化的主体性，坚持并发展中国文化之为中国文化、中国人之为中国人的基本精神与核心价值。在这个意义上我们主张"中体西用"或"中体外用"。第三，与佛教、道教及其他民间宗教、文化一道成长，与已经在民间有了较大发展的基督教（含天主教、新教等）交往对话，保持良好的宗教文化的生态平衡，根本上是使人的精神生活有所寄托与安立。在这里，儒家中人要向基督教徒、教士学习，动心忍性，深入民间，博施济众，修己以安人，修己以安百姓。推广儒家诗教、礼教、乐教，让我们这个社会多一些君子，多一些有教养的、温良恭俭让的国民。

关于儒家在当代中国文化建设中的积极作用，前贤与时贤多有论说,我也曾在拙著《中国儒学之精神》一书中做了阐发。① 景海峰先生说:"未来的儒学定位必须要打破'向后看'的惯习,努力走出历史主义的阴影,用前瞻性的视野,追寻儒学的现代性联想,重新发现它的当代意义。传统的线性历史观是一维单向的,按此理解,儒学只能属于过去,无法超越时间的格限,不可能与现代性发生联系。而我们认为,'什么是儒学'的追问并不是简单的历史学问题,尤其不是线性历史的命题;它本身就含蕴着现代性的意义,既是历史的也是超越历史的。"② 干春松先生说:"现代中国学者对于儒家的研究并不是出于一种'考古'的兴趣,因为每一个中国人都能真切地感受到儒家对于我们的生活、制度、价值所投射的影响……在 20 世纪末的改革开放中,儒家和现代化的关系又一次成为关注的热点……"③

就社会理想而言,儒学的理想在今天仍有现实意义。古人曰:"大道之行也,天下为公,选贤与能,讲信修睦。故人不独亲其亲,不独子其子,使老有所终,壮有所用,幼有所长,矜寡孤独废疾者皆有所养,男有分,女有归;货恶其弃于地也,不必藏于己;力恶其不出于身也,不必为己。是故谋闭而不兴,盗窃乱贼而不作,故户外而不闭,是谓大同。"(《礼记·礼运》)"是故明君制民之产,必使仰足以事父母,俯足以畜妻子,乐岁终身饱,凶年免于死亡,然后驱而之善,故民之从之也轻。"(《孟子·梁惠王上》)这是从古至今,从上层精英到普通老百姓的社会理想。与此相应的表达是"耕者有其田""居者有其屋""内无怨女,外无旷夫""人尽其才,物尽其用,地尽其利,货畅其流"等。就今天的社会而言,人们普遍期待的社会状况是:失业率不高,

① 参见郭齐勇:《中国儒学之精神》,上海:复旦大学出版社,2009 年。
② 景海峰:《新儒学与二十世纪中国思想》,郑州:中州古籍出版社,2005 年,第 16 页。
③ 干春松:《制度化儒家及其解体》,北京:中国人民大学出版社,2003 年,第 360 页。

犯罪率很低，公序良俗得到护持，有全社会的征信系统，贫富差距不大，公民的基本人权、政治经济权和尊严得到尊重与保护，全民享受住宅、教育、医疗保险，生态环境良好，食品安全得到保障，人口预期寿命增加，生活品质提升。这就包含着人人平等，伸张每个公民的民主权利、社会基本的公平正义的诉求。

在社会层面的文明上，儒家的理论与实践是大社会、小政府，主要是地方与村社自治，有很多自治组织与较大的发展空间，有社与会，有乡约、义庄等，士绅阶层的作用很大。

在制度层面的文明上，儒家的制度架构，如行政、司法制度，土地、赋税等经济制度，征辟诠选制度（荐举、科举考试），文官制度，教育制度，开放教育，平民子弟通过接受教育参与政治甚至最高政治，荒政、赈灾的制度，优待老人与弱势群体的制度，君相制、三省六部制、谏议制、封驳制与监察制等，有不少实质公正的内涵与制度设计的智慧，对人类文明的贡献极大，都可以在现时代做创造转化。

就核心价值与个体道德而言，儒家倡导的以"仁爱"为中心的"五常""四维八德"是源远流长的优秀传统文化中最重要的核心道德价值，这属于"内圣修己"的层面。但人们有了这种价值理念，往往就能敬业乐群，有益于"外王事功"的开拓。儒家的孝悌忠信、礼义廉耻等，仍是我国社会生活中最需要的道德价值。应当看到，当下仍有很多不健康的现象，如"小悦悦事件"，老人倒地无人敢扶现象，毒奶粉、地沟油、商业欺诈、制假售假，假文凭与学术不端，金钱与权力拜物教盛行、钱权色的交易等，腐蚀着社会，某种程度上反映了价值失序与道德信念的危机。我们要唤醒人的爱心，这是人之所以为人最重要的东西，是人性、人情之根。面对社会诚信出现"断裂带"，我们要努力建设管乎人心的、具有内在约束力的信用系统。健康的市场经济，健康的官德、吏治,非常需要"仁爱""诚信"价值理念的支撑,这有着现实针对性,有助于美政、美俗,整饬秩序,是人们现实生活的需要,对今天的社会规范、法律体系起指导与辅助的作用,有助于社会规范、法律体系的健康建构、实施与完善。

胡治洪先生指出:"综合吸收古今中西优秀文化的'文化中国'必将是精神资源厚而不薄、价值领域多而不少的意义世界。只有在这一意义世界中,现实中国经济、政治、意识形态等各层面的功能实体才可能获得整合了适应内容的认同的基础。也正是通过这种认同,'文化中国'以儒学为核心的多元多样的文化资源才可能发扬光大。"①

总之,我们认为,儒家或儒学、儒教,特别是民间的儒家或儒学、儒教,在文化身份认同,维系世道人心,乃至社会制度层面改革等方面,以及在今天的中国文化的建设中,大有用武之地。我们儒家学者不仅要努力与官、学、商界打交道,以儒家正道指引官、学、商界,还要眼中有民,努力到民间去,弘扬儒学,把"会议儒学""书本儒学"转化为民间儒学、生命儒学。同时,如前所述,民间儒学是多样的,它应与各宗教包括外来宗教的传教活动形成健康的互动,保持文化的主体性与生态平衡。

原载《深圳大学学报(人文社科版)》2013 年第 2 期。

---

① 胡治洪:《全球语境中的儒家论说:杜维明新儒学思想研究》,北京:生活·读书·新知三联书店,2004 年,第 219 页。

近年来中国大陆儒学的新进展

近二十年来,中国儒学的回归、复兴,儒学的学术研究在中国大陆得到全面深入的发展,尤其是在儒家的政治哲学、伦理哲学、生态环保思想、经学的复兴、新出土简帛研究、宋明理学研究、现代新儒学研究等方面成果丰富。我已在有关论著中介绍①,兹不赘。除此之外,更在两方面有了长足发展,一为民间儒学的兴起,二为儒学新系统的建构。这两个面向的新发展象征着儒学在现代社会的自我更新,本文拟就此情况予以述评。

一 民间儒学的兴起

儒学扎根于民间,儒学的生命力在民间,所谓"礼失而求诸野"。由于民间自发的需求,国学热、儿童读经运动应运而生。在其持续推进的过程中,民间儒学逐步由自发转向自觉。

近二十年来,中国大陆各地自发形成了草根民间社会与民间儒学的再生运动。民间儒学是儒学灵根自新、重返社会人间的文化思想形态,它使仁义礼智信、忠孝廉耻等核心价值进入寻常百姓之家,成为老百姓的生活指南与安身立命之道,使世道人心得以安立。民间儒学是多样的,它既与各宗教包括外来宗教思想形成健康的互动,

---

① 详见郭齐勇主编、问永宁副主编:《当代中国哲学研究(1949—2009)》,北京:中国社会科学出版社,2011 年;郭齐勇、肖雄:《中国哲学主体性的具体建构——近年来中国哲学史前沿问题研究》,《哲学动态》2014 年第 3 期。

亦能保持自身的文化主体性与文化生态平衡。一些儒家学者亦认识到民间儒学的重要性，他们主动参与到民间儒学的建设之中，尝试着把会议儒学、书本儒学转化为契合现代民间社会的民间儒学、生命儒学。

民间儒学的发展首先表现为城市企业儒学、小区儒学的可喜发展。[①] 四川成都融信恒业投资有限公司是一家房地产公司，在企业文化建设中重视儒学的引领作用，如融信员工每周二、周四集体诵读儒学经典著作，每周举行一次国学培训，学习儒学相关音像资料等，每季度还邀请儒学专家对公司员工进行文化培训，并开展一次以儒学为主题的企业文化活动。该公司并与四川大学达成战略合作关系，将其开发的西贵堂小区作为四川大学在现代生活中应用儒学的试验基地，聘请四川大学国际儒学研究院院长舒大刚教授等组成专家组指导基地建设，以期重建中国传统小区文明。西贵堂儒家生活试验基地建设主要包括景观文化和小区文化两个部分，其中景观文化建设分为以"君子"为主题的园林景观文化建设和以"学"为主题的国学讲堂建设，小区文化则以建设"君子文化"为核心。该基地以"君子之居"为主题，以"孝、恕、礼、信"为核心理念，编制西贵堂《小区行为公约》，形成小区行为准则，建立小区道德行为规范，奠定小区文化可持续发展的基础。同时，制定西贵堂《小区礼仪标准》，当业主有婚、丧、嫁、娶，以及有传统节日等时，结合传统礼仪设计标准仪式进行恭贺、慰问及组织小区活动。并且，通过小区选举，推举小区文化骨干，成立小区文化指导委员会"知行学社"，通过"知行学社"的感染和影响，使业主逐渐认同"君子文化"的价值体系和

---

① 本文所列举之民间儒学事例均为作者亲身了解的情况，故未列出处。

道德规范。

河南省建业集团在郑州市天明路"建业森林半岛"（楼盘名）内建了一个"本源小区书院"，其理念是"感恩、尊重、给予"。他们聘有专职人员，并招募、培养义工，让儒学走进小区。该集团设基金会拟在郑州及各地所建的楼盘中都建立社区书院，以推广儒学小区建设。朱高正、曾昭旭、郭齐勇等教授曾去讲学并指导，武汉大学国学院与基金会社区书院项目建立了互动联系，并拟合作嵩阳书院文化复建项目。①

民间儒学的另一个重要发展在于乡村儒学的复兴。乡村儒学重建，始于尼山圣源书院的一些学者们，及北京的牟钟鉴、赵法生教授和山东大学颜炳罡教授等发起的泗水县夫子洞村的儒学推广活动。因为孝道的缺失，村里老人们的处境普遍不佳，重建活动选择通过学习《弟子规》重育孝道。学习一年后，已有显著成效。开展《弟子规》教育的同时，乡村儒学建设引入礼仪教育，请礼仪专家来给老百姓讲授和演示一些儒家礼仪，比如成童礼、开笔礼、冠礼、婚礼、射礼、释奠礼等，并在课堂上教导乡亲们行礼如仪，给孔子和讲课的老师行拜师礼，青少年还要给在座的长辈们行敬长礼。孔子故里的礼让之风就在这些生活化的礼仪熏陶之中逐渐归来。此外，学者们还依托书院探索建立专业性的乡村儒学推广组织，每月中与月末，定期开设两次乡村儒学课堂。颜炳罡教授倡导每一村建立自己的孔子学堂，学堂中有孔子像与对联，定期讲习、诵读蒙学读物与四书的内容，学习前给孔子像鞠躬行礼。又如，浙江省的民间儒学重建活动亦具有典型

---

① 除了楼盘小区的儒学建设，一些国学组织积极参与到更广泛的社区教化建设中以发挥影响。在北京、上海、广州等地都有不少民间书院兴起，主要在民间从事儿童读经典的教育。

性,台州市路桥区峒屿村林筠珍女士作为一位普通农民,自筹资金,建成"路桥黄绾纪念馆",该馆的建设得到浙江省儒学学会执行会长吴光教授、副会长钱明教授的支持。馆内祭学合一,以祭带学,"祭"礼兼具当地民间信仰中儒、佛、道三家合一的特色,"学"则突出文化、教育的内涵,立足于纪念馆的民间性、乡村性、通俗性和普及性的宗旨,通过路桥区政府的适当引导和规范,把纪念馆真正建设成一个符合路桥区文化建设总体规划、对乡村和谐社会建设有益的文化教育场所。①

如上所述,通过如重建书院与文庙,恢复祠堂与民间慈善会,组织儿童读经与唱持活动,复兴并改革冠婚丧祭家礼,恢复以孔子诞辰为教师节并举行相应礼仪,乃至组成合法的儒学或儒教团体参与社会活动,儒学以各种形式更加深入地走进我国广大城乡的家庭、小区、学校、企业、机关,走进老百姓的日常生活,在耳濡目染之间,使儒家精神价值慢慢地内在化,重新成为中国人的内在的心灵。这些自发的民间儒学建设活动也逐步上升到自觉的儒家文化重建层面,越来越得到学界与政府的大力支持。这一方面的先例有:贵阳孔学堂(贵州省文明委与贵阳市文明委主办),厦门筼筜书院(厦门市政府规划指导),厦门白鹿书院(民间),武汉市问津国学讲坛(武汉市政协与武汉大学国学院合办)等。其中贵阳孔学堂规模宏大,规制长远,第一期重在以道德讲坛为中心,为市民提供一个儒学浸染的文化环境,第二期拟与 15 所世界名校合作,师生驻学堂做研究。为推动儒学的大众化,孔学堂书局已出版了舒大刚教授等主编的"大众

---

① 对乡村祭礼的重视,在海南各地民间得到坚持,中山大学黎红雷教授的家乡——海南省琼海市大园古村设立青少年教育基地推广蒙学,亦兼重对祭礼的传播。

儒学"丛书。①

二　儒学新系统的建构

中国大陆儒学复兴的另一个面向体现为儒家学者对儒学理论的哲学建构,这些学者均是富于创新性的国际、国内知名的哲学家与中国哲学史家。其间以李泽厚、汤一介、张立文、蒙培元、牟钟鉴、陈来的新思考与新建构最令人瞩目。② 他们的研究代表了儒学对现代社会的最新回应。

(一)李泽厚(1930—　　　),湖南长沙人,1991 年后旅居美国,主要著作有《批判哲学的批判:康德述评》《中国古代思想史论》《中国近代思想史论》《中国现代思想史论》《美的历程》《华夏美学》《美学四讲》《走我自己的路》《世纪新梦》《论语今读》《己卯五说》《历史本体论》《实用理性与乐感文化》《哲学纲要》《说巫史传统》等。

李泽厚先生无疑是中国大陆最具影响力的哲学家之一。他很敏锐,论域很宽广。李泽厚先生于 20 世纪五十年代与美学家朱光潜、蔡仪辩论,认为美是客观性与社会性的统一。他 1979 年出版《批判

---

① 习近平主席近年对优秀传统文化,主要是儒学价值,予以高度肯定,他说:"孔子创立的儒家学说以及在此基础上发展起来的儒家思想,对中华文明产生了深刻影响,是中国传统文化的重要组成部分。儒家思想同中华民族形成和发展过程中所产生的其他思想文化一道,记载了中华民族自古以来在建设家园的奋斗中开展的精神活动、进行的理性思维、创造的文化成果,反映了中华民族的精神追求,是中华民族生生不息、发展壮大的重要滋养。""研究孔子、研究儒学,是认识中国人的民族特性、认识当今中国人精神世界历史来由的一个重要途径。"参见《习近平在纪念孔子诞辰 2565 周年国际学术研讨会暨国际儒学联合会第五届会员大会开幕会上的讲话》。又,教育部于 2014 年 3 月 26 日印发《完善中华优秀传统文化教育指导纲要》,首次就传统文化教育的步骤、课程、师资建设作了细致规定,预计今后在儒学进中小学课堂、进社会方面会有大的进展。
② 杨国荣先生著作等身,也有自己的哲学系统的建构,杨先生的哲学系统与范畴更多来自西方哲学。

哲学的批判：康德述评》，①认为康德的认识论与伦理学使现象与本体、自由与必然、认识与伦理相分裂，而康德的美学著作《判断力批判》一书，则是沟通上述对峙的"反思判断力"。该书还突出了主体能动性的思想，附录中提出了关于主体性问题的论纲。以后，李先生出版了一系列的美学著作与中国哲学思想史的三部曲，在海内外有较大影响。改革开放初，他是最早给孔子平反的学者，标志着哲学思想史界拨乱反正的开始。他的《孔子再评价》②发表后，冯友兰先生给他写信，建议他接下来顺理成章地给宋明理学平反。此外，关于中国文化发展的问题，李先生提出"西体中用"说，引起了广泛关注与争论。

李先生在20世纪末至21世纪初，进一步完善了自己独特的人类学历史本体论、内在自然人化说、乐感文化、实用理性、"度"的本体性、情感本体说等。其晚年的《哲学纲要》③一书，集中自己的主要创见，展示为伦理学、认识论与存在论纲要，试图三位一体地对应真、善、美，自成一家之言。其中，《伦理学纲要》在中国传统情本体的人类学历史本体论哲学视角下，从"人之所以为人"出发，将道德、伦理做内外二分，其中道德进一步做宗教性、社会性二分，人性亦做能力、情感、观念三分，以讨论伦理学的一些根本问题。《认识论纲要》认为中国实用理性，忽视逻辑与思辨而有待自行改善；另一方面，作者以实用理性来反对后现代主义，主张重建理性（但非先验理性）权威，以乐感文化来反对虚无主义，主张重建人生信仰。《存在论纲要》围绕"人活着"及相关之宗教——美学问题，为本无形而上学存在论传统

---

① 李泽厚：《批判哲学的批判：康德述评》，北京：人民出版社，1979年。
② 李泽厚：《孔子再评价》，《中国社会科学》1980年第2期。
③ 李泽厚：《哲学纲要》，北京：北京大学出版社，2011年。

的中国哲学开创一条普世性的"后哲学"之路。《伦理学纲要》部分探究作为生存智慧的中国哲学的优长待传和缺失待补以及如何补等问题,认为"转化性创造"是关键。李先生用孔子来消化康德、马克思、海德格尔,并希望这个方向对人类的未来有所补益。他想要展示的是,中国传统的特殊性经过转换性的创造,可以具有普遍性和普世的理想性。

在《说巫史传统》[①]一书中,作者讨论"实用理性""乐感文化"等的基础,认为在孔子之前,有一个悠久的巫史传统。"巫"的基本特质通由"巫君合一""政教合一"途径,直接理性化而成为中国思想大传统的根本特色。巫的特质在中国大传统中,以理性化的形式坚固保存、延续下来,成为了解中国思想和文化的钥匙所在。巫术活动中的非理性成分日益消减,现实的、人间的、历史的成分日益增多和增强,使各种神秘的情感、感知和认识日益取得理性化的解说方向。中国思想历史的进程"由巫而史",日益走向理性化,而终于达到不必卜筮而能言吉凶,有如荀子所讲的"善为易者不占"的阶段。作者认为,原始社会的人们对主体实践活动的同一性的要求,首先表现为一种巫术礼仪,进而走向道德伦理的社会指令,表现为礼仪、道德的必要性。

总之,李先生以"人类如何可能"来响应康德的"认识如何可能",认为社会性的物质生产活动是人类的本质和基础,只有把认识论放入本体论(关于人的存在论)中才能有合理的解释。他把自己的哲学归结为历史本体论和人类学历史本体论,认定历史为人之根本,通过人类的历史实践,人从生物变成人,自然人性化。他主张以历史的人

---

① 李泽厚:《说巫史传统》,上海:上海译文出版社,2012年。

为本，人是历史的存在，人类是历史的结果。他强调"度"，重视先秦儒家经典的中和、中庸、阴阳互补。他认为这个中道不是概念、语言，而是实践、人类生存的根本。在伦理学方面，他力主分清个体的"社会性道德"与"宗教性道德"。后者即"良知""灵明""绝对命令"。他认为中国文化的政治理想是"和谐"，中国人深层文化心理中，特重讲"情"，合情即合理。他提出了"一个世界""巫史传统""实用理性""乐感文化"等命题，认为中国文化把人与自然的合一作为最大快乐与人生极致，这一极致属于审美性而非宗教性。他提出"情本体"不是西方的"理本体"，不是基督教的"圣爱"，不是宋儒以来改进的伦理本体，也不是牟宗三先生说的超验的心性本体，而是普通的、日常的人间情感本体，此情感是人生的根本、最后的实在。

（二）**汤一介**（1927—2014），祖籍湖北黄梅，研究方向为魏晋玄学、早期道教、儒家哲学、中西文化比较等，主要著作有《郭象与魏晋玄学》《魏晋南北朝时期的道教》《中国传统文化中的儒释道》《儒释道与内在超越问题》《在非有非无之间》《儒学十论及外五篇》《我的哲学之路》等，主编《中国儒学史》等。最近，中国人民大学出版社出版了十卷本的《汤一介集》，是迄今最为系统的汤先生文集。

汤先生致力于儒释道三教的研究，对中国哲学的现代诠释颇有慧心。他提议创建中国解释学，梳理中国解释经典的历史，指出中国历史上主要有三种解释经典的方式，即：以《左传》对《春秋经》的解释为代表的叙述事件型的解释，以《易传·系辞》对《易经》的解释为代表的整体性哲学的解释，以《韩非子》的《解老》《喻老》对《老子》解释为代表的社会政治运作型的解释。此外，还可以找到其他的解释方式，如《墨经》中的《经说》对《经》之字义或辞义的解释等。"解释问题"对中国文化、哲学、宗教等有十分重要的意义。①

汤先生在《我的哲学之路》②一文中总结了自己对于传统中国哲学的根本看法，认为中国传统哲学是不同于西方、印度、伊斯兰哲学的一种哲学思想体系，有其特殊的概念，并由这些概念构成若干基本命题，又能根据这些命题用某种（或某几种）方法进行理论推理而形成哲学理论体系。该书讨论了中国哲学的概念、范畴问题，为中国哲学建构了一套范畴体系。汤先生提出，中国哲学常以三个基本命题来表达其对真善美的观点，这就是"天人合一""知行合一""情景合一"。"天人合一"的意义在于解决"人"和整个宇宙的关系问题，也就是探求世界的统一性问题，此为中国传统哲学中的重要哲学家讨论的中心问题与明确的主张。"知行合一"是要求解决人在一定的社会关系中应如何认识自己、要求自己，以及应如何处理人与人、人与社会之间的关系问题，是关乎人类社会的道德标准和认识原则的问题。"情景合一"是要求解决在文学艺术创作中"人"和其创作物之间的关系问题，它涉及文学艺术的创作和欣赏等各个方面。其中，"天人合一"最为根本，"知行合一"和"情景合一"均由"天人合一"派生而来。由此合一命题及由此表现出来的思维模式"体用一源"，可以引发中国传统哲学的三套相互联系的基本理论，即"普遍和谐观念""内在超越精神"与"内圣外王之道"。其中："普遍和谐观念"是中国哲学的宇

---

① 参汤一介：《关于建立周易解释学问题的探讨》，《周易研究》1999 年第 4 期；《论创建中国解释学问题》，《社会科学战线》2001 年第 1 期；《再论创建中国解释学问题》，《中国社会科学》2000 年第 1 期；《三论创建中国解释学问题》，《中国文化研究》2000 年第 2 期；《关于僧肇注道德经问题：四论创建中国解释学问题》，《学术月刊》2000 年第 7 期；《道始于情的哲学诠释：五论创建中国解释学问题》，《学术月刊》2001 年第 7 期；《论中国先秦解释经典的三种模式》，《北京行政学院学报》2002 年第 1 期。

② 汤一介：《我的哲学之路》，北京：新华出版社，2006 年。并可参其《儒家十论及外五篇》，北京：北京大学出版社，2009 年。

宙人生论；"内在超越精神"是中国哲学的境界修养论；"内圣外王之道"是中国哲学的政治教化论。这三套理论构成了中国传统哲学的理论体系，从中不仅可以看出中国传统哲学的价值，同样也可以认识到中国传统哲学的问题所在。

2014年6月19日在《汤一介集》新书发布会上，汤先生自述其一生之思想历程：20世纪八十年代上半叶思考真善美合一问题，针对牟宗三先生内圣外王分途开出新认识论与民主政治的路子，肯定合一。下半叶思考中国哲学问题框架，受余英时"内在超越"影响，提出往上"普遍和谐"、往下落实到人的社会实践问题。20世纪九十年代有两个问题，上半叶针对亨廷顿"文明冲突"论，肯定文明和谐共存，下半叶思考现代哲学转型，认为激进、自由、保守三大思潮共同推进中国文化的现代转型，融古今中西，返本开新，创造新的哲学。进入21世纪，汤先生思考的问题：（1）从20世纪九十年代末开始的创建中国解释学的问题，升华传统诠释经典的经验、方法、理论。（2）儒家伦理与现代企业家精神，重读韦伯，建立自己的精神家园与企业精神。（3）新轴心时代是否到来？再读雅斯贝尔斯。（4）儒学与普遍价值问题，挖掘不同文化中的普世价值，区分普世价值与普世主义。（5）儒学与建构性的后现代主义，三教归一的问题，儒学与马克思主义的关系问题。汤先生并寄望今后要进一步思考人类社会理想、天人关系等问题。①

总而论之，汤先生敏锐地应对海外文化与哲学的新论域，予以回应，他致力于中国大陆中国文化思想与哲学界的改革开放，在对外交流方面做了很多工作。他对儒释道三教都有研究，最后归宗于儒。

---

① http://history.sina.com.cn/cul/zl/2014-06-25/102693943.shtml

（三）**张立文**（1935—　），浙江温州人，主要代表作有《和合学概论：21世纪文化战略的构想》《和合哲学论》《和合与东亚意识》《传统学引论：中国传统文化的多维反思》《新人学导论：中国传统人学的省察》《中国哲学思潮发展史》《中国哲学范畴发展史（天道篇）（人道篇）》《中国哲学逻辑结构论》《"自己讲""讲自己"：中国哲学的重建与传统现代的度越》《周易思想研究》《帛书周易注释》《宋明理学研究》《朱熹思想研究》《走向心学之路：陆象山思想的足迹》《正学与开新：王船山哲学思想》《戴震哲学研究》《李退溪思想世界》等。韩国出版了他的文集三十八卷。

和合学是张先生的创造，他说："'和合'二字虽是'自家体贴出来'，但实实在在地是中国文化源远流长的人文精神，是民族精神的活生生的灵魂。"[①]和合学主张，在承认"不同"事物之矛盾、差异的前提下，把彼此不同的事物统一于一个相互依存的和合体中，并在不同事物和合的过程中，吸取各个事物的优长而克服其短，使之达到最佳组合，由此促进新事物的产生，推动事物的发展。人类进入21世纪，面临着人与自然冲突而造成的生态危机、人与社会冲突而产生的人文危机、人与人冲突而构成的道德危机、人的心灵冲突而产生的精神危机、文明之间冲突而造成的价值危机，只有和合学提出的五大原理，即尊重生命的和生原理、和平共处的和处原理、共立共荣的和立原理、共达共富的和达原理、滋润心灵的和爱原理，才能化解这五大冲突和危机。"和合"不仅是当代社会政治、经济、文化、制度、学术、宗教、道德的价值要求，而且为生命体与他者生命体之间的世界文明对话提供了理论基础。科学理解和正确弘扬中华和合文化具有重要

[①] 张立文：《和合学概论：21世纪文化战略的构想》，北京：中国人民大学出版社，2006年，自序，第15页。本文中关于和合学的述评均据此书。

的现实意义：在思维方式上有助于纠正以往"斗争哲学"的偏差；对内有利于推动社会的长治久安和国家的安定团结；对外有利于推动世界和平与发展的两大潮流，提供反对霸权主义的价值评判标准；有利于推进"和平统一，一国两制"的战略构想，实现中华民族及海外侨胞的大团结。

近年来，张先生强调中国哲学的"自己讲""讲自己"。[①] 他认为，从全球哲学（世界哲学）与民族哲学的冲突、融合而和合的视阈来观照中国哲学，不管他人说三道四，应"自作主宰"，自己走自己的路。中国哲学绝不能照猫画虎式地"照着"西方的所谓哲学讲，也不能秉承衣钵式地"接着"西方的所谓哲学讲，而应该是智慧创新式地"自己讲"。中国哲学必须而且只能是讲述自己对"话题本身"的重新发现，对时代冲突的艺术化解，对时代危机的义理解决，对形而上者之谓道的赤诚追求，等等。哲学需要自我定义，自立标准，直面中国哲学生命本真，讲述中国哲学灵魂（精神）的价值。"六经注我""以中解中"是中国哲学"自己讲""讲自己"应具有的方法，以中国哲学的核心灵魂解释中国哲学，才不会走样，才能真正讲述中国哲学"话题本身"。中西哲学各有其个性，各有先前所留下来的"问题""话题"，也有现实社会提出的各不相同的"问题""话题"。在当今世界，我们应该承认各个民族都有自己关于"爱智慧"的思考及其表现形式，起码人类四大文明古国都应有其"爱智慧"的"个性"精神，从而构成"人类"的"宇宙精神"的百花竞艳的多姿多彩。这就是说，哲学只有是"个性"精神的体现，哲学才是多样的、多元的。中国哲学创造或创新要冲决中西哲学的成法、成规的网罗。中国哲学再也不能步西方哲学的注脚和

---

① 张立文：《"自己讲""讲自己"：中国哲学的重建与传统现代的度越》，北京：北京师范大学出版社，2007年。本文中关于"自己讲""讲自己"的述评均据此书。

中国政治、经典的奴婢之覆辙了。唯有如此,中国哲学创新之花将呈现在世人面前。仔细体会张立文先生的这些思考,不难发现他的苦衷。他强烈地感受到,对中国哲学自身的全面理解是我们从事文明对话的前提。

如前所述,张先生在中国传统文化及其人学的特质、中国哲学逻辑结构与范畴体系(特别是天道、人道范畴系统)、《周易》经传(含帛书《周易》)、宋明理学(通论、通史及朱子、陆子、船山)、东亚儒学(尤以韩国儒学及李退溪为中心)等领域,都有深入精到的研究与创造的发展,尤其是他独创性地提出"和合学"理论以应对世界现代化,调动传统文化资源,强调中国文化主体性的建构等方面,给人以深深的启发。他对孔子、儒家思想的诠释及在研究现代语境中儒学与各种思潮对话的过程中,尤重揭示儒学的根源性与时代性。

(四)蒙培元(1938—),甘肃庄浪人,主要著作有《理学的演变:从朱熹到王夫之、戴震》《理学范畴系统》《朱熹哲学十论》《中国心性论》《中国哲学主体思维》《心灵境界与超越》《情感与理性》《人与自然:中国哲学生态观》等。

蒙先生主张"人是情感的存在",他的思想被学界称为"情感儒学",他认为中国哲学,尤其儒家哲学乃是"情感哲学","将情感作为真正的哲学问题来对待……是儒家哲学所特有的","儒家始终从情感出发思考人生问题,'存在'问题,并由此建立人的意义世界和价值世界"。[①] 蒙先生所说的情感既非经验、实然的层面,亦非超越的本情,而是上通理性(理义、性理),下通经验、实然。若不承认此一点则无法突破康德哲学的界限(即现象与本体、经验与超越的二元对立)。

---

① 蒙培元:《情感与理性》,北京:中国社会科学出版社,2002年,第9、26页。本文中关于情感哲学的述评均据此书。

只有承认道德情感既是个人的又有共同性、共通性，既是特殊的又有普遍性，既是经验的又有超越性，才能回到"具体理性"的思路上，使道德问题得到解决。儒家哲学的特点，正如牟宗三先生所说，理与情，即道德理性与道德情感（不是"私欲之情"）是"浑融"在一起的，因而是"活"的。它没有形而上的纯粹性，却有生命创造的丰富性。我们固然可以"消化"康德，对儒家哲学进行"分析"，从康德哲学中吸取智慧，但是"分析"之后，仍要回到儒家哲学的精神中来，从心理基础出发解决道德实践问题。儒家是主张提升情感的，但提升本身就是实践的，其目的是实现一种道德境界，提高人的情操，而不是建立一套"超越的形上学"或道德实体论。在这个问题上，儒家关于道德情感的学说是真正具有生命力的。

在《人与自然：中国哲学生态观》①一书中，蒙先生提出，应从"原点"，即看问题的出发点理解中西哲学，中国哲学的出发点是生命论或生存论的，是人与自然的有机统一。从儒家、道家、玄学、理学的"原点"看，中国哲学是深层次的生态哲学。这种生态哲学强调形上与形下的统一，认为人是以实现人与自然和谐相处为目的的德性主体。"生"的哲学具有三重内涵：第一重指"生"的哲学是生成论哲学而非本体论哲学，第二重指"生"的哲学是生命哲学而非机械论哲学，第三重指"生"的哲学是生态哲学。生态哲学相信人与自然之间的关系是一种目的论关系，即人与自然向着完善的方向发展，"天人合一"是仁心的实现，是人与自身、人与人、人与社会、人与自然实现整体和谐的最高境界，人对自然抱有的敬畏、感恩之心，正是根源于这种深层次的生态观。这种生态观使人能够进入情感理性的境地，从而使

---

① 蒙培元：《人与自然：中国哲学生态观》，北京：人民出版社，2004 年。本文中关于深层次的生态哲学的述评均据此书。

工具理性与价值理性获得统一，这是中国哲学"原点"中蕴含的普适性文化，它能够使我们克服前工业文化与工业文化之间的二元对立，重新恢复人类文化生命的连续性。该著在重新诠解"天人合一""生""仁"等中国哲学传统概念的基础上，十分深刻地回答了现实提出的道德失范与生态危机的问题，提出了如何调动中国哲学特别是儒学资源予以创造性转化的思路。

（五）**牟钟鉴**（1939— ），山东烟台人，主要著作有《中国宗教通史》（合著）、《探索宗教》、《中国道教》（主编兼作者）、《道教通论：兼论道家学说》（合著）、《中国宗教与文化》、《老子新说》、《吕氏春秋与淮南子思想研究》、《中国哲学发展史》（重要作者之一）、《走近中国精神》、《在国学的路上》、《儒学价值的新探索》、《涵泳儒学》、《新仁学构想：爱的追寻》等。

牟钟鉴先生先后创立"民族宗教学"和"新仁学"，在学界有重大反响。其中"新仁学"是其最新之思考，笔者在2014年4月19日关于《新仁学构想：爱的追寻》一书的学术讨论会上，以为该书重要的思想可以用八个字"爱人、尊生、尚通、贵和"概括，其学则可定位为"生命儒学"。牟钟鉴先生认为，"多一些仁爱天下、慈悲生命的情怀，多一点中和理性和协调智慧，消解利己主义和斗争哲学的心态，则其文化必将焕发新的生命，亦将造福于人类"①。整体而言，新仁学主张"以仁爱为体，以智能为用"，突出生命哲学主线，"热爱生命，尊重生命，护养生命，提升生命"。它是仁的体用论、仁的生命论、仁的大同论，视生命为真实的活体，强调"使仁学成为整体化的生命学"。"生"即生命，包括个人、社会和自然生命，把"仁爱"明确指向"关切生命"；

---

① 牟钟鉴：《新仁学构想：爱的追寻》，北京：人民出版社，2013年，序，第4页。本文中关于新仁学思想的述评均据此书。

"以生为本"，即热爱、尊重、护养、优化生命，视损害生命为最大的不仁。

新仁学的最重要概念为"仁、和、生、诚、道、通"。作者主张"以仁为本，以和为用""以生为本，以诚为魂""以道为归，以通为路"。作者的生命论肯定生命的意义与追求在于使众生过得幸福，从而实现自身生命的价值，提出健康的生命需要"性命双修"，并树立"民胞物与"的大生命观。新仁学确立生命至贵的价值观，把仁爱生命视为一种真诚的、普遍的信仰，服从尊重生命、爱养生命的无上原则，而不以任何理由去残害生命。作者提倡生态文明，反对破坏自然。此外，作者把"通"释为生命畅顺。作者赞同道家与《易传》的宇宙论与天地运行、万物化生论。作者对从孔子到谭嗣同的仁学都予以吸收转化，认为宋明儒以"生"深化了"爱"的内涵，突出了生命的价值与意义，强调了对生命的热爱与保护，使"仁"有了超道德的生态哲学的普遍意义；肯定朱子用"生"的仁学把人道与天道打成一片，阳明造就了生命主体的超脱自得，性情真挚生动，生机盎然，是重"生"的新仁学。

牟钟鉴先生有开放的心态，对儒家内部各派，对儒释道墨各家和世界各宗教各文明，强调平等对话。他的新书对现代化补偏救弊，针对现代的道德与生态危机，批判西方片面夸大知识理性与个人主义的弊病，批评西方学者的"博物馆化"，也批评余英时先生的"游魂"说。新仁学与当代文明对话，对文明冲突论、优胜劣汰的社会达尔文主义、强权政治、民族和宗教极端主义都提出批评。

（六）陈来（1952—　），浙江温州人，主要著作有《古代宗教与伦理：儒家思想的根源》《古代思想文化的世界：春秋时代的宗教、伦理与社会思想》《竹帛〈五行〉与简帛研究》《宋明理学》《宋元明哲学史教程》《朱子书信编年考证》《朱子哲学研究》《有无之境：王阳明哲学的精神》《诠释与重建：王船山的哲学精神》《中国近世思想史研究》《传统与现代：人文主义的视界》《现代中国哲学的追寻》《东亚儒学九论》《孔夫子与现代世界》《回向传统》等。

近年来,陈来先生在精专研究的基础上,开始创制自己的哲学系统,其成果名曰《仁学本体论》,又名《新原仁》。[①] 笔者认为陈来先生的仁本论有三个特点。第一是立异。既不同于西方的本体论,也不同于熊十力的仁心本体论与李泽厚的情本体论。陈来认为中国的本体是生生不已、有生命性的,故中国的本体不是永久 being 的 ontology,而是最根本、最真实的存在,最后的存在。第二是重释汉宋诸儒,尤其是宋儒,特别是朱子的仁学本体论思考的精义。陈来认为程颢、谢良佐以"生"论"仁"在儒学史上具有重大的本体论宇宙论意义,朱子仁学贯彻了以"生气流行"的观念来理解仁与仁义礼智"四德",将仁视作生意流行的实体,包括理气的一元总体,已经不是一般朱子学所理解的静而不动的理、性了,因此,说朱子学总体上是仁学,比视朱子学为理学的习惯说法,更能凸显其儒学体系的整体面貌。第三是建构统合宋儒"生生之仁说"与"一体之仁说"的仁学本体论。陈来认为仅仅讲生命还不能立仁体,只有生命的意义与博爱的意义建立起关联,才能达到仁,一个春意盎然的宇宙就是仁的宇宙,它自身便是虚无主义的对立面,它自身必然引出价值的基础。

陈来先生作的《仁学本体论》坚持"一体共生",主张一体的整体性即是本体,同时强调整体中各个存在是具体的、相互关联的,故整体中有关系,关系中有个体。此立场显然已经超越理学和心学的对立,亦超出新理学与新心学的对立,从而综合融贯,开出仁本论的新

---

① 陈来:《仁学本体论》,北京:生活·读书·新知三联书店,2014年。本文中关于仁学本体论的述评均据此书。

生面。仁体论的建构既是面对现代儒学形而上学的需要,也是面对中华民族复兴时代重建儒学或复兴儒学的需要,更是面对当今中国与世界道德迷失的需要,因此它最终落脚在价值、伦理、道德的领域。仁学本体论虽然重在讲本体论、形上学,但崇本而能举末,举体而始成用,因此并非空言。总体而言,陈来先生的哲学体系具有以下之特点:一是,没有脱离中国哲学的主要传统,而是植根于这一深厚的传统之中,推陈出新,继往开来。二是,吸收并回应了西方哲学的主要传统,尤其深入分析了中西哲学本体论、生命哲学之异同,高扬了中国自己的本体哲学。三是,直面中国的现实问题,重建仁学本体论,因体发用,对今天的中国有着重大的现实意义。

综上所述,李泽厚、汤一介、张立文、蒙培元、牟钟鉴、陈来等先生,针对六十多年来中国大陆的现实生活,特别是"文革"时期以阶级斗争为纲的斗争、仇恨论,市场经济建设中形成的拜金主义、权力挂帅而导致的人心与环境危机,予以深刻反思。他们的哲学思考,受到西方诸新思潮、新问题的启发,也予以了不同响应。他们是"接着讲"(不是"照着讲"),是接着中国传统,主要是儒释道传统,又特别是儒学传统讲的。这包括接着冯友兰、熊十力、牟宗三、唐君毅先生讲,同时又试图超越熊、冯、唐、牟。他们思考的中心还是传统儒学与当今时代的关系,冀图调动儒学资源以应对时代的挑战。他们背后都有康德、牟宗三的影子,又不同程度地受到唯物史观的若干影响,往往肯定衣食住行、社会实践。他们还受到现代西方哲学"拒斥形上学""反本质主义"的影响,一方面试图有新的哲学系统;另一方面仍主张消解形上学,宣称不建构体系,或者只承认广义的形上学的意义,终结狭义的形上学,把真实的"情"放在最高地位。他们不自觉间忽视了传统儒学诚然重视生命、生活世界,不脱离日用常行,但背后有天、天命、天道的终极实在,有其不可消解性。因此,现实生命、万物变化的真实性是需要肯定的,但不能抬到最高价值的地步。①

近二十年来,海内外学者的交流互动十分频繁,相互启发,推动了学术创造。其中,美国学者安乐哲、法国学者于连的研究影响颇大。这两位学者特别重视中西思想的差别,强调中国思想与西方哲学关注的重心与思考方式全然不同,例如中国思想关注流动、过程、关系、相互作用等。西方反本质主义、反普遍主义的思潮也影响到汉学界。诚然,我们充分肯定这些学者的思考及成果,但另一方面,我们又不能把中国思想,特别是儒家思想,归结为关系主义、角色伦理。否则,就会消解儒学深层的超越性与终极性。此外,已故社会学家费孝通先生对传统社会的"差序格局""熟人社会"的一套讲法也是有限度的,无限放大了就看不清传统社会与儒学的优长,以为传统儒家理念只限于私德,无助于现代陌生人社会中公民道德的建设。这里面有很多理论问题需要厘清,不能胡子眉毛一把抓。

原载《广西大学学报(哲社版)》2015 年第 1 期,收入本书时有删改。

----

① 陈来先生与前五位略有不同,他的"仁体论"重在关注本体的哲学层面的建构,以回应李泽厚的"该中国哲学登场了"。他的哲学建构是儒家哲学的仁学本体论的重建。

当代新儒学思潮概览

新儒学思潮是当前我国社会具有一定代表性和影响的社会思潮。深入把握这一社会思潮的来龙去脉,理性辨析这一思潮的功过得失,有助于我们更好地传承和弘扬中华优秀传统文化,推动其创造性转化、创新性发展。

一 当代新儒学思潮的发展脉络与思想贡献

"新儒学(家)"用以指宋元明时期的道学或理学,最初是冯友兰为方便西方汉学界认知中国哲学而使用的名词。20世纪七十年代中期以来,台湾地区与旅居美国的华人学者又用"新儒学(家)"指称新文化运动后旨在复兴精神性的儒家或儒学的思潮、流派与学者。为区别于宋明理学,后来人们一般以"现当代新儒学"指代后者。

现当代新儒学思潮形成于"五四"运动前后东西方文化问题论战和"科学与人生观"论战期间,这也可以视为这一思潮发展的第一阶段。第二阶段思潮发生在抗战时期及抗战胜利后的中国大陆。第三阶段思潮发生在20世纪五十至七十年代的中国台湾和香港地区。第四阶段思潮发生在20世纪七十至九十年代的海外,改革开放后又由一些华人学者引入中国大陆。第一阶段思潮可以简称为"五四"前后的新儒学,第二阶段思潮可以简称为抗战时期的新儒学,第三阶段思潮可以简称为港台新儒学,第四阶段思潮可以简称为海外新儒学。其代表人物,第一阶段有梁漱溟、熊十力、马一浮、张君劢等,第二阶段有冯友兰、贺麟、钱穆、方东美等，第三阶段有唐君毅、牟宗三、徐复观等，第四阶段有杜维明、成中英、刘述先等。

近代以来，中国遭受西方列强侵略，处于被动挨打的局面。有人持"思想文化决定论"，把造成这一局面的原因归结为中国思想文化落后，尤其是儒学落后。这种观点在甲午战争后愈演愈烈，在新文化运动中发展到一个高峰，形成了诸如"打倒孔家店"、全盘西化等极端思想。把传统文化与现代化绝对地对立起来，把清末的衰败一概归咎于传统文化，无疑是简单粗暴的做法。那时，儒学面对的困境是空前的。儒学从对社会无所不在的渗透，变成了西方汉学家所谓的博物馆文化、图书馆文化或古玩文化。在这种形势下，现当代新儒学围绕"返本开新"进行了诸多努力。

现当代新儒学思潮反思现代性，反思唯科学主义，重视人类与中华民族的人文精神与价值理性，其论域、问题意识与思想贡献主要有：跳出传统文化与现代化的二元对立，重新思考东亚、中华精神文明与现代化、现代性的关系问题，批评把现代化等同于西方化的看法；提出开展文明对话与建设文化中国；揭示儒学价值与现代全球伦理、环境伦理、生命伦理的内在关联；强调儒学与现代民主具有一致性；发掘儒学的"内在超越"意涵，论证安身立命的"为己之学"具有超越意义；等等。现当代新儒学致力于发掘中华传统文化的价值之源，阐述道德理想主义，肯定道德主体性，这对于纠正当代社会中存在的西方中心论以及拜金主义、享乐主义是有积极意义的。

二 港台地区新儒学的成就与局限

港台地区新儒学最著名的事件，是 1958 年唐君毅、牟宗山、徐复观、张君劢等人联合发表《为中国文化敬告世界人士宣言》。这个宣言主要是针对西方人对中国文化的误解而发的。该宣言认为,"中国文化问题,有其世界的重要性";中国文化不是"死物""国故",乃是"活的生命之存在";中国文化的伦理道德思想和实践,不仅是一种外在规范,而且是一种内在精神生活的根据;从孔孟到程朱陆王的心性之学"是中国文化之神髓所在",是人之内在的精神生活的哲学。由此,港台地区新儒学提出了"返本开新"的思想,即返回儒家心性之学的根本,开出"新外王"——现代科学和民主政治。

台湾地区鹅湖学派等继承港台地区新儒学的思想,坚持其理念,继续在民间起着弘扬儒学的作用。在台湾地区,分散在不同大学和研究院所的儒学教授们人数不多、力量不大,但他们坚持中国文化的理想,坚持中华文化认同,坚持中国经典与常道的阐扬、传承和转化,是难能可贵的。目前,这一阵营正处在分化、重组的过程中。

在肯定其成就的同时也应看到,港台地区新儒学存在不少局限性。儒家价值系统在现当代港台地区社会仍然有其价值和意义,但需要重新定位。历史和现实昭示我们,将儒家的终极关怀、道德理想主义的合理因素融入我国新文化体系中,甚至使其超越国界、融入人类新文化体系中,都是必要和可能的。但像一些港台地区新儒学学者所坚持的那样,试图将儒家"内圣外王"的基本结构原封不动地保存下来,则是不可能的。现代生活非常复杂,发扬儒学在现代生活中的价值,必须实现儒学的创造性转化和创新性发展。

三 大陆新儒学的界定与发展走向

大陆新儒学究竟如何定义,学界见仁见智。有人以此相标榜,但学界却不以为然，因为他们持封闭的立场，脱离了时代与现实。因此，需要为大陆新儒学正名。中国哲学界一些专家的看法是：就其主流而言，所谓大陆新儒学或新时期中国大陆的新儒学，是受当代哲学思潮特别是现当代新儒学思潮的影响，面对中国大陆改革开放以来社会生活的实际问题，在马克思主义哲学、中国哲学、西方哲学互动的背景下，以儒家哲学思想的学术研究为基础，积极调动以儒学为主体的中华优秀传统文化资源，促进儒学与当代社会相适应，并创造性地诠释儒学精义、推动儒学现代化与世界化的学派。大陆新儒学有一个共同的价值取向，即强调中西融合与儒学的根源性、当代性、开放性、包容性、批判性、创造性和实践性。改革开放以来，大陆新儒学在理论与实践两方面都取得了积极进展。

在理论上，大陆新儒学在儒学新话语体系的建构上颇有创见与贡献。比如，汤一介的天人、知行、情景"三个合一"论，庞朴的"一分为三"说，张立文的"和合学"，蒙培元的"情感儒学"，牟钟鉴的"新仁学构想"，陈来的"仁学本体论"等，在国内外都产生了较为广泛的影响。大陆新儒学的哲学思考受到西方新思潮、新问题的启发，也对后者予以回应和批评。对于儒学经典，大陆新儒学是接着讲而不是照着讲的。大陆新儒学思考的中心是传统儒学与当今时代的关系问题，致力于调动儒学资源回应时代的需求和挑战。受到现代西方哲学"拒斥形而上学""反本质主义"的影响，大陆新儒学大都主张消解形而上学，或者只承认广义的形而上学的意义，主张终结狭义的形而上学，把真实的"情"放在最高地位。

在实践上，大陆新儒学的一些学者积极支持、引导民间儒学发展。改革开放三十多年来，中国大陆一些地方自发形成了民间儒学。民间儒学可以理解为在民间、在日常生活世界里的儒学，或民间组织推动发展的儒学,既包括乡村儒学,又包括城市社区儒学,还包括各地书院的重建。其主要目标,是使儒家文化的做人做事之道即儒家仁义之道在国人的心中扎根。从一定意义上说,民间儒学的发展是儒学灵根自植、融入当代社会的积极探索,能使仁义礼智信、忠孝廉耻等儒学的核心价值进入寻常百姓家,成为百姓的生活指引与安身立命之道,从而实现安立世道人心的价值目标。为推动民间儒学发展,一些大陆新儒学学者纷纷到民间去弘扬儒学,把"会议儒学""书本儒学"转化为民间儒学、"生命儒学"。虽然其形式还有待探索、成效还有待检验,但这种努力值得肯定。

原载《人民日报》2016 年 9 月 11 日理论版,收入本书时有补充修改。

新儒家三贤：唐君毅、牟宗三、徐复观

中国现当代新儒学（家）可以分为三代人。第一代的代表有熊十力、马一浮、梁漱溟三位先生，还有张君劢先生，他是中国宪法之父，是中国宪法的起草者，他有很深的西方文化背景。方东美先生，他精通西学，他用英文写了有关中国哲学的很多著作在美国出版。钱穆先生，是国学大师，无锡人。冯友兰先生和贺麟先生，他们都没有到台湾岛去，都在中国大陆，在北京一直坚守。虽然大家有一些批评，实际上他们也是很了不起的。总之，第一代现当代新儒学的大师们有这样一些人物，其中熊十力、马一浮、梁漱溟、冯友兰、贺麟等都在大陆。

第二代人物唐、牟、徐，简单称为港台新儒家，他们 1949 年以后在台湾和香港地区生活，是熊十力先生的三位弟子，也是所谓第二代的现当代新儒家。用儒家仁、智、勇"三达德"的特点来说的话：唐先生温润，是一位仁者型的人物；牟先生是一位严峻的、理性思辨的智者型的人物；徐先生是一位有抗议精神的勇者型的人物。最后会综合来说一下，包含这三位和他们的老师辈、学生辈的现当代新儒学思潮的问题意识，他们思考一些什么问题，来做一个小结。

第三代的现当代新儒学代表人物是杜维明、刘述先、蔡仁厚、成中英等。刘述先先生去年在台湾地区过世了，杜先生现在回到北京大学创办高等研究院。成中英先生一直在美国的夏威夷大学。蔡仁厚先生在台湾东海大学。这样一辈人中，杜、刘、成三位是留学西洋或曾经及长期在西方讲学的现当代新儒学人物。他们的问题意识、学养、知识背景已经非常西方化了，但是他们还是坚守中国文化的价值。

今天我们着重讲第二代。唐君毅先生和钱穆先生 1949 年去了中国香港。当时有很多已经在大陆读了大学尚未毕业的学生到了香港没有书读，所以他们就办了学校，其中特别有名的是新亚书院。新亚书院也办了研究班、本科班，可是那个时候条件非常艰苦，教室白天上课用，晚上打扫一下就用来睡觉。老师也在这里睡觉，那时候非常艰苦。钱穆先生、唐君毅先生、张丕介先生办新亚书院的时候非常辛苦，但培养了文化的种子。他们培养的最著名的一位人物就是钱先生的学生余英时先生，他现在是美国汉学界执牛耳的人物，得到美国的一些大奖。余英时先生就是新亚书院的学生。

一　唐君毅及其人文价值理性

唐先生是宜宾人，长在四川成都。他爸爸也是四川有名的文化人，叫唐迪风，人称"唐疯子"，他和我的老师萧萐父先生的父亲都是四川大学有名的教授、四川的文人。萧先生的父亲萧中仑的雅号是"萧神仙"。一个"唐疯子"；一个"萧神仙"，他们在一起论学，都是川中的高人。

唐先生去世得很早。他得了癌症，吸烟太多，心情也很郁阿。新亚书院后来进入香港中文大学体制内，由于体制和文化理念上的冲突，钱先生和唐先生又退出香港中文大学，这个里面有很多心结。唐先生去世的时候，牟宗三先生说他是"文化意识宇宙中的巨人"。在文化上的研究方面，他对整个世界各种文化的研究非常广博、非常有深度。

讲到这一代的新儒学的学者，不得不讲到 1958 年的宣言。由唐、牟、徐和张君劢先生联署的 1958 年的宣言，全称叫《为中国文化敬告世界人士的宣言》。1958 年的宣言实际上是很长的一个理论性的文件，强调中国文化不是死的东西，还有很强的生命力，有活的灵魂，还在为中国的现代化起作用，为世界的现代化提供自己的养分。唐先生有很多的著作，像《文化意识与道德理性》《中华人文与当今世界》，以及有多卷本的《中国哲学原论》。他晚年出了巨著《生命存在与心灵境界》，讲心通九境。

唐先生是一位悲情的人，是宗教体验很强的一位人物。他和他的夫人谢廷光有很多书信的来往，后来汇成了一部集子，这就是唐先生的爱情哲学。他的弟子曾昭旭先生也讲爱情哲学，来自唐先生。唐先生是一个非常有底蕴，宅心仁厚，而且非常悲情的学者。他提出了一些非常有名的话语，比如"花果飘零""灵根自植"等。中国文化的花果飘零了，中国文化自"五四"以后受到重创，中国一流的知识分子都批判它，中国一流的知识分子都唾弃中国文化。这种情况下，随着流向海外的华侨、华人，中国文化之花、中国文化之果飘零到海外，何时才能回归大陆？他强调中华文化的灵魂、根脉还会自己生长出来、坚守下来，还会在中国大陆开花结果。

胡适那一派讲国学，他们是叫"整理国故"。"故"就是过去，就是我上午说到的，他们认为中国文化就是死东西，也就是西方汉学家所讲的图书馆、博物馆陈列的东西。中国文化已经成为图书馆、博物馆陈列的东西，书上的东西，是死物，没有生命，与我们现代的事业没有相干性。所以 1958 年唐先生起草的宣言也对此提了一些批评意见，特别强调中国文化问题有其世界的重要性。早上我们也说到了，我们讲文明对话，如果中华文化全都不要，那文明对话也将成为不可能的事情。文明对话，之所以对得起来，就是各族类自有一种文化认同，认同自己的文化。当然，这不是躺在传统文化上睡大觉，而是要有创造性的转化。我们坚守各自的文化，如阿拉伯文化、印度文化、西方文化。比如雅利安人进入印度以后，印度文化改变了；比方说希腊人和希腊文化后来消散到斯拉夫族群中去了，但不管怎么样变异，它们各自有各自的文化底蕴、根脉、强调的重点和特色，这样才能够产生碰撞，产生世界多元统一的新文化。

我们中国文化不是死物，它一定会在世界上有重要的影响，做出自己的贡献。当传教士利玛窦等人把中国文化传到西方时，传教士们用各种文字给欧洲写信，翻译中国的典籍，让西方人了解中国，当然当时的翻译有很多不准确的地方。大家看西方很多思想家，如莱布尼兹、沃尔夫、伏尔泰、孟德斯鸠、魁奈等学者，他们都通过传教士了解中国文化。中国的文官制度西方没有，西方的文官制度是学习中国的，中国的文官制度使西方人叹服。孔子思想使他们很佩服，中国的和平主义不像西方那样的强制性的殖民化、掠夺奴隶，这些都对当时的西方人在启蒙时代起过作用。乃至于"己所不欲、勿施于人"的孔子思想，在各种版本的西方人权宣言中都占有地位，这都是中国文化对西方价值观的影响。

所以中国文化不是像撒切尔夫人、克林顿夫人等西方政治家所说的，好像没有给世界提供价值观念，不是这样的。大家可以去看看，虽然他们当时有误解，包括黑格尔也有误解，但是中国文化是世界文化的一支、一部分，而且是非常精彩的一部分。在西学东渐的过程中，中学西传，中西文化相互流通，那个时候中国文化对西方文化有它的启发作用。

各位都知道，我们常常讲："朝为田舍郎，暮登天子堂。"中国传统的士人、文化人出身卑微，但是通过读书、考试、选拔可以向上流动。我们的考试制度、科举制度，后来成为中国的政治力量、政治人物产生的基础。中国虽然有等级，但哪个社会没有等级秩序呢？中国的等级流动、转化非常便捷，贫苦人家的子弟、布衣的子弟，通过读书、考试，可以参与政事，甚至位列三公，成为朝廷重要的官员。

所以中国文化自有它的特点，它还是生命的存在，它今天还会在价值系统、终极信念方面来安立我们的人生和人心。所以我们在学习西方的过程中，在往现代化迈进的过程中，当然要向西方学习，向西方开放，包括学习政治架构、生活方式、价值理念、思想方式、思考方式等。但是中国文化、中国人毕竟有自己的特色、自己的精神，这些东西还是真实存在的。在历史文化大流中，一些有血有肉的人物还在激励着我们，我们还要继承这样的文化精神，使中华民族的文化在客观精神上加以表现。也就是说中国文化不止是一种心灵的文化，它还要拓展到"外王事功"上去，拓展到我们的事业上，拓展到我们的科技成果上，拓展到我们的教育制度上，以及推广到我们的政治的体制上，等等，要继续发展下去。

所以几乎是在全世界华人、全世界各族人都认为中国文化已经不行、已经死亡的情况下，1958 年的宣言说要看到我们的文化优长，要把这样一个文化精神继承下来。这可以说是自"五四"以后，又到了一个关键点。我们早上讲了新文化运动以后，在中西文化问题的论证、科学的论证背景下，新儒学的第一代梁、熊、马起来讲中国的精神、中国的文化，讲它的生命力。如果说上面三位是圣人的话，20 世纪五十年代第二代的这三位唐、牟、徐就是贤人。张君劢先生是介乎两代的人，基本上属于第一代。

中国文化有多元、多根，有诸子百家、经史子集，有多样化的各种地方文化,如有浙江的文化、湖北的文化,有吴文化、楚文化、齐文化、鲁文化,山西一带三晋的文化、河北一带燕国的文化等多根多系。印度文化传到东汉以后,中国文化和印度的佛教文化相结合。西方文化传入以后,中国文化又和西方的基督教文化相碰撞、相融合。尽管如此,根本点还是多样性后面的统一性、一本性,有它根本的、内在的东西。

我们的文化像一棵大树,枝叶扶疏、树干很大,多样的东西都有,但是它还有一个干、根,这个干、根是一脉相承的东西。中国的文化有各种层面,特别有意思的是它关联到家家户户。昨天我们跟大家说了家训,中国文化的很多人物,有的人也许文化程度并不高,识字并不多,但是他也理解中国文化,他通过蒙学的书"三百千千"(《三字经》《百家姓》《千字文》《千家诗》)等,通过家训、家教,来领会伦理思想、道德思想并去实践。礼不止是一种外在的规范,礼还有内在精神生活的根据。

西方人讲宗教性,中国人其实也有宗教性、超越性的诉求,也有一种精神的皈依,也有一种生命最终的寄托、信念。只不过没有像西方一神教那样的宗教。我们要到日本、西方去留学,我们的留学生一去,访问的学者一去,马上各教派的人都来联络你,要你入他那个教。即便是一个宗教的,传教的人让入他那个派。他们相互的排斥性较强。中国的儒释道三教没有那么强的排他性,以融合性为主。中国文化中特别强调融合性,还有内在精神生活的一种根据。它包含有一种类似宗教性的东西,作为一种超越的诉求又灌注到人的内在生活中去。这是和西方文化不一样的。

由先秦儒学到汉唐儒学、到宋明理学,宋明理学特别讲心性之学。今天早上我们讲到马一浮先生的心、性、命、理等范畴的研究,这是中国文化的深邃之所在，是精神文化最重要的内涵，是人的内在精神生活的形上学。形上学来自"形而上者谓之道，形而下者谓之器"，它是道的层面，是比较高的层面，但是它也灌注到我们的现实生活中去。所以我们传统社会中的这样一种理论思想、道德思想、生活实践其实有内在精神生活的依据，是我们精神生命的一种内核。

唐君毅先生的中心观念是"道德的自我"，即道德的主体性，也就是道德的理性。他说，人类一切文化活动，根本上就是王阳明先生讲到的仁心、本心、良知、内在精神自我和超越自我的一种展示。当然心灵也好、文化也好、精神也好，是我们在客观生活实践中慢慢累积下来的，是精神生命积淀的东西。但是反过来讲，我们刚才讲到了，最高的自由是道德的自由，自己跟自己下命令，这样一种东西展现到我们的社会实践上，展示到我们的成果上，就会变成各种各样的文化，如企业的文化、政治的文化、学术的文化、各面向的文化，会变成很多文化的成果。

在政治、经济、教育、社会各方面的文化成果中，我们都可以追溯到一些真实的人，这些有血有肉的人是有精神的，他们是有道德价值的。由于有这样的精神生命、精神自我、道德自我，展示出很多文化的成果。唐先生说，道德的自由、道德的自我、道德的主体性，就是一，就是本，就是根本的东西，包含一切文化的理想。文化的活动、文化的成果展示的是文明成就现实的东西。实际上阳明先生讲的仁体、本心、良知，可以转化为我们的行为，转化为客观的世界。从这样的意义上讲，我们的一些精神自我、道德自我、内在超越的东西会发挥它的作用。

唐君毅等检讨中国文化的弊病，认为中国文化的弊病在从本源上、根本上展示成多样的制度文明、社会生活的文明、物质文明方面展开得不够，在人文世界上展开得不够。内圣的精神自我、道德自我，要在"外王事功"的展示上充分实现。阳明先生征南赣、征宁王、征思田，三次出征都取得了很优秀的成绩。他治理一个县，治理某一方面，都有杰出的表现。一个文化思想有没有力量，不止在于这个文化思想本身是否非常精细、精粹，而且还在于其要展示为政治、经济、教育、文化、社会各方面的成果。所以唐先生抓住的是中国文化的缺点在于由本向末的拓展、扩充不够，由体向用的转化不够，由内圣向外王的展开不够。

他说，西方文化的缺点在哪里呢？西方文化的缺点在由末返本不够。西方文化的细枝末节发展得很充分，人文世界过于膨胀。他认为艺术、宗教往社会各面向走，哲学、道德往各面向走，西方的文化展开、膨胀得很大，沦于一种分裂，乃至于体的方面、内圣的方面、精神的方面不足。第二代现当代新儒学的思想家们都反省，西方人认为上帝死了，西方的文化五花八门，就像我们现在的文化一样，多样性展开得很广，但是最后灵魂不在了，然后也都在寻找最终的源泉。

唐君毅先生的思想是中西道德理性主义的一种综合再创造。其实理性主义就是理想主义，理想主义就是理性主义。西方的哲学通过古希腊哲学、罗马的哲学一直延伸下来。欧洲人把源头找到了，西方文化有"两希一罗"的基础，一个是古希腊哲学，一个是希伯来人的生存体验，一个是罗马的文化。西方近代的文化人很聪明，接上了这个源头。西方有它的观念论的文化发展、道德理想主义的发展。中国也有像孔子、孟子直到宋明儒家强调心性论，由心性展示文化的这样一种传统，把根本的、精神性的、灵魂性的东西抓住，展开出外王学，展开出社会的各个面向，展开出我们的文化、教育、经济、政治、社会的各方面活动。由此立了人极，和天道相配合。我们先圣、先贤讲先立乎其大者,把大的东西安定下来,心学特别强调先立乎其大者,突出德性的本源,统帅文化的各个方面。

所以唐君毅先生重建中华人文价值,吸纳西方人文主义的思想,旨在解决我们人在现代生活中的安立自己的问题。我们怎么安顿自己?现在生活五花八门,各方面的东西都展开了,各方面的诱惑都有,现在生活多样发展,最终我们怎么安立人心?怎么真正建立一种面对死亡的最终的信念、信仰的东西?这是唐君毅先生要思考的问题。

他的文化哲学非常博大,讲了很多方面。包括体育方面也讲了很多,德智体美,教育、体育都讲了很多。他说最终要归于一本,要怎么样把精神、生命安立?道德自我、道德精神文明的一种内在性的东西,或者是道德主体性的东西,它和我们人的生命存在的各个方面紧密联系在一起。道德活动和人生的其他活动相伴随,扩大到我们的生命存在和心灵活动中,展示人生各个不同的层面,因此有不同的意义和价值。他晚年构建了心通九境,三个方向、九个境界这样一种生命心灵的体系,包含生命、心灵不同内容和不同活动。

唐先生的思辨是黑格尔式,他对黑格尔特别精通。牟先生是对康德特别精通。唐先生在文化哲学方面做了精细的构思,把九个层面的生活加以铺陈,然后把九个层面生活的相互连接也讲得很清楚,最高是天德,他晚年做了一个心通九重境界的思考。过去冯友兰先生讲了四重境界,人从一个物质生命的人,到了一种功利的人,到了一种道德的人,到了一种有终极关怀的人,所以有自然、功利、道德、天地四种不同的境界。唐君毅先生讲了九重境界,就是我们的生命心灵,我们的精神自我,我们人的能量很大,可以作出各方面的贡献。在科技层面上、政治层面上、社会生活的层面上,从家庭到社会生活的层面上，从客观到主观慢慢上升，从一个形体的我，慢慢升到了一个理性的我。"我"是指的自主性、主体性。最后到一个有宗教学意义的超越我，不断提升自我，在不同的境界中不断提升自己。心的本体（良知）渗透、引导着生命、心灵，一层一层往上提升，最后达到天德的境界。

哲学家都善于玄思，当然唐君毅先生也是务实的。前面讲到他和钱穆先生创办新亚书院很了不起，新亚书院后来成为香港中文大学的一部分，合校以后理念上有不合，他们又退出来，他们又在台湾讲学、写作。在香港和台湾的生活中，唐先生非常辛苦，他主要是要构建一个中国化的，吸纳了西方文明的文化哲学的体系，一个博大的体系。这是唐先生，他的文化哲学的目的，还是要回归到儒家的本质，也就是说要立人极，成就一种成德之教，开拓一种精神的空间。也就是说，西方文化中有理性主义、理想主义的传统，一直到康德、黑格尔。把这样一个传统接上来，西方这样一种理性主义的传统和西方的观念论传统、理想主义的传统，我们把它吸纳过来。唐、牟他们对康德、黑格尔非常精通。

在中国文化中，他们要发掘心学理学的传统，特别是对于生命理性、生活理性、实践理性和不脱离现实世界的一种崇高理想的文化，特别是儒家文化的精神。当然包含了道家文化和佛教文化，唐先生的中国哲学史有多卷本的原论，对诸子百家、儒释道、阳明学和阳明后学有精到的研究。他要把这两大传统的理性主义和理想主义打通。儒家讲成德之教，要展开文化、教育、科技、社会各个方面，警惕和批评的是神性意义的消解、物欲的泛滥、功利主义的横行。

我们直面现代人的生存状态、精神信念的危机，西方人和东方人都感到现代生活极大地丰富、极大地方便起来，但是精神寄托产生了困境。人变成了一个异己的人、单面的人，如西方荒诞派的文学家们笔下的甲壳虫。人变成了甲壳虫，人变成了一种工具，人被肢解，不是完整的人。人在上没有精神的支柱，人在下不是脚踏在自然的大地上，因为人过度的开发自然。我们今天的生态、水土资源严重破坏。生态学家们说，中国要按这样下去，除非是当下要停止所有的开发，还需要九百年到一千年的时间，才能自然修复我们的生态。可是我们还在不断开发，为了生存不能不开发。祖宗留给我们的自然环境，已经被我们这几代人糟蹋。

所以人和天地之间的关系变得非常恶化，人和人的关系也是，甚至一个人变成分裂、多面的人，不同场合有不同的面具的人。人和自己的心灵发生扭曲，形体的人和精神的人有了紧张，所以唐先生要批评这种没有精神自我的、神性消解、物欲横流、功利膨胀的生活中，人的失落、精神生命的沉沦。所以他会通中西文化，融贯儒释道三教，创造性的建构所谓"性""道"一元、体、用、相多面展开的文化哲学系统。本性、道、体就是精神自我、精神生命，就是孟子、阳明讲的仁心本体，本心、良知，把这个东西扩大成体的方面、用的方面、相的方面，展开出整个的文化哲学系统。

他重视中华人文精神的诠释和弘扬，他指出人类史上特殊的人文精神涵盖了超人文的宗教，不和宗教相对立，不与自然相对立、不与科学技术相对立。钱穆先生也讲过这个道理，唐先生也讲过这个道理。中国文化的人文精神其实涵盖了宗教，它不和宗教相对立。中国文化涵盖包容自己、尊重自然，它又不和自然相对立，它也可以发展出科学技术，也不和科学技术相对立，所以中国的人文精神要深度发掘。不可单面化的理解，不是上午我说到的胡适之、陈独秀、鲁迅所理解的西方文化，他们把西方文化变得很干枯了，把现代化也变得很干枯了。为什么现代化就不要礼乐呢？为什么礼乐文化不可以和现代生活相结合呢？我们不是开始结合起来了吗？所以追求科学民主，不一定要像胡适之、陈独秀、鲁迅他们所强调的那样，一定要把中国文化打倒、打死、全盘推翻，不是的，这是两个概念，不要把范畴措置起来。

所以中国传统人文主义的思想是以人文化成天下，化者变也，以人文化成天下，转化成一种多面向的生活。人文要通于自然，我们要贯通于自然，人心要有所承于天，天赋给我们精神的东西，也要贯于地，天地人相贯通。天地人三才统合，这就是最完满的一种人文主义，是中西会通的人文主义。我们来解除现代世界、中国文化的偏颇，追究中国文化不是不可以，但是要看到中国文化的精神非常博大，可以创造性的转化，为当代人提供很多的滋养。中国文化的一些弊病、缺点可以克服。所以唐君毅先生是一个伟大的儒者，他一生实践儒家的精神，他做到了三不朽，立德、立功、立言。他勤奋地读书、教书、写书，他开办了很多文化的事业，办了一些杂志、学校，参与校政，关心社会、批评当下。唐君毅先生有很多的创新。这是我今天给各位介绍的唐先生。

二　牟宗三及其道德形上系统

牟先生也跟唐先生一样是做哲学的。牟先生是一个智者型的人物，山东栖霞人。他是康德哲学和儒学的专家，一直在寻找儒家人文主义形上学的根据，来重建儒家道德的形上学。他的代表作有《心体与性体》《智的直觉与中国哲学》《圆善论》《现象与物自身》等。他是北大哲学系毕业的，他是非常善于哲学思考的，分析性很强的一个学者。他说中国文化有综合的尽理精神，这很好，但是有弊病，这个弊病就是以个人的姿态向上透，可以成就圣贤人格，也可以成为大艺术家，成为艺术性的人格，这是基本的情调。但是问题在于老百姓、人民不能在政治上自觉地站起来，而成为主体的人。他觉得中国文化有一个很大的问题，他学习了西方文化、西方哲学，他觉得有个性的个体的建树，应该是中国文化要弥补的一个方面。

由于古代专制主义的体制，对皇帝没有政治、法律上的制度限制，而只是不得已之下，农民以起义打天下的革命来解决问题。它的政道不能出现，只有治道没有政道。唐先生他们不是不检讨中国文化，他们有很深的检讨。唐先生检讨的是中国文化没有在用上展开。在这里，牟宗三先生说的是中国文化缺少了一个环，在人性的表现上，在知识方面说，它缺少了"知性"的一环，没有展开西方的逻辑、数学和科学，虽然也有中国的逻辑、数学和科学。在客观的实践方面来说，又缺少政道的一环，没有展开现代的民主政体，不能出现西方近代化意义上的国家、政治和法律，因此这是我们要学习西方、弥补自己缺陷的重要方面。

他讲儒释道三教基本上是生命的学问，它不是科学技术，它是道德的宗教，重点还是在人生的方面，一种精神的满足和愉悦。研究的中心是精神生命的心灵和人生本性。内圣学方面独立发展，修养方面独立的发展，心性学方面有独立的发展，外王学方面、政治学方面、社会学方面没有展开、没有畅通。所以他说，我们可不可以顺着明清之际的顾炎武、黄宗羲、王夫之的健康路线，吸纳西方文化，"转活"生命的学问，开启一些制度的文明，独立发展事功方面、外王学方面、政治方面、科学技术方面等，这些方面开得不够。他借助黑格尔的话说，他说过去在道德无所不包的状况下，我们可不可以让开一步？以便让科学、政治从中分化出来,出现科学的独立性和政治的独立性。可不可以? 他说让科学、政治和道德心性相脱离,离开一步、让开一步,道德理性来展示、表现的过程中让开、绕过,在这样的架构表现中,逐渐展开政治生活的独立性、科技生活的独立性。

所以以仁德为核心的中国文化、儒家文化具有永久的价值,非常了不起。我们还要丰富它、改造它、转化它,它的了不起在于有内在超越的精神,它不是一般的道德文明,它有和天道相结合的超越精神,另外是道德的理性主义和理想主义的结合,是儒家的人文主义。我们把内在性的生活和超越性的精神,宗教性、终极寄托性的东西贯通起来,这个可以成圣成贤,可以上达天德、默契人心、印证天道,回归到一种天人合一的境界。我们今天讲的天人合一大体上只讲到人和自然的合一的层面,其实天人合一不只是人和自然的合一,天人合一还有人和天道的合一,人的心灵和宗教性的最终的寄托、信念的合一。大家可以到香港中文大学最高的山上,那里有钱穆先生九十六岁高龄写的一篇文章,刻在那里,讲天人合一。那个天人合一主要是讲人和天道的合一,不只是人和自然的合一。这个"天"有自然的天,有道德的天,有精神信念的天,有最终心灵归属的超越的上天,这样一种天人合一境界。

所以道德的理想主义又称为理性的理想主义或者理想的理性主义,孔孟文化生命与德慧生命所引证的良知本体仁心,用康德的话来说,它既是实践理性的,本质上又是至善的东西,是人间一切理想、一切价值的根源。我们要包容形下层面的科学,科学的发展使得很多人只知道科学而不知还有价值和德性的学问,人类精神外在化了。批评西方是这样批评的。至于批评中国,前面所说到的,没有把科学的独立性、政治独立性、学术的独立性展开出来,这是对中国学问的扬弃。

对西方学问的批评，他是说西方现代科技发展很厉害，但是许多人只知道科技，不知道科技之外还有道德的价值、德性的学问、精神的依托，人类精神都变得外在化了、工具化了，这是对西方文化的批判。儒家的人文主义是儒家的历史文化对人性、个性、人格等精神主体的肯定，我们的人文主义要得到广阔的发展，要接上中国儒家文化"怵惕恻隐之心"的仁德，这样一个道德实践的主体。牟先生两面说，反复地批评，批评之中又加以提升、转化。我们儒家文化讲仁义礼智、仁德之心，在一定意义上也就是恻隐之心，孟子讲恻隐之心仁也，恻隐就是"怵惕恻隐之心"，这些名词都是讲的人在一种处境，有不安、关爱、怜悯之情。

比如孟子向梁惠王、齐宣王游说的时候，就引导他们。比方说齐宣王看到人们要把一头牛拉去杀了，用牛血来衅钟。古代杀牲以血涂钟行祭，用牲畜的血涂器物的缝隙。一个祭祀活动的时候，要用牛血涂在新钟上，才能开始敲这个钟，开始祭祀活动。齐宣王说为什么把这头牛拉去杀掉呢？他说，就换一头羊吧。孟子说，这不是因为羊小牛大，羊便宜些牛贵一些吧，而是因为你亲眼看到这头牛将被拉去杀掉，你就有了不忍之心，好像感觉牛在颤抖一样。儒家把不忍之心、恻隐之心，强调为仁德的萌芽、基础。

这是道德主体的发端。儒家的人文主义要接上西方的传统，一定要肯定民主政治，要肯定科技文化。所以他强调知性主体和政治的主体的展开。

关于主体，牟宗三的贡献有这么几点。第一点，他提出了新时代人的主体性的多维性，人不只是一个道德的主体，这个主体同时可以分化为知识与知性的主题、政治的主体、艺术的主体等。第二点，道德实践、道德理性、道德主体，它的自我坎陷是让开一步，放低下一点。这是一个深刻的辩证智慧。这里讲辩证发展的必然性，不是指逻辑的必然性，是黑格尔式的由逆转、趋同、转折、突变，所以并不是所谓老内圣开出新外王，而是要把道德的主体转成一种低下一点的实践生活的主体。第三点，批评中国传统文化历来只有治道而无政道，有道统而无学统，要展开学统、政道。第四点，新的三统之说，道统、治统、学统，意在于强调学习西方文化，重视"知性主体"，开发学术方面的科学，开发出政治方面的民主体制等。所以，他说中国的政道和事功，在理性的架构表现和外延表现不足，要把它转出来。肯定尊重生命、尊重个体内容的表现，转出体制上对自由、人权确认的外延的表现，这是他的一套讲法。

另外，他说，人在现实上，当然是有限性的存在。我们人由于时空条件的限制，虽然我们是一个完整的人，但是因为时空条件的限制，把我们变成有限的人。人虽然是有限的人，虽然在一定客观的时空条件下生活，受到各种各样的束缚，但是人有无限性、超越性。这个就是理想主义所讲的本质，这也是中国儒释道三教所讲的核心。这个核心在于什么？在于中国儒释道三教都讲智的直觉，智的直觉就是良知的体悟、体验。儒释道三教都讲道心、仁心或者智慧，它有一个主体机能，它有一种无限性的精神生活的拓展，所以我们还是有限的人生，可以实现无限的价值和意义。

他从义理上批判康德哲学，也批判海德格尔的哲学，也批判海德格尔对康德的批判，他提出了一种基本的存有论的哲学架构，建立了一种中国哲学性的主体思考。他说，儒释道三家都是生命的学问，有人生道德、超越的境界追求。儒释道三家虽然指出了很多缺陷，知性的方面、制度的方面展开不足，但是有它的优长。它有两方面的存有论,他对三教的成圣、成佛、成真人的境界都加以论证。另外,他又说,儒释道三家都肯定良知的自觉体悟,良知的直觉和当下的呈现,证明三教都有主体意识,都有自由无限心的展示、展开。这种自由无限心既是成德的根据,又是存在的根据,他肯定人格境界过程中要有实践的工夫,就可以追求这样一些境界。

牟先生最后和唐先生一样,也讲到境界追求的体验。他说,我们人在现实生活中由于客观条件的限制,不可能没有局限性,都有局限性,但是人还是有他的无限性。人其实也是有神性意义的人。他说人的有限性中可以展示出无限性的一面,当然我们一代、一代人累计起来,也是无穷大的人,也是有一种无限性。所以我们的前辈的学养、道德、文章,后辈人继承他,这也是人的无限性的过程。同时个体人也是这样,今天我们还在讨论五百年前的王阳明,今天还在讨论已经故去的新儒家人物。说明人的影响力、精神生活,虽然肉体的人去了,但是精神方面还在影响后人。所以主体性的人、精神性的人,不只是一个有限性的人,也有无限性的方面。从内的存在和个体的存在都可以思考人的无限性。

牟宗三先生借助康德、黑格尔哲学的思想架构、观念,他对西方哲学的研究很深刻、很全面,他用以改造儒释道诸家思想,用中国的智慧反省、批判西学。他用自律的道德诠释儒家仁义的学说,他强调智的直觉,这个直觉就是一种生命的体验,就是一种良知的发用。他强调从康德的现象和"物自身"的架构中,开发两层生命的存有论,开展出一种新三统之说。

他给我们的启示有这样几点。第一点,中西哲学的相互解释与会通是当代中国哲学转型的重要途径,一定要深通西方哲学,不是浮面地了解西方哲学,使中西哲学互通。第二点,中国哲学的主体性、自主性,要确立、彰显出来。第三点,提出了诸多有价值的论域与思路,启迪后学,融会中西文化,创造出新的哲学系统。以上讲的是现当代新儒学智者型的人物牟宗三先生的哲学体系。

三 徐复观的忧患意识与礼乐观

第三方面,我们讲一下勇者型的人物徐复观。徐先生长期在军政界工作,他曾任蒋中正先生侍从室的参谋、秘书,被授少将军衔。蒋先生曾经派他到延安,抗战的时候他曾经在延安住过一段时间。徐先生浠水人,熊先生是黄冈人,他们的老家隔得很近,都是上巴河地区。抗战时在后方,他要拜见这个同乡前辈熊先生。他穿着少将军服去见熊先生,熊先生劈头盖脸把他骂一顿。他在熊先生面前夸夸其谈,说王夫之(王船山)的书他都读了。熊先生把桌子一拍,你是怎么读的王船山?你讲讲王船山吧!徐复观讲了几句,觉得王船山没有什么了不起。熊先生说你完全没有读懂,回去再跟我老老实实重读。熊先生要打掉他的气焰,要他好好地、原原本本地读书。

徐先生后来回忆,熊先生给了他起死回生的一骂,不要轻浮,对古圣先贤一定要谦虚。徐先生以前是武昌国学院的出身,有一些国学基础,但是主要在军政界生活,五十岁以后才做学术的工作,写了很多的书。他潜沉于中国文化思想史的研究中,他一生又在学术和政治之间,以传统主义卫道,以自由主义论政。他写东西很快,写了很多评论时政的文章,他有道德勇气,他肯定中国知识分子的使命、入世关怀、政治参与精神和不绝如缕的牺牲精神,以价值理念批评、指导、提升社会政治的品格。这也是知识分子应当做的事情。

在文化上他是中华民族文化执着的守护者,他曾经誓言要为中国文化当"披麻戴孝的最后孝子"。他的代表作有《中国人性论史》（先秦篇）《中国艺术精神》《两汉思想史》《中国经学史的基础》和《中国思想史论集》及其续编等,通过对周秦汉,特别是汉代社会政治结构的探讨,深刻鞭笞了中国传统的专制主义政治。他的鞭笞深度绝对超过了西化派,又不像西化派那样,任意毁辱中国文化。批评是批评,但应当是理性的,他同时肯定中国文化的精神价值。他提出了一种"忧患意识"的学说,"忧患意识"这个概念是他提出来的。他说,殷周之际,西周初年的时候,学者们开始精神上有了一种自觉的表现。

西周初年周公展现出一种"敬"的意识,后来朱子特别重视这个敬,曾国藩也特别重视这个敬,敬畏的敬,严肃认真的态度。所谓敬德、保民、明德的观念,这就是忧患的警惕性。这样一种精神的内敛集中,转化为对各方面社会事务的谨慎、认真的心理状态,反省自我、规范自我,然后成为一种心理的状态,这就是忧患意识。它和宗教的虔敬好像相近似,但其实有不同,这里面有主体性的升华。所以徐先生讲,这不是被动的警戒心理和消解自己的主体性,而是自觉、主动、反省、凸显自己的主体性和理性作用的心理状态,这叫忧患意识。

他说,太史公司马迁也有忧患意识,他的《史记》所发掘的是,究天人之际、通古今之变、成一家之言。历代儒家做了这个工作,其实是通过各种方式,为民族为人民而尽心竭力。历代儒家并不是阿附权贵的,主流是反抗专制,缓和专制,在专制社会中注入了很多开明的因素,使得专制的条件下保持了一线民主的生机,这样的一种圣贤之心、隐逸之士,道家的隐逸、儒家的圣贤其实都是在缓和、反抗专制社会。

现在西化派很轻浮,把传统文化一股脑打掉,认为儒释道三教都是阿附王权的,其实根本不是这样。司马迁反映出来的是史学家、文学家面对人民的呜咽悲鸣的呻吟，以及仁人志士、忠诚义士在专制中所流的血和泪。我们的《史记》《汉书》、正史、野史展示出来的是，专制政治阻碍、压歪了儒家思想正常的发展，但是儒家思想在长期的适应、歪曲中，又修正、缓和专制的毒害，不断给予社会人生以正常的方向与信心。恰好是一个纠偏，所以中华民族度过了许多黑暗年代，假如没有儒家、道家、佛教会怎么样？

我们和西方文化的比较，同样是耶路撒冷发源的基督教、伊斯兰教、犹太教，三大宗教打得不可开交，一直到今天，还是整个世界不安宁的主要因素。中国主要是强调和合心，儒释道三教之间并没有流血的冲突，像西方宗教战争那样的惨烈的过程和后果。所以中华文化幸好有儒释道三教。中国的文化配置非常好，诸子百家、儒释道三教。唐诗里面有李白、杜甫、王维，王维是偏重于佛禅的情怀，杜甫是儒家的情怀，关心社会人事，李白是道家的情怀，恰好也是一种多元因素、基因的补充。所以在许多黑暗的年代，由于有了儒释道的思想、精华，乃至于在文学上的反映，先秦儒家基于道德理性的人性，建立起来的道德精神的伟大力量，支撑了我们民族伟大的复兴，支撑了民族文化的生长，列祖列宗、历朝历代人的生长。

儒家发展到孟子，凸显了人的道德精神的主体。道家发展到庄子，凸显了人的艺术精神的主体。你看我们中国的艺术，无论是音乐、美术、舞蹈、戏剧等各种艺术，乃至于泼墨的山水画和书法作品中，都有孟子的艺术精神、庄子的艺术精神、儒家的艺术精神、道家的艺术精神在背后，活脱脱有一个孟子、一个庄子在背后。孟子儒家给的是一种进取、阳刚，庄子道家给的是一种空灵，这就是中国艺术的两元。一个是空灵，一个是充实。中国艺术精神和西方不同，强调的是人格在根源上的涌现和转化，大家要了解中国艺术，要读读徐先生的《中国艺术之精神》。中国文化的艺术精神,穷究到底就是孔子、老子展现出来的儒家和道家的两种典型。儒家的和合性、儒家的仁德、儒家的音乐之美,虽然《乐经》没有传下来,但是通过《乐记》《乐论》《乐书》来了解。尽善尽美,道德和艺术之间的统一,儒家做了这方面的工作,可以作为标志。文学方面,儒释道三家相融成为中国文学的精神。庄子展示的典型是纯艺术的精神,主要结合在绘画、书法等方面,以及其他的艺术部类。我们要读一点老子、庄子,升华我们的意境,这样才能理解我们古代的音乐、美术、艺术。

所以礼乐教化显示了中华文化的深度,西方文化没有礼,不是西方人不重视礼貌、礼仪,而是西方文化没有中国文化的这种宗教、政治、社会、教育混合在一起的礼。这个礼就是人文化的宗教,是道德性人文精神的自觉。乐是仁的一种补充,它是仁德的表现,是美与仁德的统一。乐的本质是美和仁德的统一,是仁心、爱心的一种展示。所以孔子谛听古乐,展示了仁德,恰好是乐中有仁德,仁德中有乐,我们的孔夫子也是很懂乐,很懂艺术的圣人,他也和很多乐师相会通。我们早上讲到繁体字的"聖",有一个大耳朵,听觉发达,要有谛听的智慧、听古乐来养心的智慧。所以礼和乐相配置的中华文化、中华人文非常有深度,中国走上社会政治的民主、科技的昌明,完全可以不必反对礼乐文化。礼乐文明恰好有深度,可以补充科技、政治平面化、表面化的不足。

仁德是道德,乐是艺术。孔夫子的尽善尽美,他把艺术的尽美、道德的尽善,结合了起来,融会在一起。这是怎么可能的呢?因为乐是正常的一种本质,和仁德的本质有自然相通之处。乐的正常的本质可以用一个和合的"和"相概括,中国人的性相是"和",综合、平和,不要扭曲,不要偏于极端。西方的宗教老是排他性的,偏于极端。中国讲和，讲不偏不倚，讲和合、中道，有一定的道理。昨天我们讲的家书里面，有很多要心平气和，人要变化气质，心态要平和，这也是"和"的一个境界。大家到紫禁城去看，有太和殿、中和殿、保和殿三大殿。

所以徐复观先生阐发了音乐、艺术在政治教化、人格修养上的意义。乐的艺术，首先是有助于政治上的教化，进一步为人格修养、向上的发展，达到仁的理想境界，有一种工夫的修炼过程。所以在这两层意义上，乐的教化是顺乎我们的情感加以诱导。中国人讲和乐，中国人讲先养而后教。昨天我们讲了教养，先要养，要养民、惠民。中国的儒生强调，历朝历代的政府、政治家首先要把养民放在第一位，要给人基本的生活资料。孟子讲八口之家、五亩之宅、百亩之田。当官不要讲这些功利的东西，但是要给老百姓这些：一百亩的田地、五亩的宅院，还要树之以桑麻，还有几口之家的基本生活资料。

所以要先养后教，要养民还要教民。中国历朝历代的政府有一种责任，不仅要养民，还要教民。西方的古代政治没有这样的讲法。同时要重视人民现实生活中的要求，要重视人民情感上的要求。礼是禁于未然之前，礼的防范、规矩是在我们没有犯罪犯错之前，因为礼也带有法的内容，礼是宗教、政治、法律的综合，禁于未然之前是防范性的、消极的、被动的。乐则是顺着我们的情感，将萌未萌之际，把这种正当的情感抒发出来，当然有美感。关关雎鸠、在河之洲，当然有这样一种爱情的美。我们要合情合理地鼓励，情感正常、正当的抒发不多、不过度，"乐而不淫，哀而不伤"。所以在鼓舞中使人向善，抛弃丑恶，这是积极的教化。礼是防范性的、消极的教化，乐是鼓励性的、积极的教化。

在社会层面上建立群居而不乱、体情而防乱，既有秩序又有自由的合理社会风俗，当然要秩序化，不能乱。但是也有个人的自由空间在里面。所以礼不完全是制约型的,在个人修养层面上,人的修养根本问题,乃在生命里有情与理的对立,情、理之间总是有张力,礼乐是要求能得情与理之中道。合情合理就是好法,礼、法、情适度平衡。

徐复观先生在礼乐这方面的贡献:第一,把礼定位为人文化的宗教和道德性人文精神的自觉,发掘了春秋时代礼学的内在价值,特别是阐明了敬、仁、忠信、仁义的关联及与礼的密切联系。第二,肯定并发挥了"乐"在道德境界和艺术境界会合上的意义。第三,肯定礼乐在政治教化、社会和谐、个人修养上的作用。

我们知道徐先生也是一个感情充沛的人,他一生都想着鄂东地区,他的家乡。他是穷乡僻壤成长起来的思想家。他晚年总是梦到他的母亲,他出生的湾子。我们去过他的家乡,现在都还较穷。他说自己真正是大地的儿子,农村地平线下面长出来的儿子。他将农村看成是中国人生命的源泉,他把自己的生命永远和湖北浠水故地破落的湾子连在一起。他乡音未改,死后夫妇两位的骨灰都回葬到家乡的家族墓地,和家人在一起。徐复观五十岁以后才做学问,他的思想非常敏锐,他有很多的建树,这是港台新儒家第三位代表。

四 现当代新儒家的贡献与问题意识

最后一个问题,不只是唐、牟、徐,还要讲讲包含早上讲的熊先生、梁先生、马先生,以及唐、牟、徐的学生辈杜维明、成中英、刘述先等人的思想,总体上把现当代新儒学思潮的问题意识和主要贡献,让大家了解一下。

"五四"以后的主流是西化、现代化的诉求,同时又有一种思潮,好像是逆历史潮流而动的保守主义的文化思潮,其中坚力量是现当代新儒学思潮。现当代新儒学是整个保守主义文化思潮的一部分，包含有东方文化派、学衡派等，也很复杂。这样一些人物常常是站在潮流的中间，呼应潮流，同时反潮流，思考这些潮流中的问题。

其实根据人文学术界的研究，国际学术界的研究，在德国、东欧、印度、阿拉伯世界，更主要的是在中国，都有所谓文化保守主义的思潮。这个保守不是指政治思想的保守，主要是讲文化精神的保守，守住各自族群文化的基本精神。所以在印度、中东、德国、东亚、东欧都有类似思想家，俄国也有。大家到欧洲去看看，都是一个一个小小的城堡，小国寡民。当拿破仑的马队打到德国以后，德国的启蒙主义的思想家反省的是，我们要法兰西文化的启蒙精神，但是我们不需要一个法兰西文化，我们日耳曼文化不能臣服于法兰西文化。后来当美国文化向法兰西推展的时候，法兰西文化人发出的声音是要抵制无孔不入的美国文化和英语对法国的侵占，要保留法兰西文化和法语的民族特性。

其实在世界人文学界都有所谓保守主义，它不是政治的保守，它是文化的保守。这个保守也不是落后的意思，不是那种贬义的意思。唐、牟、徐先生在维护、发掘、发挥、发展中国文化的精神价值和融合中西、重建新儒学上有着一致性。

从学术渊源上看，他们都重视先秦、宋明的儒学，特别是孟子和陆王心学一系。唐君毅偏好黑格尔和华严宗；牟宗三偏好康德和天台宗；徐复观偏好司马迁、史学家和道家文化。从学术风格上看，唐先生宽容、圆润；牟先生严峻、明晰；徐先生激情、刚强。

唐先生在哲学方面的创造，前面说到的是文化哲学的重建。西方也有文化哲学，他也消化了西方的文化哲学。他着重诠释和高扬人文精神，对人文世界的方方面面都有广泛涉猎和深弘肆意地发挥。

他的出发点还是道德的主体性，即：道德自我，我们讲到的道德的自由、道德的主体性，自己跟自己下命令。他由此推扩为生命存在与心灵境界，后来发展为九重境界的提升。精神的主旨还是道德的理想主义或者理性的理想主义。他对所有的思想资源都缺乏批评，他的缺点是这个，他的包容性太强，论证的逻辑性不如牟先生那样清晰。

牟宗三先生在哲学方面的创造主要是在道德形上学方面，通过智的直觉，也就是良知的坎陷，智的直觉体验、体悟，建构了两层的存有论，形上、形下两层存有论的道德形上学系统。他透悟康德，借康德来发挥儒学与自己的哲学。他精研中西哲学，干练，逻辑明晰，是最有系统性和深刻见解的一个哲学家。当然他的缺点是比较偏执，不如唐先生那么开放、宽容。他认定一条以后，一定要往那里走。哲学家们都有各自的特点，他代表北大哲学家那种明晰的分析。同时，他也有哲学的一种建构，形上学的一种建构。这就是现当代新儒学第二代的牟宗三，是他们的一个核心人物。

徐复观先生对先秦两汉思想史、中国艺术史下了极大的功夫，有精到的研究。他的政论杂文闻名于世，他在港台报刊上发了大量的政论，文思敏捷，下笔很快，很深刻，检讨各种问题，眼光独到，极具批判锋芒。他是了不起的思想家，是最能与自由主义相契合的保守主义者。他有庶民情结，强调具体的生命体验。他特别表现了儒家的抗议精神，他所留下的大量的时评，与思想史著作相得益彰，颇能表现他的风骨和他的学术特点。他是从人的具体生命与生活的体验出发，来做学术研究的，他的学术与人民的生活有密切的关联。

总体上，我们看三代四群十多位现当代新儒学学者，他们的理论贡献和问题意识有：

第一点，长期以来，人们把传统文化与现代化对立起来，保守主义思潮、新儒学思潮要跳出传统文化、现代化二元对峙的模式，反省所谓现代性，指出有多元的现代性，重新思考东亚精神文明与东亚现代化的关系问题。我们华人走上世界，东亚还有其他的族群，像汉字文化圈、儒家文化圈的朝鲜半岛、日本列岛、东南亚这一带都是汉字文化圈或者儒家文化圈的文化。当然还有西亚文化。东亚文化、西亚文化、东亚的现代化、西亚的现代化和西方的现代化都不一样，西方现代化也有一个过程。

我刚刚讲到从西欧到东欧的转进，从法国到德国的转进，从德国到东欧的转进，从东欧到苏联的转进，这个过程非常复杂。现在新儒家们肯定现代化有自身的精神、制度、人才资源，现当代新儒学提出了现代性中的传统、现代性的多元倾向以及从民族自身文化资源中开发出自己的现代性的问题。现代化不等于西化，尤其不等于美国化，它是一个多元的现代性。现代性在西方诸国有不同的内涵和特质，其在东亚及世界其他地区也应当有不同的形式、内容与精神。在东亚诸国家和地区的现代化过程中，在它的地域与民族的传统文化中，大传统和小传统已经并将继续起着巨大的多重作用。比如小传统中，勤劳、勤俭持家、家文化、因果报应思想，这些东西都对东亚的经济起飞起着多重的作用。所以，在一定层次和程度上创造并丰富了现代化、现代性的新模式，中国大陆的现代化更是不可同日而语，有他们的一些特点，不能把美国作为唯一模式，这是第一点。

第二点，强调文化中国、文明对话的重要性。除了一个政治的中国，还有一个文化的中国。所谓文化的比较，文化对话和融合，现当代新儒家也做了大量的工作。我们讲到文明对话和沟通，是如何可能的呢？首先是民族文化精神的自觉自知，如果某一种非西方文明，包括印度、阿拉伯、东欧等，或所有的非西方文明，都失掉了自己的本己性，成为强势的西方文化（西方文化也很复杂）、美国文化、英国文化的附庸，恰好使得文明对话成为不可能的事情。要讲文明对话一定要有文化自觉，否则怎么对话？ 自己对自己的东西都不了解，怎么对话？ 自己的文化主体性都没有，怎么对话？ 当然，自己文化主体性的建设也是尊重别人文化、融合别人的文化的过程中来达到的。

杜维明先生讲，我们要向两方面开放，一方面不要狭隘地理解西方、近代英美工具理性的文化和只突出富强价值的西方，而要把西方之所以成为西方的精神源头充分开放，我们要了解基督教、犹太教、回教在西方的文艺复兴时所起的积极作用，要了解希伯来文化、希腊文化、罗马文化，要了解古希腊的哲学智慧，要了解长时期的中世纪文化对西方的影响。不要把西方文化简单化。两方面开放，还有向东方文化开放等，这是第二点。

第三点，中国文化的价值、儒家的价值和全球伦理、环境伦理、生命伦理的一种创造转化。1993 年，欧洲的学者，也是宗教人士的孔汉斯先生起草了《世界伦理宣言》。1993 年在芝加哥召开的 6 500 多位世界宗教领袖的大会，通过了他起草的《世界伦理宣言》。这个宣言把孔夫子提出的"己所不欲、勿施于人"的原则放到了重要原则的地位。他强调人之所以为人有四条底线——不杀人、不奸淫、不偷窃、不说谎，前三条是法律强制我们做到的，第四条是诚信。各宗教文明、各文化都要强调诚信，这是人之所以为人的底线伦理。还有两条基本原则：第一条基本原则是人必须把人当人看，这个人或许是战俘、囚犯，或者是智障的人，你都要把他当人看。第二条就是孔夫子的"己所不欲、勿施于人"，它是孔夫子提出来的最有哲理性的命题。其实这是消极层面的一种伦理，积极层面乃是"己欲立而立人，己欲达而达人",自己想在社会上站立起来,自己想通达于世,也应想到周遭的人、别人也要站立起来、通达于世。反面的讲法是将心比心,己所不欲、勿施于人;正面的讲法就是"己欲立而立人、己欲达而达人"。积极地讲是忠,消极地讲是恕,这两者结合起来就是仁德、仁爱。

一个族群、一个文化的人,尊重自己的先辈也就是尊重自己。我们反对狭隘的民族主义,但是我们要强调对先圣、先贤的尊重。恰好,全球伦理的讨论,各宗教、各文化、各族群有没有一种普遍的伦理、普遍的价值? 还有生态这样破坏,有没有一种环境的伦理? 还有我们今天的生命,人也有生命,动物也有生命、植物也有生命? 我们怎么样对待? 怎么样用一种不伤害的原则? 儒家的恕道里面有大量不伤害原则,不侵犯别人的权益、不伤害别人。儒家的恕道、诚德都是这个意思。

昨天我讲了《朱子家训》,都有这样的内容在里面,尊重别人。不要小看我们的家训,培养孩子都要从小培养起,尊重人。所以既尊重差别性又平等互待,这是全球伦理、生态伦理特别强调的问题。生态伦理也是这样,人当然要吃动物,人当然也要吃植物,人不可能不吃动物、不吃植物。你说你是素食主义者,但植物也有生命。今天西方的环境伦理中强调,由于生存竞争,人可以在一定的范围内吃动物、吃植物,我们古代儒释道三教都讲这个问题,其实有一种分寸。王阳明的生态伦理也讲到有一种分寸。就是要把这种分寸讲出来:人对动物亲一些,人对植物稍微疏远一点。人对植物亲密一些,人对微生物又稍微疏远一点。但是在生物的形成和人的关系、人的伦理上,要尊重动物、植物和不同生物圈层自身的价值和意义。虽然我们要吃动物、植物,但是我们要尊重动物、植物。生态伦理学有这样的意义,儒家的伦理中也包含生态伦理的意义。

爱有差等，不在于说爱的等级、序列，而是说我们是平凡的人，我们当然爱自己的亲人，又通过这种体验，把对亲人的爱转化为爱社会上的其他人，如邻人和陌生人，然后推广到爱草木鸟兽、瓦石山水。所以像宋明理学家，没有不讨论窗前草的。他们尊重瓦石山水，甚至用过的器物，更尊重草木鸟兽等。传统和现代、一元和多元是非常复杂的关系，我们调动儒家资源来参与新的环境伦理、生命伦理的建构，已经成为一个热点。比如《中庸》里面讲，天地人物各尽其性，尽人之性、尽物之性、尽天之性、尽地之性，充分发挥我们的本性，这个原则为历代的儒家所重视，这是一个重要的生态伦理和生命伦理的生长点。所以要有敬物之心、敬人之心。

除了各尽其心之外，还要充分发挥各物的生命潜力，充分发挥天地万物的生命潜力，让它们各安其位、各遂其性，得到充分的发展。动物、植物、人虽然有冲突，但是我们要和谐地生存下去，使这个地球在世世代代的繁衍过程中，和天地人物和合性地生存下去。中国古代有一种长久的智慧。中国古代人讲久远的久，讲可大可久，不像我们今天这么短视，只想到这一两代，穷尽我们的资源，没有想到子孙后代还要栖息在这个世界上。现在对土地、水资源的破坏无以复加。一个重要的生命伦理的生长点是，讲尽己之性、尽人之性、尽物之性，让天地万物各遂其性、各适其情，也就是参赞天地万物之道。反过来说，这又能使自己、他人和天地万物都得到充分的生长、发展，使得各物能尽其性分。

儒家的道理很简单，讲究仁德、仁爱，但要展开非常繁复。王阳明的思想很简单，即致良知。他早年讲的是心即理，后来讲知行合一，再后来晚年跟他儿子讲的就是致良知而已。道理很简单，要悟透它不容易，而且要实践出来更不容易。所以儒家主张人和天地万物为一体,王阳明的《大学问》发挥这个思想,以及儒学中的自律、仁爱、不伤害、公义的原则,均有重大的价值和世界意义。为什么我们一定要把它们置之死地而后快呢?这就可以接植西方的伦理、西方的价值吗?其实把自己族群的文化理解得越深刻,你就越能接植、吸引、吸纳外来的文化,这是一样的道理。你对外来的文化理解得越深厚,对自己的文化也会理解得越深厚;你对外来的文化本来就是半瓢水,自以为是专家,那对自己的文化就不会理解得深透,这是相辅相成的。

第四点,儒家与自由主义。现当代新儒家对西方的思想和中国的思想都有非常透彻的了解。相对来说,道统、学统、政统、治统的制衡是新儒家所关注的一个要点。新儒家都有对民间社会言论空间的坚持与发挥。就自由主义者必须具有的独立的批评精神、批评能力和批评政治的道德勇气、担当精神而言,就自由、理性、正义、友爱、宽容、人格独立和尊严等自由主义的基本价值而言,就民主政治所需要的公共空间、道德社群而言,就消极自由层面的分权、制衡、监督机制和积极自由层面的道德主体性而言,儒家社会、儒家社群、儒家学理都有可供转化和沟通的丰富资源,只要好好读一点书就会懂得。

第五点,儒学的宗教性和超越性。应从精神信念、存在体验的层面肯定儒学具有宗教性。它不是宗教,但是它具有宗教性。我们古人害怕进入一种宗教以后,有一种独断性和排斥性。性和天道的思想是儒家的宗教哲学的一个基本的理论。天道和人性打通。安身立命的为己之学不是为人之学,不是做给别人看的,是自己受用的为己之学,它具有内在的宗教伦理的意义。儒家的天与天道既是超越的,又流行于人世间,没有把超越和内在性打成两截。所以超越性指的是神性的意义、宗教性的意义。我们又可以表示出现实性和理想性或者是有限性和无限性之间的张力,现实和理想、有限和无限总是有冲突的，但是内在的超越把它们结合起来。根据中国的理念、三教天人合一的思想理念，高高在上的天道和我们人的良知、本性、本心是相通不隔的。天道和天具有神性的意义，人的良知、本心也因此而获得神性。所以具有神性意义和义理的天，并不是只指外在的自在之物。不只是自然之天，天也是一个本体价值论的概念，它的认识论意义是十分淡薄的。

所以超越的价值理想追求，可以通过人的修身增德，在充满人间烟火的滚滚红尘中实现。人不脱离家庭、不脱离社会、不脱离滚滚红尘、不脱离人应当的利益追求，但他还可以有超越的理想价值追求，这个与基督教的超越不一样。儒家讲中庸之道，即在日用伦常间有理想、有道德，有这样一种智慧。西方人文学界的主流，现代以来不再是针对神性，而是针对物性，针对着科技的膨胀和商业的高度发展——像今天中国的商业化极度发展——导致的物欲的泛滥和人的异化而展开批判。近代以来的文明社会，带来人的精神的世俗化与物化，使人的高级的精神生活品质日益下降。

唐君毅先生讲，现代人面临的荒谬的处境，西方荒诞派的文学家们笔下的一种荒谬的人生处境，用中国人的话来说就是，上不在天，下不在地，外不在人，内不在己，是一个孤独的人，孤绝的人。而中华文化的精神强调天、地、人、物、我的和谐共生，完全可以和西学、现代文明相配合。它不反对宗教，不反对自然，不反对科技，又可以弥补宗教、科技的偏弊，和自然相和合、相和谐，因而求得人文和宗教、人文和科技、人文和自然调适上遂地发展。

作者应邀于 2017 年 3 月 12 日在宁波图书馆天一讲坛所作讲座，此据录音整理。

试谈儒学的创造性转化

儒学向上向下，向内向外，在理论与实践上的新发展，我以为有以下四方面值得深究。（1）儒学创造性转化的前提——社会上层与下层对儒学的认同。（2）民间大众儒学的发展，从梁漱溟乡村建设到乡村儒学、社区儒学。（3）儒学面对现代性的正、负面能提供什么（助缘或批判与调适）？如何治疗现代疾病？儒学在建设现代道德的政治、道德的经济、道德的社会中的作用如何？如何应对人生存的意义危机与生态危机？职业伦理、社群伦理、生态伦理、全球伦理的建设如何进行？儒学对当今世界的积极贡献是什么？（4）唤醒国民的良知。良知学的现代意义。从王阳明到熊十力的大本大源之重建。信仰，心灵皈依。

一　为什么要谈民间儒学和国学教育？

这是因为我看到，尽管儒学以及以儒学为核心的中国传统文化，在过去百年里饱受诟病，但儒学的价值并不因此而沦亡，它以自身的草根性，仍活在百姓日用伦常之间。我深知，民间家庭、社群、人性、人心之主流，老百姓的生活信念和工作伦理，还是儒家式的，主要价值理念仍是以"仁爱"为中心的"五常"（仁义礼智信）。正是以此为基础，近年来民间社会自发兴起了"国学热"，自下而上地推动了对传统文化的再认识、传统人文价值的再发现。这就是我所说的民间儒学、国学的草根性的基本内涵。我希望能有更多的儒学工作者走出书斋、走向社会，将"百姓日用而不知"提升为自觉自识，推动国学真正热起来，成为标志着今日中国发达程度的文化软实力。要达到这一目标，离不开对青年人文化观念的培养。因此，我极力倡导将传统文化教育纳入国民教育体系，呼吁让以四书为代表的中国经典进入中小学、大学课堂，开设传统文化通识教育课程，尽力发挥四书等经典在"文化认同"和"伦理共识"方面的形塑作用。

儒学是民间的学问。儒学的生命力在民间。民间儒学的推进由自发而自觉。

民间儒学，也可以理解为在民间、在日常生活世界里的儒学，或民间办儒学，即民间组织推动的儒学。现代儒学既包括乡村儒学的重振（牟钟鉴、颜炳罡、赵法生等人的圣源书院的经验很值得重视），又包括城市社区儒学的建设（郑州本源书院杨冰等人的经验值得推广），即是使中国文化的基本做人做事之正道，即儒家仁义之道，通过广大城乡的家庭、学校、小区、企业、机关等现代公民社会的组织形式，通过冠婚丧祭之家礼等宗教性的仪式，在每个国民的心中扎根。

二　为什么要谈亲情伦理和社会正义？

这是因为我看到，我们的刑法等仍沿用了革命法思维，不许"亲亲相隐"，人为地让所谓"反革命"的家属陷入了两难困境，伤害了作为人类社会基石的亲情伦理。"文革"中酿成了大量父子相残、夫妻反目的惨剧，直至今日仍令人不寒而栗。可是，部分传统文化的批评者们，仍在厚诬儒家亲情伦理是现实腐败的根源。从 2002 年以来，我和我的同道针对这一论调，与之展开学术上的辩论，先后发表了几十篇文章，出版了多部论文集。

经过研究我们发现,"亲亲相隐"是儒家针对两难伦理困境,苦心孤诣寻求到的解决之道,在护持人类社会的伦理基础的同时,尽可能彰显了社会公正,并在历史中起到了保护私领域、反抗国家强权的重要作用。儒家对于公与私、公德与私德、公利与私利的看法,不是俗流所贴上的"个人主义"或"集体主义"标签所能涵盖的。儒家有大量关乎经济、政治分配正义的论述,有大量关于开放教育与政治的论述,在历史上产生出荒政、救济、分权、制衡、监察等制度与实践,也与当代西方正义论所喜谈的"对最不利者的最大关怀""机会平等的公义"等都有相通之处。因此,我和许多法学家、法律工作者一道呼吁,要修改现行刑法、民法、行诉法等的有关条文,接上容隐制的传统与现代人权观念,保障公民的亲情权与容隐权。我起草并交我的同事、全国人大代表彭富春教授以恢复容隐制为内容的全国人民代表大会代表提案。在众多有识之士的共同努力下,2011 年,全国人民代表大会常务委员会审议通过《中华人民共和国刑法(修正案)》,免除了强迫被告人近亲属出庭作证的义务,"亲亲相隐"精神在该修正案中得到初步、部分的体现。虽然仍不满意,但已走了第一步。

三 为什么要谈儒学现代化与文化主体性?

这是因为"五四"以来单线进化和新旧二分的文化立场仍大行其道,许多人对儒学缺乏真切的了解,人云亦云地将儒学、传统与现代对立起来。然而,中华人文精神的特质,恰好在于不与宗教对立、不与自然对立、不与科学对立。儒学和基督教一样,虽然不能直接开出科学、民主、自由、人权,但通过批判继承、创造转化,可以更好地转化并吸纳现当代价值,使现当代价值健康地根植于既有的文化土壤。

因此，儒学是参与现代化的积极力量。中华民族的核心价值观是以"仁爱"为中心的"忠、孝、仁、义、礼、智、信"的价值系统，其中的内容随时代而扬弃。在自觉注入时代精神，改造其内涵之后，当代中国仍必须以此为基础重建中国人的真正具有内在约束力的文化认同、伦理共识、精神信仰、终极关怀。在全球文化交流和文明对话的时代，我们要有自己的文化主体意识，要有相当的文化自觉。因此，我呼吁以"仁爱"和"诚信"为核心，开展社会主义核心价值体系建设。"仁爱"与"诚信"不仅是传统文化的精粹，也是可以与全球文明、宗教对话的核心价值。

"道不远人"。一方面，儒学始终不离民间社会，儒学也不离现代生活，儒学内部蕴含着中国现代化足资借用的深厚资源，其价值具有经历现代转化进而呈现出新的深度和广度的可能，儒学发展的历史曾证明了这一点，儒学思想史上的人物，通过他们的人格与慧识，也无时无刻不向我们传递这一点。另一方面，我们真诚地期许，国人能够理性、理智地看待我们的传统，不自外于我们的传统，通过虚心的学习和同情的理解，继承传统人文精神，以向上的道德追求，疏解金元主义、物质主义、功利主义等现代生活中的种种困惑。从这个意义上讲，"道不远人"的另一面，就是"人能弘道"。

儒学的现代转化有诸多领域、层面，有**理论与实践两大领域**，在实践领域有国家、社会、家庭、个人诸层面。

我们很重视理论层面的建树，面对现代社会人心的问题，面对西方文化的挑战，我们对儒学的精义要旨，需有凝练并创造性地发展，而且还要面对人们的误解，特别是"五四""文革"以来的曲解，予以正本清源、拨乱反正。在理论层面上，应特别重视儒家政治哲学与治理社会的资源、安邦治国之道、生态环保智慧、人生修养的体验等，结合现代性的理论与实践,加以检讨与推进。儒家的内圣之学与外王之学可以因此而得到新生。

我认为,儒学资源还有待我们发掘,以用于当今。例如如何理解传统政治哲学固有的话语体系,如天命、天德、天下、天人、王道、王权、王圣、霸王道杂之、仁政、民本、革命、道义、礼法、公私,封建制、皇权、国家、社会自治。传统儒家社会的社会空间很大,政府很小,在这些方面应有更深入的研究。

牟宗三先生在 20 世纪五十年代的新外王三书中,对民主政治之于中国的必要性、紧迫性,比之今天的我国中青年学者们的实际感受要强烈得多。民主政治虽然并不是最好的政治制度,但毕竟是相对来说最不坏的制度。民主政治的要旨是主权在民,人民自由表达决定自己政治、经济和社会制度的意愿,人民的基本权利,尤其是私权,比如思想权、言论权、自由迁移权、财产权、生命权等得到保障;民主政治制度对国家政治权力与社会财产的分配与再分配,要求一切依宪法与法律,有监督与制约的机制,相对公开透明,也相对公正。同时,民主政治要求有相对大的社会空间,有充分的民间组织参与社会治理,民间自治的程度较高。以上这些方面,儒家文化与儒家型社会有自己的优势。牟先生并不是简单直接照搬西方的价值与制度,他肯定道统、良知的指导与参与,强调摄智归仁,超越了西方民主政治,警惕着浅薄、片面、平面化的"民主"与"民主政治"的弊病的发生。

通过康德的伦理与政治的理论架构,使儒家心性之学与自由主义沟通对话,进而形成某种共识,在理论上是可能的。现当代新儒家的理路是,在人的主体心性中,发掘普遍的道德法规,并通过康德式的论证,由伦理通向政治,建构普遍法则之治的法治论述。政治应是道德的政治,而且是在伦常生活中展开的,这才是不悖人性的。伦理教化涉及更为根本的人的德性的成长,高于宪政民主的目的,但绝不会违背,反可以保证宪法肯定的人权、民主的形式的普遍性。牟先生既强调了民主政治架构之于道德的独立性,又在最终层面强调道德对于民主政治的指导。

我们的生态环境遭到了严重破坏,各地的雾霾特别严峻。环境污染,生态系统失去平衡,是目前威胁人类生存和发展的重大问题,而其哲学根源则在以人类中心主义为本的对待自然界的生态伦理观。中国传统文化,尤其儒释道三教,乃是一种超人类中心主义的人文精神、深层生态学,正可以对治此种现代化弊病。

先秦儒家对生态系统的认识是在容纳天、地、人、神诸多要素的"天地"概念下展开的,这是一种整体论、系统论的观念,以"和"为条件的不断创生是他们对这个生态系统的根本认识。他们对"天地"的创生现象持有价值判断的观念,肯定天地万物皆有内在价值,要求一种普遍的、生态的道德关怀,而他们对人性、物性的辩证认识又同时清楚地表明了一种生态伦理的等差意识,或曰不同伦理圈层的区分意识。从儒家"天人合一"的理念看,生态伦理作为一种新的伦理范式,其确立必须建立于对人性的重新反思之基础上。

近二十年来,海内外学者的交流互动十分频繁,相互启发,推动了学术创造。西方反本质主义、反普遍主义的思潮也影响到汉学界。诚然,我们充分肯定这些学者的思考及成果,但另一方面,我们又不能把中国思想特别是儒家思想归结为关系主义、角色伦理,否则,就会消解儒学深层的超越性与终极性。此外,已故社会学家费孝通先生关于传统社会"差序格局""熟人社会"的一套讲法也是有限度的,无限放大了就会看不清传统社会与儒学的优长,以为传统儒家理念只限于私德,无助于现代陌生人社会中公民道德的建设。

关于儒学现代重生,在**实践领域的诸层面**应做到:

在国家层面,应有文化自觉,在指导思想上以中国优秀传统文化的精华为主,推动全民教育,首先是在体制内的教育中,在国民教育层面,回到以儒家教养为中心的四书教育上来。

在社会层面,在城市社区与农村乡镇,应把弘扬传统文化放在重要位置,规范冠婚丧祭之礼,适当恢复民间组织与民间信仰,倡导民间书院及自由讲学,逐步复兴民间社会与民间自治,同时积极建构公司文化,恪守职业伦理。

在家庭层面,更是要自觉复兴孝道,建设和谐家庭。

在个人层面,应坚持君子人格,强调知行合一。

我国需重建真正具有内在约束力的信仰系统,即以"仁爱"为核心的价值系统。从长远的、健康的、高品质的社会目标来看,儒家"仁爱"思想可以纯洁世道人心,整合社群利益,调整人与天、地、人、物、我的关系,克治自我中心和极端利己主义。"恕道"思想为环境伦理、全球伦理的重建提供了重要的思想基础,有助于全球持续性发展。"诚敬""忠信"思想有助于整顿商业秩序,增强企业内部的凝聚力并改善外部形象,提高效率,促进人的精神境界的提升。

儒家的价值观、义利观和人格修养论,有助于克服拜金主义、享乐主义和坑蒙拐骗的行为。这些价值至少对于中国大陆社会的整合、和谐社会的建构,具有极其重大的现实意义。儒家若干价值观念,如"己所不欲,勿施于人"的恕道原则,与现代人权、平等、尊严、理性、道义等普世价值,不乏沟通之处;与现代化的新的伦理价值——个性自由、人格独立、人权意识等,完全可以整合起来。现代权利意识、现代法律生活缺乏终极信念的支撑,缺乏深度、积累的社会资本和文化资本之支撑,很可能平面化与片面化发展。在法治社会的前提下,构建现代文明,建设公民社会的伦理体系,需要传统思想资源特别是儒学的支撑。当前有两个层面的问题:一是官员、教师、高级管理人才的心性修养与人格培养;二是普通国民的伦理底线与道德素养。传统文化的教养在今天有重大的安身立命的意义。人性、心性、性情教育,文化理念与信仰的教育,是根本的、管总的、长久的。以仁义礼智信等价值与温良恭俭让的品行来美政、美俗,养心、养性,是历史上儒家教育的传统,值得我们借鉴,将其用于今天公民社会之公民道德的建设中,这也是我们今天构建和谐、文明的现代中国社会的需要。

王阳明强调"良知只是个是非之心"(《传习录》下),又说"是非之心,不虑而知,不学而能,所谓良知也"(《传习录》中《答聂文蔚》)。他还称:"盖良知只是一个天理,自然明觉发见处,只是一个真诚恻怛,便是他本体。"(《传习录》中《答聂文蔚·二》)显然,良知就是至善本体当下朗现于是非知觉之中。这种是非知觉(自然灵昭明觉)必然蕴含着人决定一个道德选择的方向和应当如何的道德原则,也就是天理。王阳明又说:"体即良知之体,用即良知之用,宁复有超然于体用之外者乎?"(《传习录》中)很明显,良知就是至善本体在是非知觉上的当即呈现与当下辨别,或者说,是由对是非知觉做当下判断所体现的至善本体。在我国重新复兴致良知教育有极大的现实意义。

原载邓辉主编:《东方哲学》第九辑,上海书店出版社,2016 年。

核心价值

核心价值观要有中国元素与现实性

——兼论纳入"仁爱"与"诚信"范畴之必要

　　十多年来,关于中国特色社会主义核心价值体系与核心价值观的讨论日益兴盛。十七届六中全会以来,凝练核心价值观的探究,更是方兴未艾。《光明日报》近来发表了包心鉴、韩震、杨永志、王虎学、钟哲明、宋善文、祝福恩、段世江等先生的多篇论文,思路不同,见仁见智,拜读之后,觉得都很有见地,启发我们进一步研究如何凝练我国社会主义核心价值观,同时亦觉有所不足,特撰拙文求教并商榷。

　　从方法论上来说,凝练核心价值观一定要考虑四个方面:第一是时代性(普遍性,与世界各国人民的对话性);第二是民族性(中华民族长期形成的,至今在民间活着的);第三是实践性(针对现实问题,可行性);第四是简易性(通俗简明,老百姓喜闻乐见)。核心价值观应是从社会现实中总结出来又加以提炼的,目的在于指导广大群众的生活,融化在人民大众的性情心理中,有助于凝聚社会人心的一些深长久远的价值。既然是中国特色社会主义核心价值观,就不能没有中国元素,因此一定要把渊源有自、源远流长、在百姓日用间影响最大的传统文化中最重要的价值纳入、凝练进核心价值观。

　　我们认为,需要搞清楚价值观、核心价值观"是什么"? 而在理解它"是什么"时,先要明白它"不是什么"。我们要特别指出,核心价值观不等于基本国策,不等于现实经济社会的发展目标,不等于社会规范与法律体系的要点,不等于各地区、各部门、各单位的文化精神;与这些东西都有一些区别,都不尽相同,当然它们之间又有着一定的联系。

价值观一般指在经济价值、商品价值之外的社会与人最贵、最重的东西,是人们更为根本的期待、诉求与目的,如真、善、美等。价值观主要回答世界(特别是人类社会)"应是什么""应该怎样",人"如何活着""应当怎样"的问题。它指向社会与人之"应然",分辨好与坏、福与祸、利与害、真与假、善与恶、美与丑。它与社会终极目标、人之目的、人生意义密切相连。人本身就有价值;价值有不同类型与层次的分别。有关人生价值的领悟,关系到人的生活意义与幸福感。核心价值观,是一定时空条件下社会价值观中普遍的、主导的价值。它与人们的基本生活方式相适应,又指导人们的生活实践,在它的启导下,人们可以努力地把社会与人的"实然"状况,提升为"应然"状况。

在我国思想文化的传统中,有关人生价值的评价,一般用"上""贵"等词加以表达与肯定。春秋时期鲁国叔孙豹说:"太上有立德,其次有立功,其次有立言。虽久不废,此之谓不朽。"(《左传·襄公二十四年》)这就是历史上有深远影响的"三不朽"说,肯定君子在道德、功业、言说上的价值,而以德为最高价值。孔子说,"君子义以为上"(《论语·阳货》);"志士仁人,无求生以害仁,有杀身以成仁"(《论语·卫灵公》);"富与贵,是人之所欲也,不以其道得之,不处也。贫与贱,是人之所恶也,不以其道得[去]之,不去也"(《论语·里仁》)。可见孔子把"仁""义"视为人的最高价值,不违背道与义的富与贵是可取的,但相对而言,"富贵"的价值在儒家追求的"道""仁""义"之下。至于不义的、用不正当手段取得的富与贵,则是应当唾弃的。孟子说:"仁义礼智,非由外铄我也,我固有之也,弗思耳矣。""有天爵者,有人爵者。仁义忠信,乐善不倦,此天爵也;公卿大夫,此人爵也。……欲贵者,人之同心也。人人有贵于己者,弗思耳矣。人之所贵者,非良贵也。赵孟之所贵,赵孟能贱之。"(《孟子·告子上》)这就是说,道德性、良知良能是天赋予我们每个人的,是人内在固有的,只是人们往往不自觉自己有天下最珍贵、最有价值的东西,没有把它启导出来。功名利禄,世俗认为贵重的东西叫"人爵",人家可以给你,人家也可以拿走。但道德良知、仁义忠信、不知疲倦地行善,是天赋予我的,人家夺不去,除非自己放弃。每个人、匹夫匹妇都有这天下最尊贵的东西。儒家认为,人是天地间最有价值的,"天地之性,人为贵"(《孝经》)。荀子说,比之水火、草木、禽兽,"人有气有生有知亦且有义,故最为天下贵"(《荀子·王制》)。而之所以如此,就是人有道德。荀子强调后天的道德教育、训练、实践,化民成俗,以及美政、美俗的重要性。

根据张岱年、赵馥杰等先生研究,历史上各民族、各地域、各时段、各流派、各宗教文化及社会的上层与下层的价值主张与追求各不相同,呈现出百花齐放、百家争鸣的样态,如墨家以功利为上,道家以自然为上,法家以权力为上,但从总体上来说,两千数百年来,在社会治理与人性的实现上,最能深入到社会底层、有影响力、有益于社会发展与长治久安的,还是儒家的道德价值论。

关于核心价值观的凝练,据王虎学先生的文章,国内学者目前已提出了六十多种表述方式,涉及九十多个范畴。但遗憾的是,中国文化的精神与元素却十分稀少。我们反复掂量既是中国的又是社会主义的,且还是基本而又核心的价值,在这里也提出一种表述方式,共十个字,涉及五个范畴——"仁爱、诚信、平等、民主、公正"。

关于"平等、民主、公正"价值的重要性,学者们已有很多论述,这些价值是马克思主义的社会主义最基本的价值目标与原则,而且具有时代性、普遍性,从中反映了我们对近代以降的西方文化价值观的吸取与扬弃。在今天我国和谐社会建构的过程中,"平等、民主、公正"又代表了老百姓的心声,有助于克治贫富悬殊,有助于团结、凝聚各民族底层民众,团结奋进。这是我国"富强、文明、和谐"的基础。我们认为,求强求富不是终极目的,富强是为了广大民众的利益与福祉。从一定意义上,我们可以说,没有"平等、民主、公正",就没有真正的"富强、文明、和谐"。因此我们认为,与其强调"富强、文明、和谐",不如强调"平等、民主、公正",这更实在一些。

古人曰:"大道之行也,天下为公,选贤与能,讲信修睦。故人不独亲其亲,不独子其子,使老有所终,壮有所用,幼有所长,矜寡孤独废疾者皆有所养,男有分,女有归;货恶其弃于地也,不必藏于己;力恶其不出于身也,不必为己。是故谋闭而不兴,盗窃乱贼而不作,故户外而不闭,是谓大同。"(《礼记·礼运》)"是故明君制民之产,必使仰足以事父母,俯足以畜妻子,乐岁终身饱,凶年免于死亡,然后驱而之善,故民之从之也轻。"(《孟子·梁惠王上》)这是从古至今,从上层精英到普通老百姓的社会理想。与此相应的表达是"耕者有其田""居者有其屋""内无怨女,外无旷夫""人尽其才,物尽其用,地尽其利,货畅其流"等。就今天的社会而言,人们普遍期待的社会状况是:失业率不高,犯罪率很低,公序良俗得到护持,有全社会的征信系统,贫富差距不大,公民的基本人权、政治经济权与尊严得到尊重与保护,全民享受住宅、教育、医疗保险,生态环境良好,食品安全得到保障,人口预期寿命增加,生活品质提升。这就包含着人人平等,伸张每个公民的民主权利、社会基本的公平正义的诉求。

可见，就人们对社会的价值评价而言，"平等、民主、公正"的社会是社会主义中国民众最基本的价值诉求。同时，这些价值不仅仅属于"外王事功"的范围，它又是现代社会对现代人的"内圣修己"的要求，即每一位公民都要尽可能地自觉养成平等、民主、公正的意识，对己、对人，对家庭、对社会，对职业、对人生，都以此为衡量、评估的重要标准，并身体力行，将之融化在自己的思想、行为之中。

下面说明"仁爱""诚信"范畴，及将其纳入核心价值观的必要性。

所谓"仁爱"，即孔子提扬的内在仁德与爱心——"仁者爱人""泛爱众"，也即孟子的"仁民爱物"，韩愈的"博爱之谓仁"。"仁"是"五常"（仁义礼智信）之首，义礼智信"四德"都是围绕着"仁"而展开的。"仁"也是孝悌的根本。在一定意义上，我们可以说，"仁"是中华文明的内核、主旨，朱熹解释为"爱之理，心之德"。按曾参的理解，"仁"的内涵包括尽己之心的"忠"与推己之心的"恕"："忠"是"己欲立而立人，己欲达而达人"；"恕"是"己所不欲，勿施于人"。"仁爱"价值下移到民间，诸如孟子的"老吾老以及人之老，幼吾幼以及人之幼"和蒙学读物中的"勿以善小而不为，勿以恶小而为之""积善之家必有余庆，积不善之家必有余殃""将心比心"等，千百年来成为中国草根老百姓的生活信念与行为方式。

所谓"诚信"，是"诚"与"信"的结合，即诚实守信之意。"诚"是真实无妄，不自欺，不欺人。在《中庸》里，"诚"是一个最高范畴，是"天之道"，又叫"至诚之道"，是天赋予人的本性与道理。"君子诚之为贵"，把"诚"奉为最宝贵的东西。至诚的人，不仅自己取得成就，而且自觉及于万物，行于他人，成就自己、他物、他人。求诚的人，择理明善，固执坚守，不懈追求生命的崇高境界。在《大学》里，"诚其意"指学习、实践做大人之学，一定要使自己的意念诚实，而诚意必从慎独开始，做到"毋自欺"。"信"是"五常"之一，也是诚实不欺、真实无伪、忠诚笃实、言行一致、践诺守约、不食其言之意。孔子说，"君子义以为质，礼以行之，逊以出之，信以成之"（《论语·卫灵公》）；"信近于义，言可复也"（《论语·学而》）。信守的内容必须符合道义与社会规范。

我们为什么要把"仁爱""诚信"范畴纳入核心价值观呢？

首先，"仁爱""诚信"是源远流长的优秀传统文化中最重要的、核心的道德价值，是我国的传统美德，而且至今是活着的、有生命力的价值理念。当下普通平凡的老百姓，例如道德模范吴天祥，防治艾滋病的专家桂希恩，"信义兄弟"孙水林、孙东林，以及一些青年志愿者朋友，仍然继承并实践着中华文明的精华，以一颗仁爱之心，诚朴信实，时时处处为他人着想，爱利他人，服务社会，纯洁世道人心。"仁爱""诚信"当然属于"内圣修己"的层面，但人有了这种价值理想，往往就能敬业乐群，有益于"外王事功"的开拓。

其次，"仁爱"与"诚信"是当下与今后较长时期我国社会生活中最需要的道德价值。应当看到，当下仍有很多不健康的现象，如"小悦悦事件"，老人倒地无人敢扶现象，毒奶粉、地沟油、商业欺诈、制假售假，假文凭与学术不端，金钱与权力拜物教盛行、钱权色的交易等，腐蚀着社会，某种程度上反映了价值失序与道德信念的危机。我们首先要唤醒人的爱心，这是人之所以为人最重要的东西，是人性、人情之根；面对社会诚信出现"断裂带"，我们要努力建设管乎人心的、具有内在约束力的信用系统。健康的市场经济，健康的吏治，非常需要"仁爱""诚信"价值理念的支撑，这有着现实针对性，有助于美政、美俗，整饬秩序，是人们现实生活的需要。"仁爱""诚信"的价值，是"明荣知耻"的基础，对今天的社会规范、法律体系起指导与辅助的作用,有助于社会规范和法律体系健康地建构、实施与完善。

再次,"仁爱""诚信"价值在我国传统文化的发展中,是多民族、多宗教共同的价值理念,是我国最重要的伦理共识。儒家的"仁爱"与佛教的"慈悲"、伊斯兰教的"仁爱"、基督教的"博爱",有共同性、互通性,也有若干差异,但千百年来在我国早已处在相互影响与交融之中了。佛教、伊斯兰教、基督教也都讲"诚信"。今天我们提倡这两个价值,不仅有利于国内各民族、各宗教的相互理解、团结和谐,也有助于我国文化与世界各文明、各宗教的对话与交流。

西方政治家撒切尔夫人说中国只能生产电视机,不能贡献给世界以价值观。这个说法是非常狭隘与罔顾历史的。实际上,以"仁爱""诚信"为核心的儒家文化通过传教士传到西方后,曾为莱布尼茨、沃尔夫、伏尔泰、孟德斯鸠、狄德罗与百科全书派所重视。法国大革命之后,法国的《人权宣言》就引用了孔子的"己所不欲,勿施于人"。二战后,国际联盟(联合国的前身)的《世界人权宣言》也引用了"己所不欲,勿施于人"。如前所述,这一恕道原则恰好从属于"仁爱"的价值观。中国的价值观不仅在过去贡献给了全人类,而且在未来也会不断贡献给全世界。这就是软实力。

十年树木,百年树人。在全体国民中提倡"仁爱""诚信"价值,不仅具有实践性,针对着现实问题,尤其关涉到中华民族的长远发展。性情教育、德性养育要从娃娃抓起,贯穿在家庭教育、国民教育、学校教育、社会教育之中,代代相承,这才是中华民族伟大复兴的根本。"仁爱""诚信"与"文明""和谐"相比较,前者是体,后者是用;前者是本,后者是末;前者是因,后者是果;前者具体,后者抽象。

我们对中华文明,对我国的历史文化传统,对我国的精神文明与价值系统,一定要有所敬畏与尊重;要有文化自觉与文化自信,真正理解祖宗文明的博大厚重，并予以创造性的转化。因此，我们呼吁把"仁爱"与"诚信"纳入核心价值观，同时非常重视"平等、民主、公正"等核心价值，这关乎中华民族的现在与未来。

　　本文作者为郭齐勇、叶慧，原载《光明日报》2012 年 3 月 24 日理论版，收入本书时有修改。

中华优秀传统文化是社会主义
核心价值观的土壤与基础

　　社会主义核心价值观是时代精神与民族精神、文化的世界性与本土性有机结合的产物，其中所有内容与因素都是传统与现代、世界文化与中国文化双向对流、相互渗透与包含的结晶。它同时又是常变、统一的开放体系，是流动、变易着的，而在流动、变易之中又有普遍的常道。

　　习近平总书记最近特别强调培育和弘扬社会主义核心价值观必须立足中华优秀传统文化，这启发我们思考培育和弘扬社会主义核心价值观与弘扬中华优秀传统文化之间的关系问题。本文拟略加申述，就教于时贤。

一　立足中华优秀传统文化

　　中华传统文化博大精深，源远流长。在中国这一地域上，生活于斯的各时代、各地域、各民族的人群，其历史文化与社会生活复杂多样、丰富多彩。在数千年的发展过程中，各族群、各文化与宗教，在这里不断碰撞冲突，交叉整合，多样统一，和而不同，形成了多元一体的中华民族与中华文化。从上古先民至今，中华文化虽历经曲折变化，不断改易，然顽强地、一以贯之地延续了下来，没有被外来文化的冲击中断，成为世界文化史上的奇观。在人类文明史上，尚没有任何一个文明具有如此的柔韧性、连续性。中国文化逐渐形成了内在自我的独特精神，且具有很强的包容融合、吸取消化并进而同化不同文化的能力。

中华文化的根源在六经之中。刘勰《文心雕龙》说："经也者，恒久之治道，不刊之鸿教也。"《诗》《书》《礼》《乐》《易》《春秋》"六经"（《乐》经不传，又谓"五经"）并不神秘，是夏商周三代时期人们的生活世界的记录或反映。六经是诸子百家共有的精神源泉。六经的神髓是什么？是对天地、生命的敬畏，肯定"天视自我民视，天听自我民听""人无于水监，当于民监"，对"天下为公"的大同理想、公平正义社会的憧憬，对人文价值理念、多彩多姿的文化与多种审美情趣的追求，自由人格与相互关爱、和谐与秩序的统一，自觉对历史与现实予以评判、褒贬，丰富的天地人相接、相处的智慧，包括动态平衡的中道，等等。其中凸显了中国人与中国文化的特征：保留了对天的信仰，又偏重于人文实务；特别肯定人与自然，人与人，家族、宗族内外，族群、民族、宗教之间，人之内在心灵与身生命之间的融合；重视教育，强调礼乐教化与道德精神；有很强的历史意识，善于总结历史经验，鉴古知今，究往穷来；重视实践精神，知行合一，通经致用，明体达用。

春秋末期礼崩乐坏，文化下移。孔子继往开来，整理六经，创造性地转化三代尤其是周公以降的文化传统，奠定了中国传统文化价值系统的基本规模，尤其是点醒、凸显了其中居于核心地位的"仁爱"精神。以"仁爱"为中心的仁、义、礼、智、信、诚、忠、恕、孝、悌、廉、耻的价值观念体系为尔后的诸子百家，尤其是儒家所继承、弘扬。在政治文化上，儒家强调王道、仁政、德治，有民本主义、民贵君轻的传统。

汉代奠定了中国的基本格局与治国范式。朝野关注的焦点是

"内裕民生"与"外服四夷",因此尤其强调文治武备。中国文化的一种取向,即文化观念重于民族观念,文化界限深于民族界限。中国文化与中国人的性格中的"和合性"大于"分别性",主张宽容、平和、兼收并蓄、吸纳众流,主张会通、综合、整体、融摄。我国汉代的文官政治、文治政府,较之罗马的武人专政不知要文明多少倍。我国陆地与海洋的丝绸之路开辟甚早,中国人对外从来没有殖民、侵略、种族灭绝的传统。孔子讲"远人不服,则修文德以来之",倡仁爱,泛爱众,修身律己,与人为善。孙中山先生接受蔡元培先生的建议,把"忠孝、仁爱、信义、和平"八个字作为中国文化的精神特质。中国人几千年爱和平,都是出于天性,我们讲谦让,同时不主张屈辱的和平,以自卫国家为大义,对侵略者一定要予以严惩。中华民族的忠义英烈千古传颂。

习总书记指出:"深入挖掘和阐发中华优秀传统文化讲仁爱、重民本、守诚信、崇正义、尚和合、求大同的时代价值,使中华优秀传统文化成为涵养社会主义核心价值观的重要源泉。"这一指示十分重要。优秀传统文化是我国现代文明的基础,是我们的核心价值观的立足之地。只有把优秀传统文化坐实为我国现代化与现代文化的"本根"(不是枝叶)、"本体"(不是功用)、"本位"(不是客位)和"主体"(不是客体、对象),才不致左右摇摆,迷离失据。由此而开出的现代化才真正是我国的、健康的现代化。当然这不是要排斥借鉴人类其他古今文明的精华与优长。

二 传统美德是中华文化精髓

周代的官方教育,是以六经为中心的教育。《周礼·大司乐》指出，让有道有德者以乐德教国子。而乐教中的六德是：忠诚不偏私，和而不同、刚柔适中，恭敬，恒常，孝敬父母，友善兄弟。这六德就是当时的核心价值观。在"天下"观的指引下，乐教的功用与目的是"以和邦国，以谐万民，以安宾客，以悦远人"。

据《国语·楚语》，春秋时期即使在楚国，也有传习六经的传统。从楚庄王时期的大夫申叔时回答庄王如何教育太子的资料中，不难知道楚国君臣也强调诗礼之教，重视仁德、孝顺、忠诚、信义的价值指引。

传统道德中的仁义礼智信"五常"和礼义廉耻"四维"是我国古代思想家对中华民族基本道德观念和道德准则的总结，源于春秋，确立于汉代，是安定国家、稳定社会的最普遍、最重要的道德规范。

"维"是系物的大绳，"四维"是春秋初期著名政治家管仲及其后学——齐国稷下学宫的学者们提出来的。"礼义廉耻，国之四维"，"四维不张，国乃灭亡"。礼义廉耻是治理国家的四条大纲，离开了这四条大纲的维系，国家可能会灭亡。官员、百姓懂得了礼义廉耻，就不会做出超过本分、违背常规的事，就会懂得羞耻，不隐蔽自己的恶行；这样，国家就会强盛。礼义廉耻之说，后被儒家接受。明清时代，"孝悌忠信"与"礼义廉耻"结合起来，称为"八德"。

孔子以前的思想家与孔子已分别提出了这些道德原则。子思、孟子明确指出"仁义礼智"四德。西汉贾谊、董仲舒正式提出仁义礼智信"五常"之道，将这五种基本道德原则视作人的"常行之德"。东汉班固等撰《白虎通义》和王充撰《论衡》，都指出仁义礼智信是"五性""五常"，重申它们为五常之道和常行之道。"五常"是中华民族最普遍、最重要的道德规范，是中华民族独特的精神标识。

在观念与价值层面的文明上，儒家"仁爱忠恕"、墨家"兼爱非攻"、道家"道法自然"、佛家"慈悲为怀"、宋明理学家"民胞物与"等理念，成圣人贤人、成真人至人、成菩萨佛陀的理想人格追求，及一系列修养功夫论等，都是了不起的调节身心的安身立命之道，也是对世界文明的伟大贡献。特别是世世代代的志士仁人，他们崇尚君子人格与富贵不能淫、贫贱不能移、威武不能屈的大丈夫精神，弘扬至大至刚的正气、舍我其谁的抱负、知其不可而为之的气概，自强不息，弘毅任重而道远、守正不阿、气节凛然，甚至杀身成仁、舍生取义的品格，成为中华儿女的楷模。

宋代以后，四书取代五经，下移民间，远播海外，"五常""四维""八德"等中华传统核心价值观成为整个汉字文化圈（或儒家文化圈）的精神文明。这些内容通过蒙学读物、家训、家教、善书乃至唱戏的、说书的与民间三老五更，润物细无声地流传、滋养着社会底层的民众。"勿以善小而不为，勿以恶小而为之""老吾老以及人之老，幼吾幼以及人之幼""积善之家必有余庆，积不善之家必有余殃"成为老百姓的生活信条与"百姓日用而不知"之道。一直到今天，我们从老百姓身上还能体会到这些善根的存在，如天津蹬三轮车资助贫困学生的白芳礼、湖北的"信义兄弟"等。可见，中华优秀传统文化是社会主义核心价值观的土壤与基础。

三 增强文化自信和价值观自信

"五四"时期"全盘西化"思潮以来，特别是"文革"的"全面反传统"，对我们的文化之根伤害甚深。近三十多年来，权力与金钱拜物教盛行，人们开始反思意义世界的失落与安身立命的危机。民间自发掀起了所谓"国学热""儒学热"，以弥补体制内的国民教育中传统文化基本知识与教养的严重不足。民间对中国本土文化的价值理念与人生智慧有了需求。官场腐败的严重，也使人们认识到，除了制度、法治的完善，还有官德、吏治的整饬和重建问题。我国古代这方面的经验十分丰富，值得借鉴。

我们的文化自信来自文化自觉，即应当真正了解中华文化自身的宝藏及其历史上对世界文化的伟大贡献。全盘西化派、文化虚无主义与自戕主义者全面否定中国文化，有很多所谓的根据其实是无据，是"莫须有"，是以他们想象中的西方来批判想象中的中国。习总书记近年来有关中国文化的系列指示，实际上是要通过四个"讲清楚"来拨乱反正，正本清源，增强文化自觉与文化自信，尤其是价值观自信。

"五四"以来，一直到今天，我国思想界流行所谓"中国国民性"的讨论，其中不乏"哀其不幸，怒其不争"的成分，也有对中国文化与国民性中阴暗面的深刻自省、检讨，这是有益的。但同时，我们也应当看到，这里也非常复杂，不排除有西方、日本的一些人以所谓"劣等人种"对中国人与中国文化恶意歪曲、贬损。乃至今天的一些年轻人一谈起中国的国民性，就只有劣根性而没有优根性、自根性。有的人把人类各民族都有的某些病态、负面的东西全都算在中国人头上。我们中华民族与文化在世界上延续了几千年，当然有自己的精神支柱即民族精神，有自己的价值系统。这些价值曾经对西方近代启蒙运动起过一定的积极作用。世界上著名的《世界人权宣言》与《世界伦理宣言》，都借取了孔子、儒家价值观的"仁爱忠恕之道"。中国现代文化与道德文明建设，不能建立在沙漠上，不能建立在对中国传统文化与道德资源的"彻底决裂""斗倒批臭""信口雌黄"上，这也是对改革开放三十多年思想遗产的继承。反过来我们也可以说，只有振兴优秀传统文化,调动其积极层面,参与现代世道人心的重建,才真正可以调治国民中不尽如人意的文明教养的缺失。多维厚重的中华人文精神超越了单维度、平面化的西方启蒙理性与功利主义,对人类的生存发展有着深长久远的价值,对西方近代文化的缺失有补偏救弊之功。

原载《光明日报》2014 年 4 月 2 日理论版,收入本书时有修改补充。

国学的核心价值与人格养成

什么是国学？国学包含几个层面？国学与人格成长有什么关系？国学与德育有什么关系？修身成德、培养君子人格的现代意义何在？我在此略抒己见，以就教于各位。

一　国学蕴含文化价值和民族精神

简单地说，国学是中国传统文化的通称。中华各民族从古代到今天，不同民族、不同地域与时代的蒙学读物、习俗、礼仪、语言、文字、天学、地学、农学、医学、工艺、建筑、数学与数术方伎、音乐、舞蹈、戏剧、诗词歌赋、琴棋书画、思想、心理、信念、宗教、政治、伦理等，都在国学的范围之内。

这么说来，国学是无所不包的了。的确，国学的内容包罗至广，但我们还是可以做一点分梳。大体上说，国学有四个层面。第一是常识层面，即国学的 ABC。例如称谓、谦辞等，今天我们有的青年人闹了不少笑话，把"令尊""足下""家父""内人"用颠倒了。第二是学术与技艺的层面，即传统文化各门类、各方面，包括地方文化、民间技艺、学术传统之传承，比较专门。第三是道德价值与人生意义的层面，国学根本上是教人如何做人，懂得人生价值，培养人格操守，如何安身立命。第四是民族精神，或国魂与族魂的层面。

国学按传统图书与学术之分类有经史子集四部，或义理、考据、辞章、经世之学的诸路向。国学的核心价值在第三、第四层面。从清末流亡日本的志士仁人使用"国学"这一名称开始,国学的内核主要指国家、民族历史文化的根本精神价值。

在国势日颓、民族危亡之时,章太炎说:"夫国学者,国家所以成立之源泉也。吾闻处竞争之世,徒恃国学固不足以立国矣;而吾未闻国学不兴而国能自立者也。吾闻有国亡而国学不亡者矣;而吾未闻国学先亡而国仍立者也。故今日国学之无人兴起,即将影响于国家之存灭,是不亦视前世为尤岌岌乎?"①

邓实说:"国学者何? 一国所有之学也……有其国者有其学。学也者,学其一国之学以为国用,而自治其一国者也。国学者,与有国而俱来,因乎地理,根之民性,而不可须臾离也。君子生是国,则通是学,知爱其国,无不知爱其学也。"②

也就是说,国学不仅仅是学问或学术的概念,而且还是民族性与民族魂的概念。从近代仁人志士借助日本的"国学"概念来应对西学开始,在他们心目中,"学亡则亡国,国亡则亡族"。面对东西方列强的野蛮侵略,他们试图以保文化、学术来救国家、民族。

梁启超积极引进西学,然而对于国人鄙薄自己的民族文化传统却心怀忧虑。他说:"吾不患外国学术思想之不输入,吾惟患本国学术思想之不发明……凡一国之立于天地,必有其所以立之特质。欲自善其国者,不可不于此特质焉,淬厉之而增长之……不然,脱崇拜古人之奴隶性,而复生出一种崇拜外人、蔑视本族之奴隶性,吾惧其

---

① 章太炎:《国学讲习会·序》,原载《民报》第 7 号,转引自汤志钧:《导读》,载《国学概论》,上海:上海古籍出版社,1997 年,第 6 页。
② 邓实:《国学讲习记》,原载《国粹学报》第 19 期,转引自汤志钧:《导读》,《国学概论》,第 7 页。

得不偿失也。"①也就是说,我们不能从盲目崇拜古人转向盲目崇拜洋人,以为自己的文化传统都是糟粕,认为中国百事不如人。

其实,国学是开放的,包含了历朝历代消化、吸收了的外来各种文化。我们不能把国学狭隘化。第一,国学不只是汉民族的学术文化,它也包含了历史上少数民族的语言、文字、学术文化及其与汉民族的交流史。第二,国学不只是上层精英传统,还包括小传统,如民间民俗文化,各时段、各地域、各民族的传说、音乐、歌舞、技艺、建筑、服饰、礼仪、风俗、宗族、契约、行会、民间组织等,有如今天的某些物质与非物质文化遗产。第三,国学还包括历史上中外地域文明的交融,如外域文明的传入,西域学,佛学及其中国化,西学东渐与中学西传的内容及历史过程等,都属于国学的范围。

必须明了,国学、经史子集等,并不是汉民族的专利,其中包含、汇聚了历史上多民族的智慧与文化,是中华各民族共同创造、共同拥有的文化精神资源,正所谓"一体多元""和而不同"。

前面我们说过,在国学的多层面中,最高的层面还是国魂,即中华民族的主要精神方面,那是中国人之所以为中国人、中国文化之所以为中国文化的根本特质处。

其实,提倡国学与吸纳西学并不矛盾。陈寅恪说:"一方面吸收输入外来之学说,一方面不忘本来民族之地位。"②任何民族的现代化都不可能是无本无根的现代化。对于祖国传统文化的价值理念、生存智慧、治国方略,我们体认得越深,发掘得越深,我们拥有的价值资

---

① 梁启超:《论中国学术思想变迁之大势》,原载 1902 年 3 月 10 日《新民丛报》第 3 号。又载胡道静主编:《国学大师论国学》(上),上海:东方出版中心,1998 年,第 23 页。
② 陈寅恪:《冯友兰〈中国哲学史〉审查报告》,见冯友兰:《中国哲学史》,上海:商务印书馆,1934 年。

源越丰厚,就越能吸纳外来文化的精华,越能学得西方等外来文化之真。这才能真正使中西或中外文化的精华在现时代的要求下相融合,构建新的中华文明。

学习国学更重要的是把握中华人文精神与价值理念,了解中华民族与中华文化融会的过程,以及其可大可久的所以然,堂堂正正地做一个中国人。

二　国学养育人的心灵

就人生意义与价值的层面来说,梁启超说过,《论语》《孟子》等经典,"是两千年国人思想的总源泉,支配着中国人的内外生活,其中有益身心的圣哲格言,一部分久已在我们全社会形成共同意识,我们既做这社会的一分子,总要彻底了解它,才不致和共同意识生隔阂"[①]。这就是说,四书等表达的是以"仁爱"为中心的"仁义礼智信"等中华民族的核心价值观念,这是中国历代老百姓的日用常行之道,人们就是按此信念而生活的。

中国文化的大传统与小传统是打通了的。国学具有平民化与草根性的特点。关于草根,中国的民间流传着的谚语是"勿以善小而不为,勿以恶小而为之""老吾老以及人之老,幼吾幼以及人之幼""积善之家必有余庆,积不善之家必有余殃"。这些来自中国经典的精神,通过《三字经》《百家姓》《千字文》《千家诗》《弟子规》等蒙学读物及家训、族规、乡约、谱牒、善书,通过大众口耳相传的韵语故事、俚曲戏文、常言俗话,成为"百姓日用而不知"的言行规范。

---

① 参见梁启超:《国学入门书要目及其读法》及《治国学杂话》,俱载《胡适文存二集》,上海:亚东图书馆,1934年。

宋代王应麟的《三字经》开宗明义:"人之初,性本善。性相近,习相远。苟不教,性乃迁。教之道,贵以专。"这就把孔子、孟子、荀子关于人性的看法以简化的方式表达了出来。孔子总说性近习远,孟子强调天赋的良知良能的发挥,荀子强调的则是后天的教育与训练。

清代李毓秀《弟子规》的总序说:"弟子规,圣人训。首孝弟,次谨信。泛爱众,而亲仁,有余力,则学文。"以下分成"入则孝""出则悌""谨而信""泛爱众而亲仁"等几部分。这些纲目都来自《论语》。《弟子规》中对孩童举止方面的一些要求,如要求孩童站立时昂首挺胸,双腿站直,见到长辈主动行礼问好,开门、关门轻手轻脚,不用力甩门等。这些规范都是文明人起码应有的,是尊重他人而又自尊的体现。

南开中学的前身天津私立中学堂成立于 1904 年 10 月,老校长严范孙亲笔写下"容止格言":"面必净,发必理,衣必整,纽必结。头容正,肩容平,胸容宽,背容直。气象:勿傲,勿暴,勿怠。颜色:宜和,宜静,宜庄。"这四十字箴言借鉴了《弟子规》,它成为该校对中学生的容貌、行止的基本要求。该校设整容镜,师生进校时都要照镜正容色。后来张伯苓先生治校,坚持了这些做法。

现今南京夫子庙小学的校训是"亲仁、尚礼、志学、善艺",我认为这是非常好的。对孩童、少年的教育,首先是培养健康的心性情才,从日常生活习惯、从待人接物开始,学会自重与尊重别人。

我们强调成人教育,因为仅有成才教育是不够的,成才教育忽略了我们作为完整的人、健康的人所必需的一些素养,它在人格养成方面几乎是空白。这不是大学教育才有的问题,而是中小学教育就该关注的。养育青少年的性情,需要家庭、学校、社会的配合。否则,社会推给家长,家长推给学校,小学推给中学,中学推给大学,大学推给社会,等孩子离开保姆式的教育模式,离开家来到大学,就不知道该怎么生活,不知道该怎么自己安排学习了。进入社会以后也不知道怎么与人相处,不知道应该怎么工作。这其实都是因为在年龄增长的过程中,孩子们的人格没有挺立起来,他们不能靠自己撑起自己的天空。现在知识教育偏胜,德性教育不足,父母和学校片面强调学生的所谓前途,只顾学习成绩,其他方面重视不够,其实就是把问题留给大学,留给社会,等到孩子真的自己去面对这一切的时候,茫然无措,格格不入。培养青少年的责任意识,让他们承担必要的责任与事务也是必需的。现在的家长普遍溺爱孩子,又觉得升学压力大,能不让孩子们动手就尽量自己代劳。有的学生进了大学发现完全没有自理能力,这都是启蒙教育的缺失。

总之,国学中很多关于养育我们的心灵、培养我们健康的性情、学会做有责任意识的人的内容,值得我们去学习与实践。

三 国学修身成德

蔡元培先生在留德期间撰写的《中学修身教科书》,商务印书馆于 1912 至 1921 年间共印行了十六版,他还为赴法华工写了《华工学校讲义》,两书在民国间影响甚大,今人合为《国民修养二种》一书。蔡先生重视社会基层的公民教育,他的用心颇值得我们重视。他创造性地转化本土的文化资源,特别是儒家道德资源,来为近代转型的中国社会的公德建设与公民教育服务。

蔡先生强调,孝亲是美德。有这一美德的浸润、养育,成就了一个君子健康的心理、性情、人格、品质,增益了斯人的公德、正义,使其为国家、社会,为公共事务负责任,忠于职守,甚至赴汤蹈火,在所不辞。这就是蔡先生讲的"国之良民即家之孝子"。反之,在社会交往与公共事务中不忠诚、不庄重敬业、不讲信义、不廉洁奉公，即是大不孝。

蔡先生强调家庭为人生最初之学校，善良之家庭为社会、国家隆盛之本。他认为，如私德不健全，则很难有健全之公德。受到家庭内部的爱的熏陶，在家有孝心孝行者，走上社会后自然而然地会把这种爱推广到团体、社会、国家，此即为仁义、忠爱。可见，家庭与社会、私德与公德虽有区别，但不是截然对立的，恰恰是有着有机联系的，是可以推己及人、由内而外，逐步加以推扩、实践与体验的。

蔡先生又强调智、仁、勇"三达德"是内在的道德，却又随行为而形之于外。他指出："修德之道，先养良心……良心常有发现之时，如行善而惬，行恶而愧是也。乘其发现而扩充之，涵养之，则可为修德之基矣。"①他肯定为善无分大小、去恶为行善之本、悔悟为改过迁善之机、进德贵于自省等儒家传统的修身工夫与健全的君子人格的培养，对公民社会之公德建设有积极意义。

其实，南宋以后在我国与东亚的民间社会流传甚广、深入人心的朱熹的《家训》中说："事师长贵乎礼也，交朋友贵乎信也。见老者，敬之；见幼者，爱之。有德者，年虽下于我，我必尊之；不肖者，年虽高于我，我必远之。""人有小过，含容而忍之；人有大过，以理而谕之。勿以善小而不为，勿以恶小而为之。"又说："勿损人而利己，勿妒贤而嫉能。勿称忿而报横逆，勿非礼而害物命。见不义之财勿取，遇合理之事则从……子孙不可不教，童仆不可不恤。斯文不可不敬，患难不可不扶。"朱子说此乃日用常行之道，人不可一日无也。应当说，这些内容既来源于诗书礼乐之教、孔孟之道，又十分贴近民间大众。它内蕴

① 蔡元培：《国民修养二种》，上海：上海文艺出版社，1999年，第130页。

有个人与社会的道德,长期以来成为老百姓的生活哲学。这里所说的,多由私德推至公德领域了。

国学当中有很多修身成德、培养君子人格的内容。中国古典的教育,其实就是博雅教育。"六艺"的内容是礼、乐、射、御、书、数,就是礼仪、音乐、射箭、驾车、识字(书法)、算术。其辅以诗词歌赋、琴棋书画。这些东西是和技能相关的。传统的、儒家式的教育其实不排斥技能;但其不仅是技能,同时也是拓展人生活维度的方法、手段,是高雅的兴趣爱好,是人与人之间交流沟通的媒介。传统的教育很讲究涵泳,就是身临其境,深入其中的真切体会。在兴趣的培养中,让人受到熏陶和感悟,使人养成乐善好群、敦厚优雅的品行。

中国传统的教育是一种广义的教育,既包含今天的技术教育、知识教育,又包含艺术教育、生死教育与身体教育等德智体美诸方面。它体现的是一种大的教育观。这种教育观是以成就人格为核心的,而它最为关心的主要是人的道德与性情。孔门四科,德行、言语、政事、文学,就是以德为主。传统的教育并不是道德说教,不是填鸭式满堂灌的教育,而是春风化雨似地让学生在点滴中有所收获,如诗教、礼教、乐教等。

应该让孩子们处在良好的文化氛围中。家长、老师要以身作则,言传、身教要兼顾,这些对孩子们影响很大。家长、老师有义务端正自己的言行,尤其在孩子们面前。平时应培养孩子分辨是非的能力。也许要多在性情教育上下功夫,关注孩子的心理健康,多与孩子交流,洞察他们的情感,并做正确的引导。现在很多家长都做不到,会当着孩子们的面撒谎骗人,打骂斗狠,不尊重老人,这些都会为孩子的成长烙下负面的印记。

另外,我们也希望同学们能趁着年轻、记性好,多读些经典,例如四书和《老子》等，最好能背诵一些，意思可以以后慢慢领悟。经典常读常新，每当你有新的经历，你都会在经典中证悟出新的内涵。我们有的朋友甚至每天晨起都要朗诵经典，把它当作振奋精神、昂扬斗志的良药。我们一直希望能有多一些的国学经典进入中学课堂成必修课，至少能让四书进教材。我们希望能多一些国文课，让中小学生能接受到传统语言与文化的教育。

近几年来，媒体上不断报道一些学校建设传承国学经典的校园文化的经验与做法，有的学校还自己编写课程教材，对各年级学生循序渐进地开展国学启蒙教育。中小学是一个人世界观、价值观、人生观形成的启蒙时期，在此阶段应向学生传授国学，用孩子们易于接受的方式教学生立定志向，学会如何做人，促进德性与智性的共同成长，让他们在本国传统文化的熏染、陶冶、涵养中健全人格，修身成德，踏上正确的成长之路。

原载《中国德育》2012 年 11 月第 21 期，收入本书时有修改。

"仁""义"与现代人的精神世界

　　传统道德"仁、义、礼、智、信"之"五常"是我国古代思想家对中华民族基本道德观念与道德原则的总结,源于春秋,确立于汉代,是安定国家、稳定社会的最普遍的道德规范。孔子继承前辈思想家,已分别提出了这些道德规范,孟子明确指出"仁、义、礼、智"之"四德",尤其强调"仁义内在"。西汉贾谊、董仲舒正式提出"仁、义、礼、智、信"的"五常"之道,将这五种基本道德原则视作人的"常行之德"。"五常"是中华民族最重要的道德规范。

　　儒家认为"五常"是天赋予人的德性,是人的美德。"五常"不是平列的,这些价值之间是有层次的。"仁"与"义"是核心,《周易·说卦传》:"立人之道曰仁与义。""仁"又是核心的核心。

一　"仁者爱人",君子居仁

　　"仁"是孔子思想的中心观念,也是中国哲学的中心范畴之一。孔子界定"仁"为"爱人"——"樊迟问仁,子曰:'爱人。'"(《论语·颜渊》)孔子继承周公以来的人道主义传统,以爱人、同情人、关切人,包括爱、同情、关怀下层百姓,作为"仁"的主旨。

　　孔子曰:"夫仁者,己欲立而立人,己欲达而达人。能近取譬,可谓仁之方也已。"(《论语·雍也》)这是说,一个有仁德的人善于推己及人,自己在社会上站得住,同时启发、帮助别人,让人家也在社会上站得住;自己通达了,同时启发、帮助别人,让人家也通达于世。人们都可以从自身、从当下的生活中一点一滴地去做,这是实践仁道的方法。孔子的意思不是外在强加地使别人立或达起来,而是创造一种气氛或环境,让人家自己去挺立自己的生命,懂得礼,在社会上站得住并通达人间。这才是仁人的品格。这是讲"仁"之内涵的"忠"的一面,尽己之心、奉献,即人有所为的一面。

"仁"之内涵的另一面是"恕"。孔子指出,君子终身奉行的"恕道"是:"己所不欲,勿施于人。"(《论语·卫灵公》)自己所不想要的东西,决不强加给别人。例如我不希望别人羞辱自己,那我决不要羞辱别人。也就是说,尊重别人,是别人尊重自己的前提。这里强调的是一种宽容精神与沟通理性,设身处地为别人着想。这是讲"仁"之内涵的"恕"的一面,推己之心、将心比心,即人有所不为的一面。

以上是一体之仁的两个方面,综合起来,就是仁道原则;推而广之,是人与人、国家与国家、民族与民族、文化与文化、宗教与宗教间相互关系的准则,乃至是人类与草木鸟兽、瓦石山水的普遍和谐之道。"仁"的内涵包括物我之间、人人之间的情感相通、痛痒相关。

"仁"又是最高的道德境界。认识到"仁"是人安身立命的根据,不管生活是穷困抑或安乐,都以"仁"为人生的最高追求。儒家将"仁"作为人生的目的。没有仁德的人,经不起困顿、贫贱的考验,也经不起安逸、富贵的考验。不仅逆境是考验,顺境也是考验。人的一生,会遇到无数坎坷,也会遇到安乐,这都是锻炼自己的心志、人格的机缘。

孔子说:"富与贵是人之所欲也,不以其道得之,不处也;贫与贱是人之所恶也,不以其道得之,不去也。君子去仁,恶乎成名? 君子无终食之间违仁,造次必于是,颠沛必于是。"(《论语·里仁》)发大财,做大官,这是人人所盼望的;然而不用正当的手段去得到它,君子也不接受。不用正当的手段摆脱贫贱,君子也不接受。君子即使在吃完一顿饭这样短暂的时间内,也未离开过仁德,就是在仓促匆忙、颠沛流离的时候,都与仁德同在。人生存的价值就在于他能超越自然生命的欲求。

二　"仁"与"义礼智信"

孟子说:"亲亲,仁也;敬长,义也。"(《孟子·尽心上》)就是说,仁是亲亲的扩大,义是敬长的扩大。他又说:"言非礼义,谓之自暴也;吾身不能居仁由义,谓之自弃也。仁,人之安宅也;义,人之正路也。旷安宅而弗居,舍正路而不由,哀哉!"(《孟子·离娄上》)即是说,出言破坏礼义,这就叫作自己残害自己;自己认为不能以仁居心,不能由义而行,这便叫作自己抛弃自己。仁是人类最安适的住宅,义是人类最正确的道路。把最安适的住宅空着不去住,把最正确的道路舍弃不去走,可悲得很呀!

孟子从亲爱亲人出发来界定仁、义,但仁、义二者的内涵有所不同。"敬长""从兄",表达了"义"含有"敬其所当敬"的意思,即行仁有一定的范围、等级、边界和分寸感。孟子的"居仁由义"是说居住在仁里,行走在义上。义是行走的正路,是行仁的人实现仁的道路。他又说:"杀一无罪,非仁也。非其有而取之,非义也。"(《孟子·尽心上》)"人皆有所不为,达之于其所为,义也。……人能充无穿窬之心,而义不可胜用也。人能充无受尔汝之实,无所往而不为义也。"(《孟子·尽心下》)不该由自己所得的东西,却去取了过来,是不义。每个人都有不应当做的事,把它扩充到所肯干的事上,不做一切不应当做的事,就是义。人能够把不挖洞跳墙(即不偷窃)的心扩而充之,义就用不尽了。人能够把不受轻贱的实际言行扩而充之,有惭忿之心,自己所有的言行都不会遭致别人的轻贱或贬斥,那无论到哪里都合于义了。在这里,"义"含有尊重别人的所有权、不侵犯别人的利益、尊重别人的社会地位和遵守一定的社会规范的意思,那同时也就是尊重自己,守住自己的本分。孟子以仁为"恻隐之心",强调"不忍",而以义为"羞恶之心",强调"不为"。

"义"是对事情"应当"与否的判断及由此而引发的行为。"义"的主要含义是"应当",是"正当",是"合宜"。孔子讲,"君子义以为上"(《论语·阳货》);"君子喻于义,小人喻于利"(《论语·里仁》);"不义而富且贵,于我如浮云"(《论语·述而》)。前引孟子所说"义"是人所当行的路等,都是对孔子这些思想的发挥,也是对"公正""正义"的肯定。

广义的"仁"兼包"五常""四维八德"中的诸德目(包括忠孝、廉耻等),狭义的"仁"则是"五常"之一。"仁、义、礼、智、信"之"五常"以"仁"为内核。儒家的仁爱,是推己及人,即把亲爱亲人之心一层层向外推,如孟子所说的"亲亲而仁民,仁民而爱物",也如张载《西铭》所说的"民吾同胞,物吾与也"。"仁"是天、地、人、物、我之间的相互感通和相互润泽。《中庸》说:"仁者,人也。"在儒家看来,"仁"是人的最高精神境界,也是人之所以为人的最高标准,是最高的道德原则。

《中庸》记载孔子回答鲁哀公问政时说:"仁者人也,亲亲为大。义者宜也,尊贤为大。亲亲之杀,尊贤之等,礼所生也。"这涉及仁、义、礼的关系。仁就是爱人,博爱众生。其中亲爱自己的父母是仁中的大事,仁是把爱亲之心推广到爱民、爱百姓。义能分别事理,各得其宜,其中尊重贤人、把贤人提拔起来为社会服务,是最合宜、正当的事。"亲亲之杀"的"杀"读"晒",是降等的意思。爱亲有主次、程度之分,尊贤有厚薄、等级之分,这些就是从礼中产生的。

至于"仁、义、礼、智、信"等德目的内容与关系,孟子说:"仁之实,事亲是也;义之实,从兄是也;智之实,知斯二者弗去是也;礼之实,节文斯二者是也;乐之实,乐斯二者,乐则生矣。"(《孟子·离娄上》)即是说,仁发端于侍奉父母,义发端于敬顺兄长。扩而充之,爱别的老人是仁,敬所有的年长者是义。仁兼义,但义不兼仁。仁、义高于礼、智。它们所处的层次不同。明白仁、义的道理而坚持下去是智。智是人对于仁、义、礼的了解。对仁、义的重要内容能合宜地加以调节,适当加以修饰是礼。礼是社会的行为规范。从侍奉父母、尊敬兄长中得到快乐,就是乐。

实际上,"仁、义、礼、智、信"等德目也是相互制约的。例如仁与礼,仁为礼之内涵,礼才不致流于形式。孔子强调仁是礼的本质,又肯定"让""敬"为礼的内容。孟子认定礼为"恭敬"或"辞让"之心。王船山主张"仁体礼用",即以仁为本体,礼为功用。另一方面,礼为仁之节度,以礼节仁,过其所爱曰侵。故仁爱,亲情友情之爱,博爱之谓仁,又不是没有节制的。儒家讲居仁由义,以仁为境界,义为道路,而礼则是门径。礼把仁与义的秩序、层次、节度等规定了下来。而仁、义与礼之间又有张力,君子人格的养成,正在此张力中实现。孔子所谓"克己复礼为仁"是说君子守礼、节制欲望与行为,是培养仁德的重要方法。"智"在这里主要是指对道德的认识,即道德是非、善恶的判断和道德知识的积累。孟子把道德的"智"界定为"是非之心"。

孔子说:"君子义以为质,礼以行之,逊以出之,信以成之。君子哉!"(《卫灵公》)这是说,君子对于事业,以合乎道义、适宜恰当为原则,依礼实行它,用谦逊的语言说出来,用诚信不欺的态度完成它,这才是真正的君子。这表明"信"必以礼、义为前提,与礼、义相补充。孔子弟子有子又说:"信近于义,言可复也。"(《学而》)许诺的言只有符合于义,才能兑现。违背道义、礼制的,不必信守。

三 "五常"与现代人的生活世界

"五常"有草根性,是历朝历代志士仁人与普通老百姓内在的生活信念与道德律令。"五常"的内涵,通过蒙学读物、民间谚语与故事、家训、家礼等,通过家教与民间社会生活与信仰,渗透到世世代代中国人的生活世界中。老百姓评价周围的人,常说这个人"仁义",那个人"不仁义"等。

现代普通中国人的内心世界中仍然有"仁义",有"五常"。天津白芳礼老人,靠自己蹬三轮车的收入帮助贫困的孩子实现上学的梦想。从七十四岁蹬到将近九十岁,他省吃俭用,挣下 35 万元人民币,资助了三百多名贫困学生。

我们的广大民众,仍然信奉着仁义这样一些最基本的核心价值。"五常"之德仍可以存于现代社会,化为老吾老以及人之老、幼吾幼以及人之幼的行为,化为对人类、民族、国家、社会、团体的奉献精神。持守道义,主持公道,诚实守信,礼貌待人,言行一致,仍是我们做人的准则。

当下与未来社会的发展,仍需要价值引导。面对人与人之间,人与社会、群体之间等的诸多问题,我们的传统核心价值有着重大意义。在做人做事的各方面,在人性修养、整饬官德吏治、加强廉政建设等方面,传统核心价值观仍有效用。"仁、义、礼、智、信"等价值仍在老百姓的生活与生命之中,只要我们有文化自觉,善于启导,协调整合,仍然会成为我国发展的软实力。"五常"正是社会主义核心价值体系的道德文化土壤!

原载《人民论坛》2013年10月上(总第418期),收入本书时有删节。

关于"忠孝节义"

"忠孝节义"是古代的一组道德标准，其中，孝与忠是传统社会最基础的道德价值。据桑东辉先生研究，这四个德目早在东汉时就开始连用了，最晚在东晋时已经出现，见于南北朝时裴松之为《三国志》所作的注，其中记录了东晋孙盛以四字标准品评人物，不过当时用的是"忠孝义节"。在《旧唐书·薛仁贵传》中开始有了"忠孝节义"的连用，薛传的材料可能出自唐代人写的实录或国史。[①] 宋代人洪迈说："吾今为忠孝节义判官，所主人间忠臣、孝子、节妇、义夫事也。"明清时这四字的连用就比较普遍了，成了忠臣、孝子、节妇、义夫的缩略语，如明代人许仲琳《封神演义》："民知有忠孝节义，不知妄作邪为。"当然，"节"不单指节妇，也指气节、臣节、节操等。

这四个道德标准在传统社会带有一些时代的印记，虽然正史中不乏值得人们尊重、敬佩的忠臣、孝子、义士、节烈，但有的人与事的确愚蠢至极，有悖人性、人情。传统社会宣扬的阉割个体自由人格的典范——愚忠愚孝、盲目冲动、无谓牺牲等，是需要批判并应加以扬弃的。本文重点说说这四个德目的正价值及其在现代社会的显现与展示。

"忠"字本意是"敬"，有"尽心"的意思。据《左传·桓公六年》记载，随国季梁强调"所谓道，忠于民而信于神也。上思利民，忠也"，又曰"夫民，神之主也"。季梁认为人主、社会管理者对老百姓要忠诚。

---

① 详见桑东辉：《"忠孝节义"考论》，《道德与文明》2013 年第 4 期。

据《礼记·表记》，孔子赞扬虞帝治天下，无私，不厚待其子，爱护老百姓如父母爱子一样，对民众有出自天性的爱心，有忠厚而利民的教诲，使民众富庶而有礼。可见"忠"指对待别人尽己之心，特别是居职任事者，应尽心竭力为人民谋利益。《论语》多处记载了孔子讲"君仁臣忠""君惠臣忠""君使臣以礼，臣事君以忠"，表明他主张的君臣关系是双向的要求，而不是后来"君为臣纲"的单向度要求。

今天我们讲"忠"，不再是忠于皇帝，而是忠于人民、国家、民族与事业。待人忠诚、忠贞不贰、忠于职守是一种美德。今天我们提倡人的忠诚度，包括每个人对自己的配偶、家庭，对所在的职业与单位。有人为了个人利益出卖国家或企业的机密，是为不忠。现在常发生"跳槽"现象，然而日本有的企业厚待员工及其家属，充分发挥员工积极性，有的家庭几代人在此服务，忠心耿耿，足见让人忠诚也应有基础与氛围。

"孝"字的本意是尊重父母。孝是一种美德，是人从身边最近处做起的善行，因此有所谓"百善孝为先"的说法。最起码的孝是赡养父母长辈，但孝不仅仅限于赡养，根本上是要从内心尊敬父母长辈。孔子说："今之孝者，是谓能养。至于犬马，皆能有养。不敬，何以别乎？"（《论语·为政》）离开了敬爱之心去赡养老人，那与养狗养马有什么区别呢？因此，我们要常回家看看，充分尊重老人，多与老人聊天唠嗑，交流沟通，以心换心，以情换情。"曾子曰：'孝有三：大孝尊亲，其次弗辱，其下能养。'公明仪问于曾子曰：'夫子可谓孝乎？'曾子曰：'是何言与？是何言与？君子之所谓孝者，先意承志，谕父母于道。参直养者也，安能为孝乎？'"（《小戴礼记·祭义》。又见《大戴礼记·曾子大孝第五十二》中"弗"作"不"。）这是孝的三原则：大孝是使双亲受人尊敬，其次是不使父母的名誉受辱，最下等的是仅能赡养父母。如果做子女的违法犯罪、贪污腐败，就是大不孝！曾子说，君子称为孝的人，在父母还未指使其之前预先体会到父母的意思，去做父母想让其做的事，并使父母知道做事的正理。曾子谦虚地说自己不过能赡养父母罢了，还不能称为孝。

孝是最基本的爱心，儒家的仁爱不限于爱亲，但"立爱自亲始"，即是以这种天伦之乐作为生命之爱的最初体验，以此作为养育人性之起点；进而推己及人，爱他人，爱天下人，即孟子所谓"老吾老以及人之老，幼吾幼以及人之幼"。我们很难想象，一个对父母都不爱的人能去爱别人、爱陌生人。在中国文化中，孝与忠有密切的关系，人们常说"爱于亲者忠于国""忠臣必出于孝子之门"。仁义之士把爱亲的体验推之于爱民、爱国。在一般情况下，忠与孝是顺向的联系，有普遍性。在特殊的时空条件下，忠孝面临冲突，难以两全，忠诚义士服从大义，为国尽忠。

我们今天如何行孝、尽孝？在高龄化的现代社会，在近几十年实行"一胎化"生育政策之后，孝道面临严峻挑战，甚至连起码的赡养老人都面临尴尬。例如，七十岁的老人仍在照顾九十岁的父母，一对中年夫妇往往需要照顾两家的一两代共四至八位老人。因此，光靠家庭成员本身已无法实现赡养老人的任务。养老需要政府、社会与家庭共同负担。当然，我们不能把养老都推给政府与社会。日本的社会学家曾提出"一碗汤距离"的学说，即两代人分开住，但住得很近，当子女把汤端给老人时，汤还是热的。新加坡政府据此鼓励两代人住在同一个社区（或楼盘）之内，予以优惠补贴。这些都值得借鉴。

"节"的本意是"止""操""信"，指人对欲求有节制、节度，又指人行为高尚，有节操，有品节。古代士人讲气节、操守，在生死关头有静气与定力，不随风摇摆。"节"这一品德与"忠""义"等品德有密切的联系。孔子曰："三军可夺帅也，匹夫不可夺志也。""志士仁人，无求生以害人，有杀身以成仁。"曾子曰："临大节而不可夺也。"孟子曰："富贵不能淫，贫贱不能移，威武不能屈，此之谓大丈夫。"《苏武牧羊》："历尽难中难，大节定不亏。"翁同龢自题诗："每临大事有静气，不信今时无古贤。"今天我们讲"节"，是指做人要有原则、立场，不能因眼前的名利而牺牲大节，不要做实用、功利主义的墙头草，尤其是在权、钱、色的诱惑面前要洁身自好。古代官箴："吏不畏吾严而畏吾廉，民不服吾能而服吾公。公则民不敢慢，廉则吏不敢欺。公生明，廉生威。"

"义"的本意是"宜"，指适宜、恰当。"义"是"四维"之一，又是"五常"之一。孔子说"君子义以为上""见利思义""不义而富且贵，于我如浮云"。孟子说，不该由自己所得的东西，却去取了过来，是不义。"义"是人们的行为准则，"义行"指合宜、得当的行为。在"应然""应当"的要求中，包含有克尽职守、发挥才能，对社会、家庭尽法律上和道德上的责任与义务等的内容，包括尽职尽责、尊老敬贤、爱幼护弱、扶危济困、除暴安良、见义勇为、舍己为人等。羞耻之心是"义"的萌芽。"义"在内心，是对是非善恶的正确果断的裁决，这既是道德情感，又是道德判断。义行则是人们发自内心的责任感、义务感的实行过程。因此行义即自觉自愿地按"义"这种道德原则行动，正直勇敢是很高尚的道德行为。民间成语"见义勇为""慷慨就义""义不容辞""义无反顾""义正词严""义愤填膺"，都表达了社会大众对维护社会正义、公正的呼唤与褒奖。简略地说，义是应当，即无条件地做应当做的事。在当下，应充分考虑义与利的关系问题。中国道德哲学家并不排斥，而是主张在道义指导下的义利之统一。"德、义，利之本也。"求利当以道义为标准，坚持道义与谋求公利（即百姓之利），与社会整体长远的利益是一回事。义与社会管理者的正当利益也是一致的，只有这样才能得到百姓的拥护。

"忠孝节义"作为一组范畴、一个词组，表明"四德"是彼此联系、相互照应的。儒家肯定公私义利的区别，主张"门内之治恩掩义，门外之治义断恩"，即在家庭、私人领域以恩为上，在公共领域则以义为上。在当前，我们的政府与社会应尽量保护活的道德资源，创造条件与氛围，让人们爱家、爱国、爱中国文化，努力尽孝尽忠，尽伦尽职，持守道义，保住节操，尊重个体人格，使整个社会充满正能量，更加和谐美好。

原载《人民日报》2015年4月3日理论版，收入本书时有修改补充。

新时代"六伦"的新建构

唐代诗人王勃的名句"海内存知己，天涯若比邻"，脍炙人口，诸君耳熟能详。人类今天进入了信息、网络时代，新的交通工具与交往方式，使人与人的时空阻隔变得不那么重要了。但今天有了另外的问题，例如，上句古诗可以倒过来读"比邻若天涯"。这反映了当代人际疏离的现象。在高层住宅里，住在对面、隔壁单元房的人，楼上楼下的人，彼此不相识。有的小夫妻近在咫尺，却各在自己的房间埋首操作电脑、手机，面对面的亲密交流、沟通中间徒增了电子媒介。至于父母与子女之间，同事与朋友之间，个人与社会、国家之间，陌生人之间，人与生态环境之间的关系，都有了新的面相与新的问题。本文拟从古代"五伦"谈起，试论今天的"新六伦"秩序的建构，聊备一说，就教于各位读者。

一 "五伦"与"五常"

"伦理"一词最初见于《礼记·乐记》："乐者，通伦理者也。"郑玄注："伦犹类也，理分也。"这里的"伦理"指类别、条理。那么，人类的社会生活条理，即人伦之理是什么呢？

最早明确指出人伦之理的是孟子。孟子说："后稷教民稼穑，树艺五谷；五谷熟而民人育。人之有（为）道也，饱食、暖衣、逸居而无教，则近于禽兽。圣人有（又）忧之，使契为司徒，教以人伦：父子有亲，君臣有义，夫妇有别，长幼有序，朋友有信。"（《孟子·滕文公上》）

这就是俗称"五伦"的由来。上句话中,"契"音"薛",相传为殷代的祖先。孟子的意思是,传说中的人文始祖,从教民稼穑开始,重视物质财富的生产,进而教化百姓,使人民懂得遵守基本的社会生活规范。孟子的意思很明确,人与禽兽的区别在哪里? 与动物不同,人类社群有人与人的基本关系、秩序及背后的道德价值。在道德价值背后还有人对终极性的天、天道、天命的信仰。

《中庸》里讲的"五达道",即修养自己的五条最通达的道路:"天下之达道五……曰君臣也,父子也,夫妇也,昆弟也,朋友之交也。五者天下之达道也。"也就是说,人们正是在最基本的"五伦"关系中修身成德的。修身成德离不开家国天下,尤其是基本的亲属关系与社会关系。

《礼记·礼运》讲"十义":"父慈、子孝,兄良、弟悌,夫义、妇听,长惠、幼顺,君仁、臣忠十者,谓之人义。……故圣人之所以治人七情,修十义,讲信修睦,尚辞让,去争夺,舍礼何以治?"这里讲礼治的功能与内核,以及礼对于治理人心与天下的重要性。此外,儒家还提倡兄友、弟恭,夫义、妇顺,君惠、臣忠。这就指出了"父子、兄弟、夫妇、长幼、君臣相互之间的道德准则"[1]。

汉代以后,"五伦"关系主要沿袭《孟子》《中庸》的说法(君臣、父子、夫妇、兄弟、朋友),这些伦常关系背后的道德价值,父子之间的是慈、孝、仁,君臣之间的是仁、惠、忠、义,兄弟之间的是良、悌、友、恭,夫妇之间的是义、顺,朋友之间的是信、义等。

"五常"指五种基本的道德价值原则"仁义礼智信"。孔子以前的

---

[1] 张岱年:《中国古典哲学概念范畴要论》,北京:中国社会科学出版社,1989年,第179页。

思想家及孔子本人已分别提出了这些道德原则。① 子思、孟子明确指出仁义礼智"四德"。西汉贾谊、董仲舒正式提出仁义礼智信"五常"之道,将这五种基本道德原则视为人的"常行之德"。东汉班固等撰《白虎通义》和王充撰《论衡》,都指出仁义礼智信是"五性""五常",重申它们为五常之道和常行之道。"五常"是中华民族最普遍、最重要的道德规范,是中华民族独特的精神标识。另外还有"四维八德",即孝、悌、忠、信、礼、义、廉、耻,也是重要的德目。

人伦关系及其道理的"五伦"与内在道德的"五常""八德"是有密切联系的,当然也有区别。所谓联系是指,"五伦"指人的社会存在、社会关系,其中包括社会关系、社会角色的道德价值,而"五常""八德"指人在社会关系、社会生活中的道德原则。"五常""八德"贯彻在、实现在"五伦"之中,或者说,通过"五伦"关系的实践,人们可以培养"五常""八德"。两者之间的区别是:首先,"五伦"的关系是相对的、外在的、实然的、现实的状况,人的伦理角色之间还有交叉(如一个特定的人可以同时是人臣、人父、人子),"五常""八德"则是天赋的、普遍的、超越而内在的人的自然的、理想的状况。其次,"五伦"关系是他在的、被规定的,"五常""八德"却是自我命令的、自律的。再次,"五伦"重在强调伦理关系的和谐,"五常""八德"强调的却是其中的理念。

自孔子肯定"君君、臣臣、父父、子子"(《论语·颜渊》)以来,儒家学者一再阐明君臣、父子间的关系都是对等的关系,君臣、父子、夫妇、兄弟、朋友间都是相对、相关的。在公共事务中,"君不君,则臣就

---

① 详见《左传》《国语》《论语》等经典。据《国语·楚语》,春秋时期即使在楚国,也有传习六经的传统。从楚庄王(? —前591)时期的大夫申叔时回答庄王如何教育太子的资料中,不难知道楚国君臣也重视诗礼之教,强调仁德、孝顺、忠诚、信义等价值的指引。

不臣";在私领域中,"父不父,则子就不子"。其中之"不"字,"包含'应不'与'是不'两层意思。假如,君不尽君道,则臣自然就会(是)不尽臣道,也应该不尽臣道(闻诛一夫纣矣,未闻弑君也)。父子、夫妻关系也是如此"。[1]

　　传统五伦中除"君臣"一伦外,基本都是私领域。当然这个问题很复杂,必须具体、历史地加以考察。早期的家国同构,使君臣关系有时也处在公私之间。但总体上,儒家关于公私领域是有区别的,"门内之治恩掩义,门外之治义断恩"(《礼记·丧服四制》。郭店楚简中也有此句,只是"断"字为"斩")。门外以义为重,门内以恩为重。从人伦基础来看,父子关系重于君臣关系。处理父子、君臣关系以及两者发生矛盾、冲突时,儒家强调的是具体理性。

　　在郭店楚简中,"六位"是非常重要的,也就是说,人首先是处于一定角色和关系中的;如此又各有其职其位,相应各有其德,需要按照既定的品质规范而行。关于个人在家庭和社会生活中的角色问题,楚简《六德》篇指出以下三个方面:第一,以夫、妇、父、子、君、臣为"六位";与之相应,此"六位"各有其职,分别对应于率人者、从人者、教人者、学者、使人者和事人者,称为"六职";此"六职"又各有相应之德,分别对应于圣、智、仁、义、忠、信,称为"六德"。第二,"六位"之间有内外之别,父、子、夫为内,君、臣、妇为外。第三,"夫妇别,父子亲,君臣义"和"夫夫、妇妇、父父、子子、君君、臣臣"极为重要。另外,值得注意的是,在《六德》篇中,"为父绝君,不为君绝父"反映了早

---

① 贺麟:《文化与人生》,北京:商务印书馆,1988年,第58页。

期儒家学说中最本质、最基础的伦理内容。① 儒家认为,对于父母兄长的孝悌和仁爱是发自于本心、内在于人性之中的,是人的真情实感。相对而言,"忠"和"信"的普遍性意味更为强烈。

战国时,"五伦"的人伦秩序处于逐步形成的过程之中,这是当时社会整合的需求。汉代文治政府建立,出于社会治理及"内裕民生、外服四夷"的文治武功的需要,从西汉武帝时董仲舒等开始,朝廷全面倡导"五伦"秩序,有助于公序良俗的建构,对社会稳定起了重大的作用。到东汉章帝时,班固等编撰《白虎通义》,"三纲六纪"即成为大经、大法。这对于形成中国,凝聚中华民族与中国社会,以及使中国人文明化,其中的正面价值大大地高于负面价值。由于问题复杂,兹不赘述。

二 "五伦"面临的挑战及其现代转化

贺麟先生 1940 年发表的《五伦关系的新检讨》一文很深刻,至今还有意义。他说:"五伦的观念是几千年来支配了我们中国人的道德生活的最有力量的传统观念之一。它是我们礼教的核心,它是维系中华民族的群体的纲纪。我们要从检讨这旧的传统观念里,去发现最新的近代精神。从旧的里面去发现新的,这就叫作推陈出新。必定要旧中之新,有历史、有渊源的新,才是真正的新。那种表面上五花八门,欺世骇俗,竞奇斗异的新,只是一时的时髦,并不是真正

---

① 《六德》篇,详见荆门市博物馆:《郭店楚墓竹简》,北京:文物出版社,1998 年。又请参见徐少华:《郭店楚简〈六德〉篇思想源流探析》,载《郭店楚简国际学术研讨会论文集》,武汉:湖北人民出版社,2000 年,第 375—382 页。

的新。"①

　　我们谈谈五伦面临的挑战及其现代的转化问题。

　　"父子"一伦，特指父母与子女之伦常关系，这在今天仍是社会生活的基础。过去人们常说父子是"天伦"，意即任何人都无法选择父母，父母有责任与义务养育子女，子女有责任与义务赡养父母。父母慈爱，子女孝敬，是天经地义的。孝道反映的不仅是自然生命的延续，而且是文化生命的延续；不仅是社会伦理的秩序，而且是内在的道德价值。俗语有曰："国之良民即家之孝子"；"忠臣必出于孝子之门"。这些话都有一定的意义。家庭是人生最初的学校，亲情是每个人最终的精神港湾。仁爱子女、孝顺父母是生命与生活的切实体验。有了这一体验，慢慢由内而外，由己而人、而物，这就是孟子所说的"老吾老以及人之老，幼吾幼以及人之幼"（《孟子·梁惠王上》），"亲亲而仁民，仁民而爱物"（《孟子·尽心上》）。这是仁爱之心推广、扩充的过程。当前，父母与子女的伦常关系面临极大的挑战，包括房产等在内的经济利益的纠纷裂解亲情，老人生老病死的经济负担过重，高龄化社会使超高龄老人的赡养成为大的难题。农村留守老人应得到关爱。在社会养老机制、法律保障的前提下，政府与社会应多渠道、多途径解决老百姓，特别是老人的"养生丧死而无憾"的问题。我们还是要提倡以子女为主，子女、社会与政府共同赡养老人的方式。政府与社会要平抑老人重病、临终与丧葬的高费用，解决"病不起""死不起"的问题，使收费合理化。全社会都应鼓励、支持、提倡"孝养父母"，并为之提供一定的条件。

　　"夫妇"一伦，在大家庭解体、核心家庭普遍化的时代，尤为重要。

---

① 贺麟：《文化与人生》，第51页。

有人说,夫妻是朋友。诚然如此,父子也可以是朋友。但夫妻、父子的角色定位及相互关系有特别的内涵,不是"朋友"一伦可以代替的。在男性中心主义逐渐被扬弃的时代,妇女在家庭、社会中做出的贡献及相应的地位,与传统社会已不可同日而语。夫妻之间的相互理解、尊重、敬爱与忠诚,仍是最重要的,这是夫妻关系稳定的前提。"二奶"现象对夫妻伦常之道有极大的破坏。离婚率过高,影响社会稳定,不利于孩子的身心健康。而留守妇女问题,离乡到城市打工的农民工夫妇的夫妻生活及其家庭的整全性问题,应得到政府、社会的高度关注。全社会都应积极维护夫妇伦理,维护家庭的和谐稳定。

"兄弟"一伦,指兄弟姊妹的伦常关系。从兄弟姐妹在家庭中的相处,可以学习、体验到人与人相处的很多道理,学会体谅、尊重、关爱与谦让。

"朋友"一伦,先儒有丰富的交友之道,与什么人交朋友,不与什么人交朋友,怎么交朋友,经典、蒙学读物与民间谚语、格言中都有申说。孔子的弟子有子说:"信近于义,言可复也。"(《论语·学而》)朋友之间要讲求信用,但必须是合于道义的事才能守诺、实行。

"君臣"一伦已经消解,但现代社会仍有上下级关系。君臣关系可以改造为同事关系中的上下级关系,同事关系变得十分重要。现在应建立新的一伦,即"同事"之伦。善处这一伦有助于职业伦理及乡村、社区、机关、企业、学校、军营伦理文化的建设。我们可以创造性地转化"五伦",促进形成现代新型的伦常关系,尤其是健康的同事关系,以敬业乐群、忠诚度以及上下级的礼法秩序为准则。这里应体现现代的管理秩序,而在传统道德上则可以借取规范性的"礼"与道德判断的"智"两个德目。

此外还有"师生"一伦。《礼记·檀弓》篇明确指出了师生关系与君臣、父子伦常关系的差别。我们不妨把师生伦理纳入到朋友伦理之中,把"朋友"一伦细化。

三 新时代"六伦"秩序的新建构

《大学》云:"为人君,止于仁;为人臣,止于敬;为人子,止于孝;为人父,止于慈;与国人交,止于信。"这里再次阐明了君德为仁,臣德为敬,子德为孝,父德为慈。而国人,即古代城邦中的人,其交往之德为信。张岱年先生说:"这里强调了'国人'的相互关系,国人的范围又大于朋友,这是《大学》的新观点。"[1]国人比朋友的范围大,其中有大量陌生人。

哲学家张申府、张岱年兄弟的父亲张濂是清朝最后一科进士,辛亥革命后为众议院议员。他晚年曾认为,应在"五伦"之外,立一种陌生人之间的伦理,即"第六伦"。

公民社会的交往伦理当然要突破古代的交往伦理。我国台湾地区"经济起飞之父"李国鼎先生等在 1981 年提倡建立"第六伦",即"群己"一伦。李国鼎在《经济发展与伦理建设》一文指出:"台湾地区经济的快速发展,使群己关系受到私德败坏的影响,致形成经济进步、道德落后的现象,亟需建立五伦之外的'第六伦'——群己关系的社会公德。第六伦的作用,在维护社会的稳固、调和与成长,使其成为国民人格不可分离的部分,进而促进生活素质与社会的健全发展。"[2]"第六伦"就是个人与社会大众的关系。李先生等认为"五伦"

---

① 张岱年:《中国古典哲学概念范畴要论》,第 179 页。
② 李国鼎、郭为藩、吴忠吉:《富裕的伦理》,台北:"行政院文化建设委员会",1991 年,第 6 页。

都是私德，"第六伦"才是公德。他把私德与公德绝对地对立起来了。实际上，私德是基础，私德可以推为公德。中国文化、儒家传统中有丰厚的公德的资源。李先生等基本上还是西化的观点，对"五伦""爱有差等"的理解是不全面的，对传统伦理、道德与现代化的关系亦缺乏全面、辩证的看法。

韦政通先生引述、评论了李国鼎、孙震等先生关于"第六伦"的讨论，他指出："'伦理'不只是关系，还应该包括使这种关系合理化的'理'。""近代思想中有一个现成名词可用，那就是'群己权限'，'群己'指关系，'权限'就是使这种关系合理化的理，这是 1903 年严复翻译穆勒《论自由》的中文书名（《群己权限论》）。""一个社会既工业化、现代化，在家族亲友之间又保持适度的感情，是可能的；一个社会既讲求法律、制度、契约，又讲求人伦、亲情，不但可能，而且必要，只是各有其有效范围，不得任意扩张。"①韦先生又指出："广义的伦理可以包含法律，法律却不能取代伦理，伦理除法律与守法的问题之外，还大有事在，人间的关系除权利义务关系之外，还有许多复杂的关系，其中有些关系不是靠法律能处理的。"②较之李先生等，韦先生的看法显然学理性强一些。但韦先生也有把公、私德对立的倾向，且把"五伦"作为特殊主义、"第六伦"作为一般主义，也是有问题的。其实，"五伦"的基本精神在当代也是可以转化为普遍之道的。

李国鼎、孙震先生的贡献是提出了"第六伦"——"群己"一伦，缺憾是未指出此伦之"理"，且对传统文化的看法有很多偏颇。我们认为，"群己"一伦——公共道德，在现代社会十分重要，建设这一伦常秩序可以应对个人与社会、国家、人群之间或陌生人之间的交往，乃

---

① 韦政通：《伦理关系的新突破》，北京：中国人民大学出版社，2005 年，第 187、190 页。
② 韦政通：《伦理关系的新突破》，第 191 页。

至调整人类与天地、山河、动植物类的关系,处理好自我与他者的关系问题。这一伦的"理"不仅是"群己权界",而且更应是"忠恕之道"。

儒家有丰富的群己关系的智慧,有"成己"与"成人"、"立己"与"立人"、"己达"与"人达"之论。在"己"与"人"的关系上,孔子主张"己欲立而立人,己欲达而达人"(《论语·雍也》);"己所不欲,勿施于人"(《论语·颜渊》)。这就是忠恕之道。成就自己是在成就别人的共生关系中实现的。成就自己,同时必须尊重别人。不尊重别人,也就不能成就自己。儒家的"为己""成己""反求诸己"之学,肯定"人人有贵于己者"(《孟子·告子上》),肯定主体的内在价值,肯定自我,并在道德实践和政治诉求上表现了"舍我其谁"的担当意识。自我的完善与实现,脱离不了家国天下的完善与实现。孔子主张"修己以安人""修己以安百姓"(《论语·宪问》)。《大学》主张,"壹是皆以修身为本",以"修身"为中轴,把"正心""诚意""格物""致知"与"齐家""治国""平天下"联系在一起。这也是所谓"内圣"与"外王"的统一。这种思想传统亦说明了中国人在交往理性上并不会发生困难。中国古代哲学有关群体和谐的话语,路人皆知,兹不赘述。在人与终极的天,人与自然、他物,人与社会、他人,人与内在自我的关系问题上,在人之世代生存的时空问题上,中国文化与哲学有丰富的资源。①

在个人与社会、国家、人群的交往上,我们提倡"忠",即"己欲立而立人,己欲达而达人",尽己之心,讲求奉献;在个人与陌生人、他者的交往上,在不同国家、民族、宗教、文化的对话及人与自然的关系问题上,我们提倡"恕",即"己所不欲,勿施于人",推己之心,将心比心,宽容厚道。这就是"群己"这一新伦之"理"。

---

① 详见郭齐勇:《论中国古代哲人的生存论智慧》,《学术月刊》2003 年第 9 期。

综上所述,君臣关系变成为上下级关系,新"六伦"或"七伦"似应为:父(母)子(女)有仁亲、夫妻有爱敬、兄弟(姊妹)有情义、朋友有诚信、上下级与同事关系上有礼智、群己之间有忠恕。新"六伦"或"七伦"之新,在于各伦增加了新的内涵,更强调平等互动、互补,且增加了"同事"一伦与"群己"一伦。正常的同事关系、上下级关系有助于职业伦理的建构,正常的群己关系有助于新的社群、公民道德与文明间的对话。

原载《孔学堂》(中国思想文化评论)中英文杂志创刊号,2014年8月。

国学教育

论国学教育

"国学"是多元一体的中华各民族的优秀传统文化。"国学"这一概念包括多个层面，其中当然有国家、民族的文化精神，即国魂与民族精神的内涵，包含中国人的信仰方式、终极关怀与安身立命之道，以及中国人的核心价值观念或系统，还有深邃的、多样化的学术与技艺的层面，有独特的知识系统。我国不同时空、不同民族、不同地域的丰富多彩的文化不断交流和融合，其中还伴随着中外文化的碰撞、交流与融合，我们着重研究其精神文明与知识系统。

现在坊间有人说"国学是个筐，什么都往里面装"，这个说法是不正确的。国学有信仰体系、价值体系与知识体系等。在经史子集、儒释道及地域与民间文化之中，有精神内核层与文化的知识层。国学最重要的部分是经学。熊十力先生讲："经为常道，不可不读。"中华文明的常经、常道在五经四书之中。这是国学的重中之重！十三经是古代中国宗教、政治、伦理的综合体，是君子修身与治理社会的综合体。大学国学院国学精英教育的重心是由小学（古文字训诂等）而经学，这是基础。有此基础训练，才可以传授好国学的其他丰富内容。我们应加强国学学科体系、知识体系的研究。

现在社会上有赚钱的"国学"、风水的"国学"等，泥沙俱下，鱼龙混杂。但我们坚持的是理性的研究。全国各大学现有三十几家国学院或国学研究院，这是进行正规的国学教育与研究的机构，培养社会急需的从事国学教学与研究的人才。以敝校武汉大学为例，我们从2001年即开办了正规教育的本科生国学班，以"小班授课，经典导读"的方式,坚持了十四年,有的本科生的品质与水平,超过了硕士生。我们从 2007 年开始,逐渐形成了本科、硕士、博士的国学教育系统。其中,硕、博士点是以交叉学科的方式增列的。现在,除敝校国学院之外,中国人民大学、复旦大学、南昌大学、郑州大学、深圳大学等高校的国学院都在培养国学本科生,也相应有硕士或博士生,而更多的国学研究院,如北大、清华的国学研究院等,都以研究为主,也在培养博士生或博士后。

有的专家说,国学太大了,怎么敢设置国学学科呢? 怎么敢当国学的博导呢? 其实,现在的文史哲也都很大,也是范围很广的,涵盖古、今、中、外的内容。相比较而言,能设文史哲学科,能当文史哲的博导,就可以设国学学科,当国学的博导。

我们一再讲,设置国学学科不是要取代现有的文史哲学科,也取代不了,只是略作一点补充而已。国学只是现行学科的补充。国学是中国文史哲的综合与交叉学科,特别是要解决现行学科体系中没有中国传统最重要的学科——经与经学的困难。西方的大学有古典学、经典诠释学,主要研究宗教经典的解释系统,而中国现行大学没有中国最主要的经典的研究及人才培养,这是非常遗憾的。中国的经典主要是人文的经典。由于传统断裂,现在各大学的中文院系已承担不起经与经学的研究与传承重任。这一任务历史地落在大学的国学学科与国学院身上。

国学教育也是有层次的。

首先有蒙童教育与国民教育。其中,国民教育(九年义务制教育)中的国学或中国优秀传统文化的教育,对一代又一代国民的文化认同、伦理共识及文化价值观、人生观的形成,对国民的人格养成、文明修养、人文教化,最为重要,应系统研究,进入体制,抓紧、抓好。近三代人都未系统地接受国文与国学教育，带来的问题不少。应把最需要中小学生掌握的中国文化基本的精神内核、做人做事之道，以循序渐进、春风化雨、潜移默化的方式，放入必修课，滋润中小学生的心田。

其次是大学的国文与国学教育。为所有科系的大学生上好"大一国文"的课，或在通识教育中让大学生读一点中国经典，也很有必要。我们十分痛心，一些智商很高的大学生留学欧美后立即皈依基督教，并大肆咒骂中国与中国文化。这是因为他们没有根，没有解决文化认同与安身立命的问题。

最后，国民的国学教育还有成人、终身教育系统的层面，要进社区、乡村、企业、机关及老龄大学等，覆盖全社会。山东的乡村儒学教育、不少城市社区的国学教育，都有好的典型，值得推广。

而不同层次的国学教育，特别是中小学国学即中国优秀传统文化的教育，需要大量的师资，这正是国学学科与国学院存在的理由。我们培育的是有理性的、正讲（而不是歪讲、俗讲）国学的师资与人才，他们接受过国学知识系统的基础训练。

2014 年 9 月 29 日作者应邀于湖南大学岳麓书院出席"全国国学院院长高层论坛"即第三届全国国学院院长会议并发言，此为整理稿。

现代社会为什么需要国学经典

十年树木，百年树人。国民教育、中小学教育对一代代国民基本素养的形成与提高最为关键。我们现在最缺乏的是生动活泼的、适合不同学龄孩子的性情教育与生命教育，人之所以为人的基本价值观、做人做事底线，以及人的生活目的的教育，而这对于国家民族的长久利益，对现代法治社会、公民社会的建构，意义十分重大。

一 国学经典中有丰富的当代价值

就人生意义与价值的层面来说，梁启超说过，《论语》《孟子》等经典，"是两千年国人思想的总源泉，支配着中国人的内外生活，其中有益身心的圣哲格言，一部分久已在我们全社会形成共同意识，我们既做这社会的一分子，总要彻底了解它，才不致和共同意识生隔阂"。这就是说，四书等国学经典表达的是"仁义礼智信"等中华民族的核心价值观念，这是中国历代志士仁人与普通老百姓的日用常行之道，人们就是按此信念而生活的。

中国文化的大传统与小传统是打通了的，国学具有平民化与草根性的特点。中国的民间流传着"勿以善小而不为，勿以恶小而为之""老吾老以及人之老，幼吾幼以及人之幼""积善之家必有余庆，积不善之家必有余殃"。这些来自中国经典的精神，通过蒙学读物、民间谚语与故事、戏文、连环画、家训、家礼、善书等，通过家教和民间社会生活与信仰，渗透到世世代代中国人的生活世界中，成为"百姓日用而不知"的言行规范。

中国的传统文化及其对一代又一代民众的养育是我们最大的国情，也是最大的中国实际。国家的兴盛与国学的复兴是"一体两面"的事情。国学是软实力。在文化小传统中，勤俭、重教、敬业、乐群、和谐、互信、日新、进取的观念，无疑是经济发展过程中的文化资本。"诚敬""忠信"思想有助于整顿商业秩序，增强企业内部的凝聚力并改善外部形象，提高效率，促进人的精神境界的提升。儒释道三教的价值观、义利观和人格修养论，有助于克服拜金主义、享乐主义和坑蒙拐骗的行为。在这个意义上，经典中有当代价值。

二 经典中有治国理政的经验与智慧

国学经典中的治世经验与智慧，首先是富民、教民，制民恒产。

孔子以"庶、富、教"为治国方略，强调养民、富民，富而后教。孟子的民本思想以解决民生为急务，即所谓"民事不可缓也"。孟子明确提出"恒产恒心""制民之产"说，主张政府一定要解决黎民百姓基本生产与生活资料的保障问题，此为养民、安民的基础。百姓的生计解决了还不够，还须施以教化，如此方能调治民心，和谐人伦关系，安定社会秩序。

第二是礼乐刑政的相互配置。

古代礼乐刑政的配置中，礼乐是文化，有价值。在"礼"这种伦理秩序中，包含了人道精神、道德价值。荀子推崇"礼"为"道德之极""治辨之极""人道之极"，因为"礼"的目的是使贵者受敬，老者受孝，长者受悌，幼者得到慈爱，贱者得到恩惠。礼乐文化不仅促进社会秩序化，而且有"谐万民"的目的，即促进社会的和谐化，并提升百姓的文明水准。

就现代生活而言,在外在强制的法律与内在自觉的道德之间,有很大的空间,即包含社会礼俗在内的成文与不成文的规范,这就是"礼"。提高国民的文明程度,协调群体、社区的关系,促成社会健康、和谐、有序地发展,不能没有新时代的礼仪文化制度、规矩及与之相关的价值指导。我国历来是礼仪之邦,今天我们仍然面临提高国民文明程度的任务。在这一方面,礼学有深厚的资源。

第三是扩大社会空间,提倡社会自治。

传统中国是儒家式的社会,是小政府、大社会的典型。传统中国的社会管道、中间组织很多,例如宗族、家族、乡约、义庄、行会等血缘、地缘性的自然团体及扩大化的社会团体。以民间礼仪、节日与婚丧祭祀活动,村社活动,学校、书院讲学活动,士农工商的交往等为契机,在一定意义上可实现社会自治、地方自治。民间组织与民间自治,士人的积极参与,以及儒学传统所倡导的公共品德,是公民社会的人成长与全面发展的基础,也是现代性政治的基本内容。儒家的人禽之辨、公私义利之辨、君子和小人之辨、天理与人欲之辨,是当代公民道德重建并以此美政、美俗的重要资源。

三 存养"三心",体验"三个合一"之境

我国需建构真正具有内在约束力的信仰系统,即以"仁爱"为核心的价值系统。从长远的、健康的、高品质的社会目标来看,儒家"仁爱"思想可以纯洁世道人心,整合社群利益,调整人与天、地、人、物、我的关系,克制自我中心和极端利己主义。

这些价值对于我国社会的整合以及和谐社会的建构,具有重大

的现实意义。国学与现代伦理价值——个性自由、人格独立、人权意识等完全可以整合起来；儒释道若干价值观念与现代人权、平等、尊严、理性、道义，不乏可以沟通之处。现代权利意识，现代法律生活，如果缺乏终极信念的支撑，缺乏深厚积累的社会资本和文化资本之支撑，很可能流于平面化与片面化。在法治社会的前提下，构建现代文明，建设公民社会的伦理体系，需要传统思想资源特别是儒学的支撑。儒学资源中有大量可以与自由主义、社群主义沟通及对话的内容，又不会陷入自由主义、社群主义的偏颇。

对优秀传统文化进行创造性转化与创新性发展，应保存、养育"三心"，即敬畏之心、恻隐之心、羞恶之心；进而体验"三个合一"的境界，即天人合一、群己合一、知行合一之境。

孔子有"三畏"，我们现代人也应有敬畏之心：敬畏生命，敬畏自然，敬畏神灵，敬畏列祖列宗的文化创造，敬畏老百姓，敬畏我们的职业、职责与职分，庄敬自强，严肃谨慎。孟子讲"四端"之心，其中包括恻隐之心、羞恶之心。恻隐之心是仁德的萌芽，羞恶之心是义德的萌芽。培养爱心，从仁爱出发，爱父母、亲人，爱邻人、他者，爱我们服务的对象，爱草木鸟兽、山水瓦石，要有切身的感受，从点滴做起。还要有羞耻感，懂得什么事当做，什么事不能做。人不能把自己降低为禽兽，而要做君子。

我们追求天人合一、群己合一、知行合一之境界，这正是君子的人格境界。这"三个合一"是终点，起点则是讲"三个分立"，即天人相分、群己权界的分别，知与行两阶段的区隔。分了之后再合。从敬畏之心出发，有超越的信念信仰，对终极存在的"天"与生命存在的"地"心怀恭敬、尊重，审视"人"的有限性，才能达到"与天地万物为一体"的境界。人与我、群与己、己与物之间充满着矛盾，我们在现代意识下首先要明晰彼此的权、责、利的界限,然后再从恻隐之心出发,讲爱心、友善,讲社群的统合与和谐。知行合一,在王阳明那里是指良知的呈现;我们通过改造、转化,强调理论与实践、规范与行为的分而后合。这里也可以从羞恶之心出发,视"说一套做一套"为耻。

原载《人民论坛》2016 年 8 月下期,收入本书时有修改补充。

理念·教材·师资
——略谈中小学传统文化教育

国学教育要从娃娃抓起。促进中小学深入开展传统文化教育，让我们民族的优秀精神传统在中小学扎根，已成为当下朝野的共识。中华优秀传统文化如何在广大教师、孩子心中扎根？本文拟探讨相关问题，就教于方家。

一　理　　念

我们首先要叩问的是，我们让中小学生学习一些传统文化的目的是什么？我们认为，目的有二：其一是通过浸润，让孩子们学会做一个好人，将来做一个好公民，养成君子人格，有一定的理想境界；其二是慢慢让孩子们懂得并爱好中国文化，将来具有一定的文化自觉与文化自信的意识。

传统文化中有知识系统、价值系统与信仰系统，这三者是不可分离的。我们的教育主要是阐释知识，渐成系统，慢慢让孩子们体会其中的价值意蕴。至于终极信念方面，那是他们成人以后，直至晚年，慢慢才能从生命经历中体验到的。

经史子集的经典中有很多志士仁人的故事，他们堪称楷模，其为人为学之道，千古传颂。我国古代的教育是成人的教育，强调学为做人，肯定人品的修养、陶冶的重要性。

传统教育的核心是如何使人成为全面发展的人，尤其是道德的人。孔门四科，德行、言语、政事、文学，以德行为先，以人格修养为重。孔子倡导的"为己之学"，启发人自觉修德、讲学、闻义而行、改过迁善。他主张"士志于道""君子怀德""仁者安仁""为政以德""道之以德，齐之以礼"，如此则老百姓"有耻且格"。《论语·宪问》："子路问君子。子曰：'修己以敬。'曰：'如斯而已乎？'曰：'修己以安人。'曰：'如斯而已乎？'曰：'修己以安百姓。修己以安百姓，尧舜其犹病诸！'"这就暗含着修养自身与服务社会的一致，故《大学》申言："大学之道在明明德，在亲民，在止于至善。"这三条纲领是递进的关系。大人之学的内涵：彰明天赋予人的内在德性；在人世间服务大众，除旧布新；以至善理境为最高目标。

孔子指示了教养的目的在于培养君子人格，追求圣贤的境界。儒家的成圣人、成贤人，道家的成真人、成至人，佛教的成菩萨、成佛陀，都是理想人格的追求。孔子认为，通过教育与修养，人可以把握仁、智、勇"三达德"，成为全面发展的人；具备了臧武仲的智慧、公绰的清廉、卞庄子的勇敢、冉求的多才多艺，再经过礼乐的熏陶，可以成为有文采、有品位的"成人"。如果达不到以上标准，那至少能做到"见利思义，见危授命"，在长久困顿中也不忘平日的诺言。

理想的人是全面而纯粹的人。荀子发挥孔子的"成人"思想，指出："君子知夫不全不粹之不足以为美也，故诵数以贯之，思索以通之，为其人以处之，除其害者以持养之。……生乎由是，死乎由是，夫是之谓德操。德操然后能定，能定然后能应。能定能应，夫是之谓成人。天见其明，地见其光，君子贵其全也。"（《荀子·劝学》）荀子在这里是说，君子人格的目标是全面、完满的，是通过遍读群书，思索、研究、体验，并以人格典范为榜样不断实践而达到的。在这一过程中，不断消除妨碍纯全之学的利欲的诱惑，扶持、保养坚定的意志与信念,把握住自己,无论在顺境还是逆境中都能坚守做人的原则,正确应对各种形势与环境,最终成就自己,成为完美的人,即真善美统一的人。

应通过传统文化教育,让同学们渐渐地懂我们的历史文化,爱我们的历史文化。民族、历史、文化,三者是有密切关联的。全盘西化思潮的影响,使得人们蔑视、鄙薄自己的祖宗文明;文化虚无主义与价值相对主义流行,遗祸无穷。我们通过春风化雨、润物细无声的方式,让孩子们在成就自己的过程中渐渐有一种文化自觉。文化自觉是文化自信的前提。青年人、成年人对自己文明的文化认同,是我们这个多民族统一的国家认同的基础。除了文化认同,还有伦理共识,这是法治社会得以建构的基础。我们的传统文化教育也有助于同学们取得伦理共识,从小对维系家庭、社群的基本伦理有深入骨髓的认知与体验,对长治久安大有裨益。

二　教　材

我们希望语文、史地、德育、思政,甚至体、音、美等各课程、教材与读本中,多一些传统文化的因素,包括民族、地区特色的文化因素。还可以专门设置一门优秀传统文化的课程并编好教材。现在各地都在抢编此类读本、教材,五花八门,良莠不齐,明显带有功利化与工具性的趋向。编好教材,编者首先要有正确的目的、理念,其次要有相当的国学修养。

中国传统文化,经史子集,诸子百家,儒释道,蒙学,诗词歌赋,琴棋书画,民族与地方习俗等,素材丰富多彩,我们应充分照应到多样性,特重生动活泼的各种材料,选取可读性、趣味性的内容。尽管如此，传统文化的教育不能碎片化，而应有其系统性、整体性。我们还是要强调多样性中隐然有统一性，这些教材的编撰一定要有上节我们所说的理念的指引，即不忘价值理性，不忘教育目的。我们从各不同侧面对学生进行多方面、多维度的文化传统的教育，一以贯之的还是让学生逐步理解中国文化的根本精神，人之所以为人与中国人之所以为中国人的根本道理，"五常"（仁义礼智信）、"四维八德"（孝悌忠信礼义廉耻）等核心价值。这是中心的中心。当然，不能硬性地灌输，而应是春风化雨的浸润的方式。

选取反映中国精神、中国故事，内容形式俱佳、情文并茂的范文，特别有意义。可以学习姚鼐编《古文辞类纂》，曾国藩编《经史百家杂钞》，吴楚材、吴调侯编《古文观止》，蘅塘退士（孙洙）编《唐诗三百首》的经验，甚至可以直接选用其中的内容。上述姚编、曾编还特地选了古代不同的文体，如论著、辞赋、序跋、诏令、奏议、书牍、哀祭、传志、叙记、典志、杂记等。这对学生理解传统文化的特色，也十分重要。国学入门书目，比较全的是梁启超提出的，共二十五种，涵盖四部。可以由易到难，从中选取恰当的篇章。编撰中小学教材一定要遵守循序渐进的原则。

近代的教材也有可借鉴之处。清末民初有一大批教育家都在做传统道德的近代转化工作，尤其从行为举止、礼貌用语方面加强对儿童与青少年的品行教育。近代中小学与诸多报刊利用传统蒙学读物、四书等资源，接上新时代的新道德，并倡导从生活实践做起的办法，值得珍视。《弟子规》中对孩童举止方面的一些要求也被继承转化了，如要求孩童站立时昂首挺胸，双腿站直，见到长辈主动行礼问好，开门关门轻手轻脚，不用力甩门等。成立于1904年10月的天津私立中学堂，由严范孙校长亲笔写下四十字的"容止格言"："面必净，发必理，衣必整，纽必结。头容正，肩容平，胸容宽，背容直。气象：勿傲，勿暴，勿怠。颜色：宜和，宜静，宜庄。"此校后即为南开中学，该校从容止细节上培养学生的自重与尊人。这都是从日常生活中把私德推为公德，把道德、人生教育落到实处的实践活动，对社会的移风易俗起到了良性的作用。我国传统从来就重视道德价值"上以美政，下以美俗"的社会功能。民国时期的"风俗改造"、建立社会公德及中小学修身课程中的"公民教育"，促进了近代社会与人的精神转型，而且当时的媒体与教育界重视规范日常公共社会生活中的行为习惯，改变不良风俗。

蔡元培先生在留德期间撰写的《中学修身教科书》，商务印书馆于1912至1921年间共印行了十六版，他还为赴法华工写了《华工学校讲义》，两书在民国间影响甚大，今人合为《国民修养二种》一书。蔡先生的用心颇值得我们重视，他创造性地转化本土的文化资源，特别是儒家道德资源，为近代转型的中国社会的公德建设与公民教育服务。

蔡先生强调，孝亲是美德！有这一美德的浸润、养育，成就了一个君子的健康的心理、性情、人格、品质，增益了斯人的公德、正义，使其为国家、社会，为公共事务负责任，忠于职守，甚至赴汤蹈火，在所不辞。这就是蔡先生讲的"国之良民即家之孝子"。反之，在社会交往与公共事务中不忠诚、不庄重敬业、不讲信义、不廉洁奉公即是大不孝。

蔡先生强调家庭为人生最初之学校，善良之家庭为社会、国家隆盛之本。他认为，如私德不健全，则很难有健全之公德。受到家庭内部的爱的熏陶，在家有孝心孝行者，走上社会后自然而然地会把这种爱推广到团体、社会、国家，此即为仁义、忠爱。可见，家庭与社会、私德与公德虽有区别,但不是截然对立的,恰恰是有着有机联系的,是可以推己及人、由内而外,逐步加以推广、实践与体验的。

我认为,四书系统进课堂与教材特别重要。如果初三至高二的学生集中学习四书的大部分内容,会使他们终生受用无穷。学习的顺序还是按朱子说的,先读《大学》,再读《论语》,再读《孟子》,再读《中庸》。

三　师　资

现在讲授传统文化课程最缺乏受过基本训练的教师。建议各高校的国学与文史哲院系,广为开办长短不一的训练班,培训当地中小学教师。建议各地职能部门组织好师资培训工作。从长计议,还是要有国学学科的设置,让国学有"户口",名正言顺地培养师资。

中国传统讲的教育,是全面的、广义的教育,包括今天的知识教育、技术教育、道德教育、生死教育、艺术教育、身体教育等德智体美的各方面,也包括今天的家庭教育、社会教育、学校教育等系统。中国传统教育的特征,首先是综合观,即大教育观,教育渗透到社会各子系统之中。

对中小学生进行传统文化的教育,还应调动家长的积极性,让家长与孩子一起学。老师与家长不仅要学在前,尤其要行在前,言行一致,知行合一。

中国传统教育的方法是亲师取友,教学相长,师生不脱节,相互砥砺品节,这也是值得效仿的。教育的中心与重心,一是通过技艺来培养君子,寓教于礼、乐、射、御、书、数之中,二是通过理解经典、实践经典来培养君子,故有诗教、书教、礼教、乐教、易教、春秋教。礼乐之教是基础。礼是规范身形的,乐是陶冶心灵的。接受乐的陶冶,和易、正直、慈爱、诚信之心油然而生,可以使人心情愉悦;常常如此,使人内心安宁;长期浸润,可以体验天道。接受礼的训练,养成守礼的习惯,举止庄重而有威仪。心中和乐,行为庄敬,鄙陋、骄奢之心不易滋生。君子如此,可以影响民众。礼乐可以调和人的性情,端正偏颇,调节心理失衡。君子的温润豁达的性格与刚毅不苟的品节是靠养育而成的。

我们现代的公民教育之目的在于培养年轻人认同、建树"公民身份""公民权责""公民资质"。但仅此还不够,还应进行价值教育。价值教育比德育与公民教育更为重要。传统文化教育的核心正是价值教育。现代社会不仅要强调公民的权利观念,而且还要重视其所应具备的责任与德行。中国教育特重生命与性情教育,有着十分丰富且生动的内容与实践性,在今天的家庭、社会、学校的教育中,特别是公民教育与价值教育中,完全可以做创造性的转化。

原载《人民教育》2016 年 11 月第 22 期,原标题《传统文化扎根中小学的三大关键》,收入本书时有修改补充。

漫议人文与国学教育

——兼谈当前中小学教育的病症

　　十年树木,百年树人。国民教育、中小学教育对一代代国民的基本素养的形成与提高最为关键。目前我们的中小学教育存在着很多问题,个人以为最大的问题是:知性教育太过,德性教育不足;科技教育偏胜,人文教育不及。本人在此提出一些不成熟的看法,以就教于方家。不当之处,敬请指教。

　　中国的教育界太过功利化,目光短浅,问题很多。目前我国中学生数理化教育的水准,特别是数学教育的水平,已高出欧美四五个档次,还在不断拔高、加码、升级。在高考指挥棒下,当下的"课改"适得其反,只能是更加层层加码,又增加了数理化特别是数学的难度,揠苗助长,使不少中学生失去了学习数学(或数理化)的兴趣。中小学,特别是中学理工科基础教育与人文学科基础教育严重失衡,理科太偏重了。如果拿智育与德育相比,智育太过,德育不及。两者根本未达到所谓车之两轮、鸟之双翼的平衡状态。在文科基础教育中,政治教育取代人文、人性教育与道德教育的状况又特别严重。整个社会的政治教育与道德教育(不用说中小学的)仍然是老一套,教条化,根本不能打动人心,管乎人心,渗透到人的信仰、行为中去。社会上一些大干部尚且说一套做一套,贿赂公行,官德不在,遑论其他人呢?人性、心性、性情教育,文化理念与信仰的教育,是根本的、管总的、长久的,是超乎政治意识形态之上的东西。我肯定适当的政治教育的必要性,但认为一定要有限度。政治的价值是短时效的,人文、人性的价值，中华民族历史文化的价值，是长久的、根本的。这里有本末的关系，不可颠倒。我们现在最缺乏的是生动活泼的、适合不同学龄孩子的人性教育，是人之所以为人的基本价值观、做人做事底线与终极信仰的教育，而这对于国家、民族的长久利益，对于现代法治社会、公民社会的公民底线伦理与伦理共识的建构，意义十分重大。做什么人，培养什么人，是根本。人是目的，不是工具、手段。现在的社会风气，声色犬马，唯利是图，社会教育、家庭教育、学校教育都面临很多难题。社会上成年人、老师、家长的生活方式、行为方式、情感方式、价值观念，对孩子们的影响是最大的。中小学出现的校园暴力与其他现象，例如有的孩子受到性侵害的现象，令人忧心忡忡。故我们不仅希望学校师长，更呼吁整个社会，大多数家庭，特别是干部、知识分子，都来整齐风俗，移风易俗，正心诚意，洁身自好，坚持做人的底线，并用心去做好人性、性情的教育。

一　为什么要重视国文与国学教育

每一个中国人，更不要说承担着传承文明、教育下一代重任的中小学的干部、教师（无论教哪一门课的教师），都应当掌握好母语，具有中国历史文化的常识。作为一个国家的公民、国民，有接触本国经典的义务。一个西方人，不管从事什么行业，在他经受的家庭、社会、学校教育中，起码诵读过、学习过《荷马史诗》，柏拉图或亚里士多德等的希腊哲学，西塞罗等的罗马政论，莎士比亚的文学作品等。这都是视为当然的，是他们的人文修养的基本功。一个中国人，也应当掌握好母语，具有中国文化的常识。可是在我国，如果我们让青少年读一点有关孔子、孟子、老子、庄子的书，会被认为是守旧复古、大逆不道。这是非常奇怪的事情。近年来,这种情况有所好转。

2001 年 5 月我在德国。有一天,莱比锡大学的一位女教师陪我到该校去作演讲,途中她先送女儿上幼儿园。她对我说:"我送女儿到教会办的幼儿园去,幼儿园的老师们常给孩子们讲《圣经》中的故事。这是要让孩子们从小接受我们这个文化最基本的做人的教育,博爱的教育。从幼儿园到大学,都是不允许传教的,孩子们长大以后信不信教,由他们自己选择,成年以后的事,家长不干预。但作为家长,一定要让孩子在幼小的时候就接受我们自己文化中最基本的伦理的教育。"

我的朋友,德国特里尔大学的文学院长、汉学家波尔教授(他的中国名字叫卜松山)曾经在北京多次郑重地对我说过:"你们中国有很好的伦理资源,特别是儒家文化中有很多很好的做人的道理,可惜你们放弃了,没有用这些本土的文化资源教育后代,这非常遗憾!"卜松山先生是中国通,他翻译了郑板桥的作品,会唱道情,研究中国美学,也研究儒家道德哲学。

法国的小学、中学的国文教育,注重本土文化思想的训练,中学生即开始学笛卡尔、马勒伯郎士的哲学,以及孟德斯鸠、卢梭的政治学等。法国对所有大学生的国文教育,重视古典语言和希腊、罗马的典籍,及有关宗教、历史、哲学、伦理、政治、经济等古典著作的阅读。现代欧美大多数知识分子在成长过程中反复受到上述古典的教育,浸润于其中。

一个社会,如果没有基本的伦理共识,那是非常危险、非常可怕的。再严密的法律,代替不了社会的伦理道德;进一步说,健康的、现代化的法治社会恰恰是建立在民众的底线伦理、民众的伦理共识的文化土壤之上的。我们去过美国的同志都知道,美国一些地方的治安状况很好,真可以说是"路不拾遗,夜不闭户"。为什么呢? 除了法制健全之外,大凡这些地区的社区文化都比较健康,或者基督教、天主教的道德教育做得好。这些地方的离婚率很低,家庭和谐稳定。

作为一个中国人,不能不读四书(《论语》《孟子》《大学》《中庸》)。四书之于中国,如同《吠陀经》与《奥义书》之于印度,《古兰经》之于阿拉伯,《新约》《旧约》之于西方。

法国的启蒙思想家推崇儒家人道、人性的学说,用以反对神学,他们把儒家的"己所不欲,勿施于人"写进 1793 年宪法及《人权宣言》。二战结束后,联合国在通过《人权宣言》时,中国代表张彭春先生(曾是清华大学国学研究院的研究生)起过很多作用。张先生把儒家的智慧渗透进去,并以儒家智慧来协调各方,使该宣言得以通过。宣言引用了孔子的话:"己所不欲,勿施于人。"1993 年在芝加哥,6 500位来自世界各地的宗教领袖,通过了一个《世界伦理宣言》,这个宣言有两条基本原则,其中之一就是孔子的"己所不欲,勿施于人"。这句话的意思是:自己不想要的东西绝不要强加给别人。当然这不是指物质上的东西,而是指人格尊严。自己不想受到别人的羞辱,那你首先就要尊重别人,不要羞辱别人。反过来说,你想要别人怎么对待你,你就要那样地去对待别人。这可以推广为国家、民族、宗教、文化之间相互对话与交往的准则。

几十年以来,中国大陆的幼儿教育、中小学教育中,缺乏国文、国学基本知识和传统道德的教育。十多年来虽有所好转,但仍然不令人满意。就取得全社会普遍的族群认同与伦理共识而言,就和谐社会的建构与可持续发展而言,幼儿与中小学教育中的国文、国学教育是基础的基础。因此,全社会都应当重视对幼儿、小学生和中学生加强中华民族人文知识与人文精神的教育。不然,大学人文教育就根本没有办法做好。

从公民的文化教养与民族文明的健康发展来看,应当有法律严格禁止中学生的文理分科。同样的,我国应当为民族传统文化的承传立法,或者说,应当在法律上规定,必须对幼儿与中小学生进行传统语言与文化的教育,维护民族语言与文化的纯洁与尊严。必须改变目前青少年学英语的时间、精力大大超过学习母语的状况。

人的一生中受到最大影响的,除了自己的父母、兄弟姐妹外,就是小学、中学的教师了。我十分感念我的父母、兄长,我的小学老师、中学老师。他们在言传身教中教会了我如何做人。我们的中小学教师们都很辛苦。老师们的一言一行,直接影响着学生,甚至影响学生一辈子。但由于教育制度、结构和种种原因,今天的中小学教师以及今天的为人祖父母、为人父母者的国文与国学素养,却令人不敢恭维。因此,要大力培养师资。

我举双手赞同儿童读经。2003 年我在日本讲学,曾专程去福冈看望了九十五岁高龄的冈田武彦先生。冈田先生九十岁高龄时还在福冈的一家幼儿园给孩子们讲《论语》。冈田先生说,东方文化中有很多珍宝还未开发出来,东方文化一定会胜过西方文化。儿童背一点蒙学读物如《三字经》《百家姓》《千字文》《弟子规》《千家诗》等,背一点《论语》《孟子》《老子》,背一点古代诗词等,很有好处。我认识一些儿童的家长,他们指导自己的子女或孙子女适当背诵一点古代经典,对开发智力很有好处。十三岁以前语言记忆能力很强,多背一点,打一点童子功很有必要。这一年龄段只需要背,以后再慢慢理解、反刍,终身受益无穷。这不仅对孩子们学人文有好处,而且对孩子们学科学有好处,对孩子们将来做人、立身处世也都有好处。过去一些有名的自然科学家都有很好的文化修养及文史哲的功底,例如数学家华罗庚先生、李国平先生等都善诗词书法。他们从小都背过经典，接受的教育很全面。各位不用担心孩子们现在懂不懂，该担心的倒是孩子会向家长与老师挑战。老师与家长必须懂一点国学初步，也就是要略知经、史、子、集，略懂基本的经典。

从《光明日报》的报道中可知，不少全国人大代表、政协委员肯定儿童读经，特别表扬了沈阳市皇姑屯区所有的小学生每天早上用二十分钟诵读蒙学读物与《论语》。我认为这是非常值得推广的。

我们应在中小学教育中恢复毛笔字的教育与训练。我们的高小与中学语文课本中应按年级适度增加文言文的比重，到高二、高三至少应有五六成的古文。繁体字是中华文化的重要内容与载体，我建议认真考虑已故任继愈先生的倡议，让中小学生与国民"识繁用简"。

人文教育事关孩子们的人格成长、心理健康。人文教育包括全人类、东西方人文精神的教育，其中外国特别是西方的人文精神的学习非常重要。但相比较而言，国学与国文教育又是基础的基础。国文、国学中有很多属于博雅教育、心性修养与君子人格培育的范畴，属于祖国历史文化精神传承的问题，故应当特别重视。

二　西方大学的通识教育给我们的启示

斯坦福大学明确以博雅教育作为大学教育目标，该校要求同学们不局限于一个专业，要有广博的知识与修养，要"均匀"，即接触不同学科，同时了解不同文化的经典、观念与价值。该校规定学生在下列九个领域中选修十一门课（每一门至少三学分）：（1）文化、观念及价值，（2）世界文化，（3）美国文化（以上为文化核心课程）；（4）数理科学，（5）自然科学，（6）科技及应用科学（以上为科学核心课程）；

(7) 文学及艺术,(8) 哲学、社会及宗教思想,(9) 社会及行为科学
(以上为人文及社会科学核心课程)。以上每一领域中的课程,基本
上都是经典导读,其课程有:荷马的《奥德赛》或《伊利亚特》,柏拉图
的《理想国》,亚里士多德著作选或其《伦理学》《政治学》,《圣经》,奥
古斯丁的《忏悔录》,中国思想家孔子著作选读或《论语》,中国道家哲
学选读或老子的《道德经》,《孟子》选读,《庄子》选读,马丁·路德著
作选,马基雅维利的《君王论》,弥尔顿的《失乐园》,蒙田散文选,但丁
的《神曲》,摩尔的《乌托邦》,卢梭的《社会契约论》及《论人类不平等
之起源》,莎士比亚的《哈姆雷特》及《暴风雨》,牛顿著作选,达尔文著
作选或《物种起源》,马克思、恩格斯著作选或马克思的《共产党宣
言》,恩格斯的《家庭、私有制与国家的起源》,韦伯的《新教伦理与资
本主义精神》,黑格尔的《精神现象学》,培根的《新工具》,笛卡尔的
《方法论》及《沉思录》,洛克的《政府二论》,霍布斯的《利维坦》,尼采
的《悲剧的诞生》,弗洛伊德的《梦的解析》,库恩的《科学革命的结
构》,《古兰经》,艺术史及世界文明等。

芝加哥大学的通识教育是非常有名的。该校大学生的毕业学分
中有一半以上是涵盖六个领域(人文类、外国语文类、数理科学类、自
然科学类、社会科学类、文明研究类)的通识课程,名为"共同核心课
程",学生必修二十一门课,分量很重。①

哈佛大学的传统也是通识教育,重视人文精神的培育。哈佛的
理念是:最佳教育是开放式、创造性教育,不仅应有助于学生在专业
领域内具有原创性的思想与能力,而且要创造条件让学生善于深思

① 以上有关斯坦福与芝加哥大学的情况,详见黄俊杰:《大学通识教育的理念与实践》,台
北:台湾通识教育学会,1999年,第271—289页。该书简体字版由华中师范大学出版
社出版,请参阅。

熟虑,有追求的理想目标和洞察力,成为具有自由人格的、完美的、成功的人。哈佛本科生在校四年中,除在一个主要领域中学习外,也进行跨学科专业的学习。该校不少教授强调人文学习的重要性,主张理解、吸收不同的价值观念。大学本科生必修八至十门课的"核心课程"。核心课程的主要领域有外国文化、历史研究、文学与艺术、道德思考、科学与社会分析,并须修习英文写作、数理统计及外国语文。在"道德思考"领域,该校请不同的专家讲授不同宗教、文化传统的伦理道德课程,让同学们选修一种。其中有杜维明教授的"儒家伦理"课,每次都有三百多位学生选修。杜教授只上大课,并定期主持助教会。该校规定,每二十名学生必须配一名助教,助教参加学生的讨论(每周一次),引导学生读书,批解他们的读书报告。

有的哈佛教授认为,任何复杂的文明必须发展社会资本,这个社会资本是看不见的,不能以短浅的目光看待我们教育的效果,最佳的教育不能以美元来衡量。有的教授认为,不能只重视经济资本,还要发展文化人,这就要考虑文化传承、心灵积习,除了智力教育、科技方法之外,还要培育伦理素养、人生智慧、精神价值、文化能力、道德信念,等等,要培育公众知识分子,关心社会,参与政治,批评当下,指引未来,为社会提供价值指导。

我国各大学现在也在推行通识教育。有的大学一下开出两百多门课。通识教育不是课开得越多越好,在诸多通识课中要形成核心课程。建议学习四书五经等的一二种中国文化的基本经典和一种西方文化的经典并作为核心课程(绝不要用"中西文化概论"之类的课程来代替)。所有大学生都应修一门"大学国文",可以用四书或《古文观止》作教材。傅斯年先生当台湾大学校长时,全校学生在大一时必上一个学期的《孟子》、一个学期的《史记》(选),增强历史感,培育健全人格与浩然正气,这个经验值得借鉴。否则,光靠选修几门比较泛一点的人文通识课或听几场人文演讲,仍不能弥补大学生的人文素养方面的缺憾。现在大学生的语文、国文的基础太差,文字写作能力太差,连写信(包括信封)的格式都成问题。

我国大学人文教育中的问题是人文学科自身的课程体系的缺失。我们一定要改变概论(原理)加通史(专史)的模式,使之变成以研读中外古今之原著经典为主的方式。几十年来受苏联影响,大学文科本身的最大弊病是,课程体系成为概论加通史(或断代史、专史)的模式。对此,大家已经习以为常了。学生们学一点概论、原理、通论、导论、通史、专史、断代史是有必要的,但如果所有课程统统如此,不直接读一些东西方文学、史学、哲学、道德、艺术、宗教等领域里的原创性经典,那就有很大的缺憾,不可能培养出具有原创力的人才。概论加通史的模式,是以否定东西方人文传统和不相信师生们能读懂、分析与理解原著经典为前提的。概论、通论、原理、通史、专史等是一些专家们嚼过的馍,以此硬性地、填鸭式地喂养学生,养成学生学习的被动、怠惰,特别是思想的懒惰。长此以往,就丧失了思想的能力,只会人云亦云。我国大学人文学科的教育,往往变成背诵无聊教条的过程,学生所获益甚少、甚浅,只是为了应付考试,无关身心修养。中小学教师是大学培养的,故大学的弊病影响到中小学。

我国大陆各大学的中文系与台湾地区各大学中文系的差距是,后者继承了民国时期我国大学的传统,以古文字、古文献为基础,以经、史、子、集为教学与研究的内容;而前者则与此相反,不重视古文字、古文献、古思想,只偏重于集部之一部分(甚至只是现当代小说),愈来愈狭隘,影响了几代师生的训练与师资的培养。

不论是国学、人文学科还是自然科学的教育,课程设置是一回事,怎么讲课又是另一回事。课讲得好不好,不在外在形式,而在于教师有没有学问根底,以及如何调动学生主动性的讲课方法。课程排定后,讲什么,怎么讲,考什么,怎么考,是教师的自由,千万不要用那些形式主义的条条框框加以限制。面对同一课程或文献资料,应允许由具有不同见解的老师来讲,也应允许学生来批评。应提倡师生间的自由讨论,交流互动,启发学生有所见,有所得,即孟子所谓"心之官则思,思则得之""以意逆志""掘井及泉""深造而自得之"云云。

三　我国传统心性情教育的优长之处

我还是认为读书,特别是读一点古书,比看电视、去娱乐场所甚至上网更有收益,更有意义,更有涵泳。我还是提倡修身养性。中国古代哲学家、文化人讲涵泳,讲六艺之学,讲礼、乐、射、御、书、数,讲诗词歌赋、琴棋书画,讲人的品位、人的意境。人不是行尸走肉。人活着,要活得有尊严,有格调,有价值,有意义。孟子说:"人之所以异于禽兽者几希,庶民去之,君子存之。"意思是说,人与他物、人与禽兽的差别其实很小很小,君子保留了这一界限,而普通人却抹杀了这一区别。故为人师表者,特别是大中小学的校长、干部、教师,不要一天到晚忙于应酬、周旋,甚至沉溺在声色场所,要读书,要静坐,要修养自己。

我们提倡博雅教育与君子人格。中国传统文人很看重个体人的生存品位与品质,很重视人文的熏陶和修养。孔子讲:"志于道,据于德,依于仁,游于艺。"(《论语·述而》)孔子又说:"兴于《诗》,立于礼,成于乐。"(《论语·泰伯》)优游、涵养、陶冶于礼乐教化之中,通过

《诗》教、《书》教、礼教、乐教来培养社会精英,也提升民间的品位,是传统知识分子的重要任务。孔子有"知其不可而为之"的品格,有"文王既没,文不在兹乎"的担当意识。他以"天命在我""天生德于予"的自觉,一身系斯文传续的使命,同时,也有"吾与点也"之叹。其实子路、冉求、公西华三人从事军政外交的志向,孔子不是不认同,相反,他总是鼓励弟子有外王事功之实践与建树。但是在当时的语境中,孔子独独默许曾点的优游、涵泳:"暮春者,春服既成,冠者五六人,童子六七人,浴乎沂,风乎舞雩,咏而归。"(《论语·先进》)没有这种生活意境的人是读不懂"吾与点也"章的。曾点在这场对话中表现了胸次悠然,直与天地万物上下同流的意境,其志趣的特出、独到,使夫子叹息而深许之。可见个体人生存的意义世界,与个体人之身心的涵养有很大的关系。人有别于禽兽,自不待言。不唯如此,人不仅仅是语言、逻辑的动物,不仅仅是社会政治的动物,而尤其是具有宗教性、道德性和美感的动物。这就需要涵养。要有所养,养气,养心,养性,养情,养才。靠什么养? 在古代是靠人文的"六艺"之学之教,靠五经四书。

我们传统的心性论是一富矿,可以开采发掘的资源甚多。即使是朱子的心性论,其实也不是那么面目可憎,相反,非常有亲切意味。朱子诚然强调"天理"对于"人欲"的控制与调整,但主要是指内在性的调控,不是外在的强加。"情"需要节制,并非中国哲学家的专利,古今中外大的哲学家、伦理学家没有不讲导情、节情的。"情"之泛滥总不是一件好事。

现在我们讲可持续性发展,讲和谐社会,这都有古代文化资源的基础。人与生存环境的共生关系,历来为中国人所重视。《庄子·齐物论》讲:"天地与我并生,而万物与我为一。"这里表达的是"天、地、人、物、我"整体和谐的智慧：无论是类的人、群体的人还是个体的人，与无限的宇宙，与有形有限的世界，与天地万物，可以达到契合无间的理想状态。孟子说："亲亲而仁民，仁民而爱物。"（《孟子·尽心上》）张载说："民吾同胞，物吾与也。"（《正蒙·乾称》）我们爱自己的亲人，进而推己及人，爱周围的人，爱人类，爱草木、鸟兽、瓦石，爱自然的万物和人造的万物。这些爱当然是有差等的，但仁者把自己与天地万物看成是一种共生的关系。程颢主张天地万物与己一体，原无分别。《识仁篇》云："仁者，浑然与物同体。"又说："仁者，以天地万物为一体，莫非己也。"（《二程遗书》卷二上）这当然是一种超越的理境，儒家主张通过仁爱之心的推广，把人的精神提升到超脱寻常的人与我、物与我之分别的"天人合一"之境。这同时也表达了一种共生共存的意识。在古代思想家看来，人与自然万物，与草木、鸟兽、瓦石、山水，与驯养、栽培之动植物和衣食住行之器物等，是密不可分的整体。天地万物是不同差异的统一。在这个统一体中，万物各安其位，各遂其性，各得其所。

孔子是中国文化的伟大代表，是万世师表，人家联合国都以孔诞为教师节，为什么中国反而不以孔诞为教师节呢？这很奇怪。中国大陆是中国文化的正宗、正统，唯其如此，更应以孔诞为教师节。这是教师的尊严与光荣之所在。

母语、国文、国学的教育是国本，不可动摇。二十多年来，我一直在批评一种现象，即中国大陆地区的各层次教育中，忽视母语的教育，忽视本土历史文化的教育。反过来看一看法国及欧洲其他一些国家，他们严格限制大众媒体把英语节目或所谓美国大片肆无忌惮地播放，他们是有限制的。法国知识界不断批评、指导法国的传媒与文化界，法国政府也十分自觉地捍卫法兰西语言的纯洁性与法兰西文化的尊严。我不是反对学习西方，相反，我是积极主张拥抱西方文明的，我当院长时在本院的哲学教学中为以西文学习西方哲学经典创造了很好的条件。我们开办的国学试验班、中西比较哲学国际班，都是开放的，有的课程也用英文上。但我认为，这一定得有一个界限，即中国的教育（从幼儿园到博士生），宪法与法律允许的中国教育，一定以母语与本土文化为主导和主要内容。我们现在讲自主创新，讲建立自主创新型国家，首先振兴的应是中国自己的文化传统。中国人靠什么走向世界？中国人的精神文化中当然包含着几千年来与外来文化的融合，中国文化当然是变动着的文化。但中国之为中国，中国文化之为中国文化，一定有自己内在性的东西，有主导性与主体性的常道。这是不可动摇的。

四　再次呼吁四书全部或大部分进入中学课堂

四书与朱子的《四书章句集注》不仅是影响我国最深远的著作，也是影响东亚最深远的著作。它们传到朝鲜半岛、日本列岛和越南之后，当地的儒学专家有了多少不同于中国的发展，赋予了其富有本土意味的创新意义，在学界有很多深入的探讨，在民间也有广泛的影响。儒家社会的空间很大，儒家社会与文化是东亚现代化的基础。[①]

现在对古代经典的诠释，有一些低俗化的倾向。对于民间文化来说，浅一点是正常的，但一定要提升受众的水平，努力把"戏说""俗讲"引导为"正讲"。

"四书学"在今天仍有勃兴之势。从近十多年来我与同仁在学

---

① 关于儒家文化及其与现代化的关系，详见郭齐勇：《中国儒学之精神》，上海：复旦大学出版社，2009 年。

校、社团、企业、媒体、地方图书馆等处讲授四书的情况来看，深感民众迫切需要，又特别欢迎。他们对四书有一种亲切感，而且能从生命的体验中、从生活的实践中加以理解。我相信，四书仍是现代中国人最好的精神食粮！

关于四书的读法，朱熹说："某要人先读《大学》，以定其规模；次读《论语》，以立其根本；次读《孟子》，以观其发越；次读《中庸》，以求古人之微妙处。"（《朱子语类》卷第十四）有人说，为什么一定要按朱子的步骤呢？我们当然可以各行其是，不过，朱子的读法符合循序渐进、由浅入深的原则。

四书要用心去读，以生命对生命，以真诚对真诚。古代圣贤指点人，不是权威说教，而是启发学生或读者自己去领会。儒学是生命的学问，要体验、实践，身心合一。学习这些典籍要身体力行，学以致用，不能所学与所行脱节。四书我不知读过多少遍，教过多少遍了，反复诵读，每一次都有新的体验与收获。

自宋代以来，四书是中国人的基本信仰与信念，是中国人的安身立命之道，是家传户诵之学，哪怕是乡间不识字的劳动者，也自觉实践其中做人的道理。其中的"仁爱"思想，"己欲立而立人，己欲达而达人""己所不欲，勿施于人""老吾老以及人之老，幼吾幼以及人之幼"等格言，一直到今天，不仅是中国人做人的根本，而且是全人类文明中最光辉、最宝贵的精神财富。"仁爱"是中华民族的核心价值。

我特别要说明的是，儒家教化不是所谓道德说教，而是春风化雨；儒家教育不仅不排斥技艺，而且恰好是寓于礼、乐、射、御、书、数等技艺之中。儒家讲的教育，是全面的、广义的教育，包括今天的知识教育、技术教育、道德教育、生死教育、艺术教育、身体教育等德智体美的各方面,也包括今天的家庭教育、社会教育、学校教育等。中国教育的特征,首先是"综合观,即大教育观。中国传统教育认为教育这一系统是整个社会大系统中的一个子系统,许多教育问题实质上是社会问题,必须把它置于整个社会系统中加以考察和解决"①。而教育又渗透到社会各子系统之中。《礼记·学记》把教育的社会功能概括为十六个字,"建国君民,教学为先""化民成俗,其必由学"。教育功能的两个方面:第一是培养国家所需人才及人才的全面性,第二是形成良风美俗、好的道德风尚与人文环境。这两者又是相互联系、交叉整合的。

中国人很重视家风、家教。著名学者、中外哲学与佛学研究专家,20世纪五十年代任北京大学副校长的汤用彤先生,在讲述自己的学养时,首先讲四个字"幼承庭训"。这就是说幼儿时代所接受的家教,启蒙教育。古代叫"正蒙",养蒙以正,即开蒙的时候一定要端正。

四书的教育,贯穿、渗透到社会、家庭的各方面,起着良好的作用。培养一个对社会、对国家和民族有用的栋梁之材,不管他将来做什么事业,根子要扎正,特别是做人的教育,人文的教育、道德的教育应视为根本。因此,今天的家长不要太功利。家长自己的言教,特别是身教,耳濡目染,对孩子影响最大。我下面举两位大科学家的例子。

世界著名的物理学家、1957年度诺贝尔物理学奖得主杨振宁博士在回忆录《曙光集》中说在十一二岁读初中一二年级的两个暑假里,其父克纯先生(芝加哥大学博士,回国任数学教授)让他读《孟

---

① 郭齐家:《中国传统教育哲学与全球伦理》,《教育研究》2000年第11期。关于古代教育的传统及其特点,详见郭齐家:《中国教育思想史》,北京:教育科学出版社,1987年。

子》,并请雷海宗教授介绍了一位历史系的优秀学生丁则良来给他教《孟子》;丁还讲了很多上古知识,是在教科书上没有的。在中学时代,杨振宁可以背诵《孟子》全文。《孟子》使杨先生一生受益无穷。杨先生回忆合肥老家旧宅,每年春节换上新的堂联,写的都是"忠厚传家""诗书继世"。他的父亲很强调"纯"及朋友之交的"信"与"义"。

著名植物学家、中国科学院院士、中国科学院昆明植物研究所名誉所长、2007年度国家最高科学技术奖得主吴征镒教授,九十多年来一直恪守父母亲"五之堂"的家训。这"五之",就是《中庸》中的"博学之,审问之,慎思之,明辨之,笃行之"。吴家六兄弟中出了三个院士。《中庸》使吴家子弟高尚其志,又让他们掌握了很好的思想方法与治学之道。吴教授恪守其家训,又把这治学格言传给了后辈的科学家。

儒家的核心价值,四书的主要内容,又通过蒙学读物,通过戏院、茶馆,通过唱戏的、说书的,从各种民间艺术的渠道流向社会,影响世道人心。山西乔家大院的主人用来教育子弟的就是《朱子治家格言》等及一些善书。儒家的教育方法,绝不是今天的满堂灌,而是以启发式为主。孔子不愤不启、不悱不发,孟子以意逆志、深造自得,类似教育方法在四书中太多了,兹不赘。

任继愈先生生前一再希望四书教育全面进入中小学课堂,他肯定台湾地区在初中与高中使每一位中学生通过《中国文化基本教材》等全都学习了四书的经验,并为新华出版社引进台湾地区的中学四书读本写序。[1] 我们要体会任先生晚年提出这些主张的用心。

---

[1] 参见郭齐勇:《"四书"应该进中学课堂》,《光明日报》2008年4月14日,第12版;郭齐勇:《深切怀念太老师任继愈先生》,《光明日报》2009年7月20日,第12版。

老师们行有余力,不妨读一点四书,还有《老子》《庄子》,这都是提升人的精神境界的重要的精神食粮。有条件的,还可以读一点《史记》《汉书》,读一点《诗经》《楚辞》《左传》《国语》或一点佛经等。以上这些,是中国文化典籍中最基础、最精华的东西。可以找一点选本,找一点注释本来读。当然要找比较可靠的本子,例如杨伯峻先生的《论语译注》《孟子译注》等相对来说要好一些。一般说来,中华书局、上海古籍出版社、岳麓书社等出版的古代经典注释本相对可靠一些。建议最好不要看白话译本,因为白话翻译都不可能准确。中国人读自己的古典,有天然的亲和力,只要肯下一点功夫,古文字、古文献并不难读。中国人的文艺复兴的时代即将到来,通过我们的现代性解读与创造性诠释,传统经典的再发现、再发掘、再发明、再辉煌的日子已经不远了,我们要培养、训练自己与学生最起码的阅读古书的能力。首先是要对祖宗文明有敬畏之心,有同情理解的心态。其中有无数的珍宝,过去我们做了太多糟蹋、毁辱圣贤的事。

　　作为教师,我建议老师们至少要读一篇古文,即《礼记》中的《学记》。这一篇文章非常精辟,虽然只有一千三四百字,但在我看来,却胜过了洋洋洒洒数十万言的西方或今人的一些教育学方面的著作。我每学期开学时重温一遍《学记》,每读必有新的收获。这篇文章对教育的目的、原则、内容、形式,学校的设置,教育的方法,教与学中应纠正的偏弊及成功的经验等,都有精到的论述。尤其是关于"人师"的论述,关于尊师重道、教学相长、循序渐进、观摩切磋、触类旁通、师德师风、慎于择师、长善救失、导而弗牵、强而弗抑,等等,即使在今天的教书育人的实践中,也没有过时,而且仍有针对性,仍有切实的指导意义。

　　孔夫子尚且"畏天命,畏大人,畏圣人之言",我们更要如此。王静安先生讲人要有三心：敬畏之心、恻隐之心、感恩之心。让我们共勉吧！

应湖北省教育学会邀请，作者于 2009 年 10 月 30 日在湖北饭店举行的"2009 年基础教育创新与发展高端论坛"上向三百多位来自六个省基础教育的教育部门领导与中小学领导作报告，此由讲稿整理而成。

当前的国学热与书院热

　　中国大陆这一波的国学热与书院热持续了十多年,主要是民间自发行为,是由民间推动的。社会各界的老百姓,包括商界人士,急切希望自己与子女了解他们在国民教育与高等教育阶段未曾学到的本国、本土的文化,于是各种国学培训与讲座应运而生,热度有增无已。此种需求也波及政界。

一　书院的兴起及其利弊

　　国学热在今天表现为一定程度的书院热,各地的民间书院如雨后春笋般涌出,有人估计,近十几年全国出现了近万所书院,但良莠不齐,鱼龙混杂。正如我们对国学热予以肯定并提出批评一样,我们也对书院热予以肯定并提出批评。

　　传统的书院,包括嵩阳书院等最有名的书院在内,六十多年来只是文博机构,成为文物,或博物馆,或旅游景点,不再具有古代书院的职能。老书院焕发青春的唯一典范是岳麓书院,该院得天时、地利、人和,结合传统与现代,使千年书院获得新生。该院不仅把旅游与文博事业做好(除老文庙、老书院修旧如旧,成为著名博物馆外,近年又新建了专门的书院博物馆),最重要的是,该院又是现代化大学湖南大学的一部分,有了现代大学的结构与功能,从事正规的教学、科研、学科建设等事业,教书育人,传承文化学术。现代大学建制固然对书院有一些束缚,但岳麓书院今天的兴旺发达,仍获益于这一体制、机制。同时它又有相对独立性,在体制内办一些体制外的、属于老书院的文化事业。尤其是该院得到政府、佛教团体及现代媒体的支持,使这所千年学府真正活了起来! 该院开办了很多极有价值的文化学术活动,成为中国文化创新发展的重镇! 人能弘道,非道弘人。岳麓书院的经验对各家老书院来说,不可复制,但岳麓书院朱汉民教授、肖永明教授等院长把书院办得如此有声有色的精神是可以学习的。老书院、老文庙不能只躲在文物局下吃皇粮,无所用心,而应努力重新恢复一定的教育、培训与传承文化的职能,至少可以与附近的大学、中学联合办一些讲学、培训活动,使书院有人气,活起来,尽可能对周边的乡村或城市小区做一些国学普及工作。

地处曲阜的中国孔子研究院、地处贵阳的孔学堂是现代官办的文化机构,尚不属于书院,但多少带有一点书院的色彩。我与这两个机构都有密切联系,很看好以孔子命名的这一北一南、一院一堂,相信它们可以更好地学习、发挥书院的精神与功能。它们也努力与学界相结合。厦门筼筜书院是厦门市政府指导下办的,该院与学界、与厦大国学院紧密联系,独立办了闻名全国的系列讲座、高端论坛及青少年学习国学的活动。因地利与传统,它又成为海峡两岸人文学者联络的纽带。筼筜书院所以办得十分成功,和前述岳麓书院一样,与主办团队的热情、懂行、敬业、开拓有关。最近,湖北省与武汉市修复重建了历史上有名的新洲问津书院。该书院过去是庙学合一的机构,目前联手武汉大学国学院开展文化活动。

今天的书院,就主办方而言,大体上有官办、商办、学者办、民办,或官学、商学、民学合办等多种。汤一介、王守常教授的中国文化书院是学者办的典型。岳麓书院、筼筜书院是官学合办的两种不同的典型。我推崇的学者办的书院是牟钟鉴、王殿卿、颜炳罡、赵法生等在孔子诞生地泗水县办的尼山圣源书院,该院努力培训青年学人,尤其在当地推动乡村儒学,颇有成效。我推崇的商办、民办的书院是河南省建业集团办的本源小区书院,在郑州市天明路楼盘内成功地办了一家,并在各地推广。该书院在小区办人文学堂、少年国学院、图书馆与义工中心,活动有声有色,且讲实效。有的一家几代人一块儿在此接受教育,而且非本小区的居民也可参与。该书院还培养推广国学的义工,主要对象是在读的大学生。他们让国学走进小区的经验,值得推广。

今天的民间书院应如何办?我认为首先还是要端正目的,端正办学理念,不能以赚钱敛财为目的。我们还是要从传统书院吸收精神营养。古代书院都有学规,明确兴教办学的宗旨。朱子的白鹿洞书院学规(揭示),大家耳熟能详,其中规定了学院的目标和学生的守则。它集儒家经典语句而成,便于记诵。它要求学生明白义理,并落实到身心修养上来,按学、问、思、辨、行的次第,格物致知、穷理尽性,最终实践笃行。

现在的书院职能各异,可以结合实际订立学规。经心书院是一代名臣张之洞于 1869 年创办的,原址在武昌三道街文昌阁。其旨归为:"以治心者治经而经正,以治经者治心而心正。"张之洞强调经世致用,故一时间,名儒宿士投身其中,而书院肄业诸生或才识出众,或多闻博览,或志行不苟,或好学深思,亦学有所成,造福社会,不辱使命。

经心书院 2015 年在武昌东湖复办,是湖北、武汉若干企业家发心办的公益性的文化传承与培训机构。在学术文化上,该书院依托于武汉大学国学院,我忝为该书院名誉山长。我对这一书院提出了学规:以行己有耻、修身立德、知行合一为宗旨;以"五常"(仁义礼智信)和"八德"(孝悌忠信礼义廉耻)为人生的指南。

以孝亲、守礼、笃学、敏行为条目(步骤):孝亲——爱父母;守礼——懂规矩;笃学——读经典;敏行——做公益。

座右铭:"儒有忠信以为甲胄,礼义以为干橹,戴仁而行,抱义而处""儒有不宝金玉,而忠信以为宝;不祈土地,立义以为土地;不祈多积,多文以为富""仁者以财发身,不仁者以身发财"。

我认为,最重要的是,书院运行一定要在这些义理的指导下进行。总体上是要贯彻孔孟仁义之道,提升办院者与学员的人文道德素养,身体力行,知行合一。经心书院将成为儒商的修身养性的精神家园。

既然是书院,不是会所,不是游乐场,那就应以读书讲学为中心。书院是潜心读书之地。

商办、民办的一些民间书院兴起,令人欣慰,这是恢复民间活力的初步。但目前最让人担忧的也是商办、民办的一些民间书院。这些书院也分几种情况:从目的来说,有的是以营利敛财为目的,有的是以公益为目的;从对象来说,有的是成年人,以办讲座、搞培训为主,有的则是儿童与青少年,搞课外教育或全天候教育。

由于什么人都可以办书院,没有一定的资质准入或登记制度,书院办得越来越滥。现在的管理,常常是"一管就死,一放就活,一活就乱"的循环。由谁来管?谁有权力管?怎么管?由官方教育部门把书院管起来也会有问题,同时也不胜其管。

现代书院的兴起本来就是国民对国学、传统文化的自发需求的产物,本来就是对体制内的教育不满的产物。对官方体制内的教育不满也分两种:一种是对其不系统讲中国的国学、传统文化的不满,急需补充这方面的教育内容;另一种是对现行体制内的办学理念、模式、方法的全面逆反，特别是因客观上一些孩子跟不上压力很大的应试教育。针对以上两种不满，应运而生出两类书院，即有的只是课外教育，是课余补充，读一点经典，教一点诗词歌赋、琴棋书画等；而有的则变成对孩子们的全天候教育。这后一种书院也有办得好的，强调全面性教育的，但不多。更多的则大有问题，令人担忧。

二　对中小学生的国学教育

我们希望孩子们能趁着年轻记性好，多读些经典，最好能背诵一些蒙学读物与四书等，义理以后可以慢慢领悟。我们一直希望能有多一些的国学经典进入中小学课堂成必修课，有系统性，至少能让四书进教材。我们希望能多一些国文课，让中小学生能接受到传统语言与文化的教育。我们一直在推动儿童诵读经典，但是发现目前有的国学培训机构或书院只是让孩子们、青少年背诵经典，也大有问题。背诵不能无度。有人把背诵作为学习国学的唯一形式，让孩子乃至青年越学越蠢。只强调背经典，完全在误人子弟。背那么多有什么用？没有必要。根本上我们要寓教于乐，要有一些办法让青少年乐于学习，同时学国学不是背书就够了，是要让青少年通过接触经典，学会分析与思考问题，提升理解能力与理性思考能力，特别是要做一个好人，有良知、有道德的人。而且一定要引导青少年学习科学文化知识，学习西方文明，不能脱离现代社会与现代教育。要全面打好数理化的基础，不能偏废。我们呼吁不能废了孩子们。我曾接待过一些地方上来的人，我了解有人打着国学学校旗号，他们办国学学校或书院只是为了敛财，而且误人子弟，害人不浅。有些家长做生意很忙，无暇顾及孩子的生活与学习，交给他们，在封闭的学校学习所谓国学。我遇到这样的家长,总是劝他们宁可少赚钱、不赚钱,也要与孩子生活在一起,让孩子进体制内的中小学。但有的孩子赶不上体制内学校的步伐了,很遗憾。我建议学习广东罗定市喜耀粤西学校,该校有理念,有方法。这是按香港学者霍韬晦先生的理念与方法办学的,其让孩子们在玩中学,在学中玩,开心读经典与英语,有爱心、有创意与动手能力,把正面的做人的道理以春风化雨的方式滋润学生,让学生从小培养好的性情,有知行合一、全面发展的潜力。云浮市、罗定市教育主管部门在所属各小学推广喜耀粤西学校的经验。这是正面的经验。

现在大陆各中小学都亟待开出优秀传统文化的课程,但目前还不能进入必修课,只是选修课。现在各路诸侯都在编各种传统文化的读本(是读本而不是教材,即证明还不能进入中小学正规教育,只是课外读本)。另一方面,中小学又急需教传统文化的师资。

三 大学的国学院与国学学科

目前大陆各大学有了一些国学院,可以培养师资及国学传承的人才。为什么我们要在大陆的各大学办国学院、设置国学学科?因为大陆各大学的中文系与台湾地区各大学的中文系(及师范大学的国文系)不同,根本上不读经史。我们再不这么做,将来就没有读懂古书的人。

数十年来,大陆现代高等教育将中国传统学术分割,分别纳入文、史、哲、艺等学科,以至于今日,能够用融通整合的眼光理解和诠释中国经典者愈乏其人。例如儒家五经,是中华文化传统的源头经典,但是数十年来,仅成为文史哲专业研究的语料和史料,六艺之古学遂告式微，或许终将泯灭不传。再如，即便在当下条件优渥、以科系为畛域的综合性大学，中文系学生也不再认真通读《诗经》，而且坚定地以为，三礼、《春秋》经传绝不属于中文院系应该处理的范围；历史系学生也少有系统精读三礼、《春秋》、《尚书》者，同时他们一般认为《诗经》是文学书；哲学专业学生则只翻翻《周易》，并认为《诗》、《书》、三礼、《春秋》不属于其专业内容，绝不寓目焉。而中国古代围绕着儒家经典所展开的内容丰富庞大的小学、经学学术，其考据方法和义理展开，普通文史哲相关专业的学生更是毫无了解和涉猎。因此，创立"国学"学科，重新恢复中国古典学术的合理地位，具有重要的现实意义，它有利于培养出能融通和深刻、准确理解中国经典的人才。职是之故，我们才发心办国学班、国学院，培养能读古书及文史哲兼通的人才。

2001 年，鄙人在敝校武汉大学开设"国学本科试验班"并坚持至今。十多年来，北京大学、清华大学、中国人民大学与武汉大学相继成立了国学院或国学研究院。2012 年，敝院与中国人民大学国学院等联合发起"全国高校国学院院长高层论坛（联席会议）"，首届会议在中国人民大学国学院举行，当时参加的大约有二十余家国学机构。其后在郑州大学嵩阳书院、湖南大学岳麓书院、武汉大学国学院又连续举办了三届。每届参与会议的机构都有所增加，据不完全统计，现在全国大学内的国学机构已经有五十余家。但是，在国学机构快速增加的同时，也显示出一些问题。概括起来有"两多两少"。

其一是虚体多，实体少。目前只有中国人民大学、南昌大学等的少数国学院是机构健全、教学和科研并重的实体学院，其余多为挂靠性机构。其二是研究机构多，教学与人才培养机构少。五十多所国学机构中，目前只有中国人民大学、武汉大学、复旦大学、深圳大学、郑州大学、南昌大学等高校设立国学本科专业，人大、武大等自主设立了国学硕、博士培养体系。还有少数学校在国学研究机构中招收中国哲学、历史、文学等专业的研究生。

一方面社会需要，另一方面国学院学生的招生与就业都面临困难。导致这一现状的瓶颈就是国学没有户口，即没有纳入教育部、国务院学位委员会办公室制定的《学位授予和人才培养学科目录》，没有名目与代码。而中国各大学的招生、就业与学术研究都以此目录为据。2015年5月出席敝校召开的第四届"全国高校国学院院长高层论坛（联席会议）"的专家们再次强调国学学科建设的重要性。与会学者普遍认为，由国家层面设立"国学"学科门类或一级学科有一定的合理性和紧迫性。中国古典学术向来以经、史、子、集四部之学为分野和基本面目，以考据、义理、辞章、经世为一体之多面，颇有异于西方体系主导下的大学教育学科体系。

学者们认为，即便从国际比较的视野来看，在当代西方学科体系中，神学、古典学研究，也都可以独立于文、史、哲、艺之外与之并立不悖，成为西方人文学术和大学教育体制内重要的支脉。中国现在的国学教学与研究，颇类似于西方的古典学领域。在西方，神学、古典学、东方学、汉学等综合交叉性学科各自的整体性得到了尊重。由此可见，即便从当代西方学术体系的视角，"国学"学科也有其设立的合理性。

学者们普遍认同，"国学"学科的倡立，并非要替代现行的文、史、哲、艺等学科，"国学"学术的视野和方法，主要是加强古典语文学（小学）与基本文献的训练，遵从中国古典学术的眼光和进路，例如经、史、子、集四部之学的基本格局，考据、义理、辞章融会的学问路子，由小学而入经学及由经学而入于史、子之学和理学与文章之学的路向，等等。它是对当下按照西学格局而设的文、史、哲、艺等学科的有益补充。在此基础之上,培养学生把握中国古代学术的精义,全面理解中国智慧,以开放心态与当代全球视野、西方文明及其他文明积极对话,有益于传统文化的创新与精神家园的建设。

原题《大陆当前的国学热与书院热》,原载台湾《国文天地》2016年2月第31卷第9期,总第369期,收入本书时有修改。

大学人文精神的沦丧

孟子说:"所谓故国者,非谓有乔木之谓也,有世臣之谓也。"(《孟子·梁惠王下》)清华大学前校长梅贻琦先生的那句大家耳熟能详的名言,就是由这句话变化而来的。大学精神主要是靠大学师生,特别是教授们承载与传扬的。教授应是有着孟子倡导的浩然正气的大丈夫。然而,今天所谓大学教授已发生了蜕变,不再是社会良心的代表,对政府、习见与流俗不具有反省与批判精神,而且教授在学校内的地位下降到无足轻重的地步,这正应了孟子的那句话,"下乔木而入于幽谷"(《孟子·滕文公上》)。

首先,我们讨论教授在校内外地位与作用下降的原因。我想无非是三条:一是科层式、衙门化的管理体制,二是工具理性的评价体系或机制,三是名利诱惑。

教育经费来源的单一与权力垄断,使各校不得不俯首称臣并取悦或争宠于最高或地方教育首脑机关。同理,各院系、学科、学者也不得不俯首称臣并取悦或争宠于校方。管理机构叠床架屋,各级教育机关与官吏多如牛毛。在目前的这种体制下,学校自身亦变成了官场衙门,教师成了各级领导治下的齿轮与螺丝钉。各级领导人的话都是圣旨,不管这话符不符合教育规律,都必须立马执行。政出多门,各种条条框框限制着教师,谈什么独立人格、自由精神,那都是空话。一旦作为教育主体的教师变成客体、工具,一旦教学、科研、人才培养等,连具体做法,连怎么讲课、怎么做研究,都只能听命于各级领导(他们都是内行,老师反成了外行),并围着领导转,那就不可能有什么大学精神。教授会、学生会形同虚设，只是摆设或工具。学校权力机构无需得到教授会、学生会及学校其他力量的制衡。长官意志凌驾一切，官本位愈演愈烈。

与前述管理体制相联系的是评价机制。无论是对学校、院系，还是对学科，抑或对学者个人，现行官私评价体系与评价本身就是紧箍咒。现行管理体制与评价机制之下，只能按一种模式办学，所有大学、学科都不可能有自身特色；也只需一种模式的人才，所有学者都不可能有自己的个性特色。当今的评价机制或体系，所有标准，已经无关乎教书育人、学术研究的本身及其真实性。真正的学者本不会太在意官私机构的很多评比、评奖、评估、排名之类，因为其中大有文章，多属不良竞争，不能反映实际水平。但学校、院系、学科与教师本人如不理睬这些检查、评比，如不争上各类项目、课题、学位点，或名目繁多的"工程""重点""精品"，或"跨越或进入新世纪"的"人才"，或这"山"那"河"的"学者""教授"等，其发展就会被耽误，或受到限制，甚至会被淘汰出局。马太效应，有的越有，没有的越没有，使所有的学校、院系、学科与教师不能不拉关系、走门路，巧钻营，只在填表、评比上下功夫，因为也实在没有时间、精力具体下功夫于教学、科研。而学校与院系工作，不能不以应付各类评比、检查、考核为纲。填表成了教师们的日常工作，几乎每天都有表要填，有的一个表加上附件足有几十页，甚至近百页。文牍主义愈演愈烈，其根子就在教育主管部门！工科思维笼罩一切，所有学科都只能按工科的法子办。文科中也是以社会科学压倒一切，人文学科已非常萎缩，被边缘化。一切都要考核，按以上标准计量、计算、计较。

教育的产业化或变相的产业化，创收压力，卖文凭与变相的卖文凭，办学经费不足的压力与限制，是大学风气变坏和大学精神沦丧的重要原因。管理体制与评价机制,部分源于这一压力。这就是人们常说的"逼良为娼"。

与前述科层式的管理与工具性的评价机制相联系的是功名利禄的诱惑。20 世纪八十年代以来,对知识分子的政治整肃或打压,主要被物质主义的利诱或"二桃三士"取代。前述管理、评价机制中讲到名目繁多的评比、一切都要计量等,都与教师们的经济利益一一挂钩。这种管理方式、评价体系与金元挂帅、名利诱惑,阉割了大学精神,妨碍了教师的自由精神的培养与道德人格境界的提升。中青年学者对学校里的各种官位、职位趋之若鹜,都希望兼任某部长(处长)、院长、主任等。当然有真心诚意为大家服务的,但很少。这种趋势也折射出校内官员与教授相比的优先性。功利至上,名誉、地位、金钱的诱惑,造成我在本文开头所说的,今天的大学教授们已不是公共知识分子,不代表社会良心,没有反省与批判精神,只是官家与大众文化的跟屁虫。教授日渐猥琐,对学生的身教言教便可想而知。

以上三条也是大学人文精神沦丧的主要原因。

其次,我们来看大学的人文教育。大学人文教育被政治教育取代或成为附庸,又被专业教育挤压或掩蔽。我多次说过,除了分科壁垒分明的毛病影响人文教育之外,中国大学即使现在有了通识课程,其毛病与文科各专业教育一样,仍是原理、概论、通史之类的课程太多,东西方原著经典导读的课程太少。古今中外的文化经典具有深长久远的滋润作用,给人以创造性的和不断反刍的精神空间,是永不枯竭的源头活水。马克思曾经说过,希腊艺术、史诗或莎士比亚的价值是超越时空的,在一定意义上说,那是一种规范和不可企及的范本。同样的,各民族前现代文明中大量的文学、艺术、宗教、哲学、道德、伦理、历史等经典,西方近现代政治学、法律学、社会学、人类学、经济学、哲学、历史学、文学等经典，都是非常宝贵的资源。问题是我们的学生不会读书，不会读原典。这是因为我们的教育只是让学生去读或听那些三传手、四传手的或拼凑的教材。概论加通史的模式，是以否定东西方人文传统和不相信师生们能读懂、能分析与理解原著经典为前提的。20世纪五十年代初期学习苏联以来，中国大陆的大学习惯于硬性地、填鸭式地喂养学生，养成学生学习的被动、怠惰，特别是思想的懒惰。长此以往，就丧失了原创性与思想的能力，只会人云亦云。

人文教育面临来自现代化、全球化、功利化的时风的挑战与压力。由于学前教育、中小学教育片面地膨胀科技知识与过早地分科，使大学教育对象的东西方人文素养十分薄弱，特别是传统人文知识与人文精神之修养十分欠缺。在西化日甚一日的背景下，本土化的人文资源的发掘、传承、参与、创造、转化工作尤显重要。中国大、中、小学生理应接受中华民族传统文化的最起码的教育，例如修习四书（《论语》《孟子》《大学》《中庸》）及《老子》《庄子》《左传》《史记》《汉书》《诗经》《楚辞》等经典及古代其他的诗词歌赋、棋琴书画等。四书理当是中国文化最基本的教材，其中饱含中华民族基本的价值理念与做人、做事的依据，是立身行事之本，安身立命之道。其中的仁爱忠恕，即"己欲立而立人，己欲达而达人""己所不欲，勿施于人""老吾老以及人之老，幼吾幼以及人之幼"等思想，一直到今天，仍然是全人类文明中光辉而宝贵的精神财富。四书理应进入国民教育体系，进入人生观形成关键期的初中生的课堂。我们目前的大学人文教育，再怎么努力，也难以弥补我们的学生从儿童、少年到青年应当受到的博雅的教育、人性的养育，难以培育国民对中华民族文化的根源感与认同感。

由于以上原因，加上社会与校园文化的功利化、低俗化，学校对学生的管理工作的种种弊病，使得大学培养的各层次学生，从人生信念、境界、趣味、人品、精神风貌等各方面来看，不可能给社会传达或释放出人文精神及其信息。

最后，我们再来看大学校园的环境。文化环境前面提到了，我这里说的是自然生态环境。现在各地建设的所谓"大学城"、各校的新校区等，基本上是水泥森林，完全没有自然山水，加上师生脱离（现代教育的弊病之一本来就有师生分离，而大学城、新校区使这种脱离更甚），这对学生单调的生活无异于雪上加霜。中国传统的人文精神与西方近代以来的寡头的人主主义不同，并不与宗教、自然、科学相对立。古代官私学堂、民间书院的建构，充分体现了"人与天地万物一体"的理念，学生涵泳于其间，养育出来的心胸、气质当然也不一样。

古代官学与私学的优长不仅如此，还有教授的地位、师生的互动、启发式教育等，限于篇幅，不能赘述。

我在十五年前就说过，大学人文精神在官商夹击之下日见丧失。这十五年来，可以说变本加厉。我与同道一起，知其不可而为之，希冀改善这一状况。

原载《中和学刊》，西安：陕西师范大学出版社，2008 年。

谈谈家风、家训、家教

中国有一个传统,那就是家文化的传统。西方人比较强调个体和社会的关系,强调个体的自立,非常重要、非常好,具有现代性。但中国人看重的是一个个体和社会之间的中间环节——家庭。家是我们生存的港湾,是温暖我们心灵的地方,是我们第一和终生的学校。

我们每个人都有离开家的时候、颠沛流离的时候,我当过知青,又在外地当过工人。家书抵万金,这样一种感觉很有体会,爸爸、妈妈、哥哥、姐姐和妹妹每来一封信,那都是要反反复复地看的。过去的礼仪规范,初一、十五要上香,家里有神龛,如逢年过节或者祖上的生日、忌日要祭祀。怎么进行这些祭祀活动?历朝历代都要规范这些祭祀活动,不能淫祀,就是不能有太多太繁的祭祀。因此有了家礼。相传有朱子的《家礼》,在当时整理、简化了冠婚丧祭等家族礼仪。

大家看我们中国,"家"字开头的词语有多少?"家庭、家族、家训、家书、家风、家教、家礼",都带有"家"字。今天跟各位切磋,向各位汇报,以《颜氏家训》和《曾国藩家书》为例,来看一看中国家文化的传统。有四个方面的问题:一是家训、家教的传统,二是《颜氏家训》,三是《曾国藩家书》,最后是重建家风的现代意义。

一 家训、家教的传统

我们这样的文化传统,我刚刚讲到礼、家礼,是中国文化和其他文化不同的特色。你们看印度文化、西方文化、伊斯兰文化，与我们的文化都不一样。我们的文化发展，一以贯之，一直到今天。我们的人种、我们的文化吸收了外来的很多因素，最后融汇成现在的种族与文化。文化一代又一代地传承下来靠什么？靠教育、教化。西方人靠宗教，西方的道德是通过宗教来安立人心的，而中国的道德是通过人文的教化。教育中，家教是大教育中的一环、一个部分。我们的道德文明不是通过宗教，而是通过教育，特别是人文教育传承下来的。我们的"五常"，即仁义礼智信，我们的"四维八德"，即孝悌忠信和礼义廉耻，都是靠家风、家教及社会教育、学校教育慢慢传承下来的。

我们都是人之子女，也是人之父母。年轻的朋友是潜在的人之父母。你看中国人重视家文化、家教，它和学校文化、社会文化、社会教育、学校教育配置起来。其实对一个孩子的成长来说，家庭比学校的影响更为重要。家庭教育的方式丰富多样，当然是家长的身教胜于言教。孩子们会从大人的身上，从行为方式、语言方式中学到东西。你老是用粗疏的语言，孩子就会学粗疏的语言，说粗话。你教给孩子言行不一、说一套做一套，孩子也会这样做。我们的言行举止无时无刻不影响着孩子。

另一方面，言教系统中，就有我刚才说到的家谱、家书、家信、家礼及家里的门联、对联等起到重要的作用。传统的宗族、家族社会，一家一家传承下来，主要是文化的传承。它不只是一个生物学上的传承，基本上和更重要的是人文的传承。因战乱或灾荒，历史上有多次大规模的人口迁徙。中原的人迁徙到南方，有的又传到海外，客家人就是这样形成的。这样传承过来，一家一户传承过来，基本上把我们的道德文明传承了下来。

我们的古人很重视蒙学读物，像"三百千千"，即《三字经》《百家姓》《千字文》《千家诗》。宋代以后的蒙学，"端蒙养、养童蒙"，启发儿童开蒙、启蒙，要正蒙。所以端蒙养、重家教是我们的优秀传统。历朝历代家族兴旺发达的，大体上都是运用家训来教育子弟。所谓"整齐门内、提撕子孙"，以这个为目的。我们的儒家经典有四书，四书就是《论语》《孟子》，还有《大学》《中庸》。《大学》其实只有一千七百多个字，也成为一书。它是《小戴礼记》中的一篇文章，它讲修身、齐家、治国、平天下，"修齐治平"；它讲"内圣外王"，即内在的道德修养，外在的做事功。历朝历代的能臣，为社会作贡献的臣子，大体上都有一个好的家风的熏陶，使之健康成长。

如果要说家训的话，我们有两千甚至三千多年的历史。周公在辅佐他的侄儿成王时，面临很严峻的形势，他要平叛、打仗、治理国政。周代初年他的封地就是后来的鲁国，后来把他的长子伯禽派去治鲁。周公《诫伯禽书》告诫伯禽不要怠慢、轻视人才，要重视人才。周公是"一饭三吐哺"，即他一顿饭还没有吃下来，好多人来找他，到他这里来，他要接待，他要漱口后接待别人。一顿饭他多次这样做，说明他重视招徕人才。另外，还有"一沐三握发"，即洗一次头发多次被打断，也说明他重视、尊重人才。这也就是所谓"周公吐哺，天下归心"。因此，伯禽继承周公谦虚谨慎的美德，治鲁十分成功。

太史公司马迁的爸爸叫司马谈。司马谈父子是家传的史官，继承了史家的学问。司马谈临终前作《命子迁》，希望自己死后，司马迁能继承他的事业，并认为这是"大孝"："且夫孝，始于事亲，中于事君，终于立身。扬名于后世以显父母，此孝之大者。"他讲的孝是什么呢？孝，我们看起来是孝亲、侍奉父母，其实也是为了国家，为了自己的安身立命。扬名于后世，使父母、家族得以光耀，这是孝。但中国人说的孝，不仅是为了家，还是为了国家、民族的发展。周公给他长子伯禽的信,司马谈给他儿子司马迁的信,这些都成为家训的源头。

大家更清楚的像诸葛亮的《诫子书》《诫外甥书》,我们的中学教材都收进来了。诸葛亮告诫他的儿子、外甥,教育子弟,几百字的一封家书流传千古。我们要做君子,"夫君子之行,静以修身、俭以养德。非淡泊无以明志,非宁静无以致远。夫学须静也,才须学也,非学无以广才,非志无以成学"。不要太浮躁,静的对立面是动,我们要动静结合。静以修身,要静心地反省自己。俭以养德,要以俭德来养育我们的生命。要淡泊,不要太多功利的考量,不要太多钩心斗角。不淡泊怎么能够坚定自己的志向呢?不宁静怎么能够走得更远呢?我们要学习,我们要静坐、反省自己,这样才能学好。学习可以增加才干,有志者可以坚持学习,要志存高远。诸葛亮就是这样告诫子弟的。

北宋政治家、大文人欧阳修给他的二儿子欧阳奕写了《诲学说》,他用的也是《礼记》里面所说的:"玉不琢,不成器,人不学,不知道。"玉是怎么打磨出的呢?玉石打磨成玉器有一个切磋、琢磨的过程,如切如磋,如琢如磨。人也是这样。我们要温润如玉。培养君子,就像君子要佩玉一样,我们也用玉来比喻君子的美德。所以我们要改过迁善,要变化气质,就像我们制玉一样切磋、琢磨。要变成温润的玉。我们要做君子,不要做小人。欧阳修告诉自己的儿子,要这样打磨自己、修养自己,培养自己成才,首先是要成人。

南宋时期的大思想家朱熹也有他的家训。他的家训很简易,但有深意。他说君之所贵者,仁也。如果当政者不爱民,那你怎么来治理天下呢?臣最重要的是忠,不是忠于一个人,而是忠于国家、民族、事业。父亲最重要的品质是慈爱,做人子最重要的品德是尊重父母、孝顺父母。新时代,孝顺父母不只是给他们饭吃。孔子就说了,我们仅给老人饭吃是不够的,养狗、养马不是也给它们吃吗? 我们养父母不能跟养狗、养马一样,否则那有什么区别呢? 而区别就在于我们有爱心、孝心,尊重老人。我们不是把几个钱给老人就够了。新时代的爱,注重情感交流。对父母的爱,还有要常回家看看,跟老人做心灵的沟通。老人不差你这几个钱,差的是心灵情感的沟通。所以对应君、臣、父、子,传统社会的美德以仁、忠、慈、孝作为基本的价值和重要的、内在的精神。兄友弟恭,即兄姐爱护弟妹,弟妹尊重兄姐。夫妇之间要相互配合、相互尊重。丈夫在家里不尊重妻子,妻子在家里不尊重丈夫,别人看不到,你的子女是可以看到的。你的言语行为中表现出对另一方的不尊重,会直接影响到你的孩子。所以夫义妇顺,在家庭中可潜移默化为孩子们的行为方式和价值方式。

朱子讲了"六德",然后就讲侍奉师长,要以礼德来侍奉师长。而交朋友要讲究信用,交朋友要以信德、诚信。我们见老者要尊重他,见幼者要慈爱他。有德的人,年龄比我们小,我们也要尊重他。那些不孝者,年龄虽然高于我们,我们也要敬而远之、远离他。我们不要谈别人的短处,别人的缺点让别人自己去揭示。我们不要在众人面前议论别人的短处,也不要去夸耀自己的长处。我们有仇,要用义德去化解它;我们有怨,要以直德去回报,所谓以直报怨、以德报德。我们要随遇而安。人家有小的缺点,我们要原谅、宽容;人家有大的缺点,我们一定要指出,让他晓谕、明白。"勿以善小而不为,勿以恶小而为之",这是我做小孩的时候,爸爸妈妈当年说得最多的话,就来自朱熹的家训。不要以为事情小,虽然是好事,也不去做。小善积累,积善成德。不要以为坏事太小了,我们就可以做。不能做,勿以恶小而为之。人家有恶,不要当众人面指出,而需婉转地批评。人家有善,要当众、当面去表扬、褒奖。我们在社会上要以公道心做事,处世没有私仇,我们在家也要没有私法,都是公正、公平的。

朱子在家训、家教中告诫:作为一个社会的人,不要偏私,你不要损人而利己,不要妒贤而嫉能,不要称忿而报横逆,不要非礼而害物命。对动物、植物也不要任意去破坏,人家也有生命。动物有生命,植物也有生命,不要害物命。见不义之财勿取,遇合理之事则从。所以,看起来家训里面的教育、家教里面的教育,好像是私密性、小领域、私领域的,其实我们的道德培养是从小到大、从内而外的。这些家训、家教都是为我们的子弟走上社会,提前进行养育、培养。长此以往,累计下来,遇不义之财我不取,遇合理之事我才去做,这就是社会公德养成的基础。所以我们的家训、家教的传统,不是只重视私德。恰好,仁义礼智信、礼义廉耻这些私德,是可以转化为公德的。特别是像廉耻,我们做了臣,为社会服务,我们怎么来廉洁奉公? 这就变成了公德。朱子的家训讲"诗书不可不读,礼仪不可不知,子孙不可不教、童仆不可不恤、斯文不可不敬,患难不可不扶"。作为一个人,内圣外王,立身行事,要做一个正正当当、堂堂正正的人。长期以来,家训、家教的传统是这样来提撕子弟的。

朱熹的家训里面大量的是讲公德,但它是从家文化来培养我们的私德,由私德转化为公德。过去还有一个袁家的家训,也是南宋的,叫《袁氏世范》。这个家训也流传久远,有《睦亲》《处己》《治家》三部分,强调父子、兄弟、家庭和睦。古代的家族很大,如何摆平这个家很不容易,也需要奉献、牺牲精神。特别是长子、长媳,在家里有很多的奉献和牺牲。我的父亲是长子、我的母亲是长媳,他们的作用很重要。我父亲一辈有兄弟姊妹八人,我这一辈有兄弟姐妹七人,那时候条件很差,还是靠我的祖父与父母亲在家里作表率,起很好的作用。我父母亲省吃俭用,节衣缩食,一碗水端平,出以公心,既照顾好弟弟妹妹,又照顾好子女。这样,这个家里的主要人物修身处事、持家兴业,然后才能把他们的子弟培养起来。传统社会就是这样一代一代传承下来的。袁家的这个家训,细心启诱、深入浅出、娓娓道来、如话家常,反复地训诫,又称《俗训》,使老百姓的子弟慢慢成长起来。

家训的文化、家书的文化强调教子要早、要正。正就是正派、正当。早是有胎教、幼教,主要讲的是父慈子孝。《袁氏世范》里面也是这样讲的:父母对子女要均其所爱。因为过去不是只有一个独生子女,过去子女很多,父母不要偏爱,偏爱容易引起子女之间的纠纷,影响子女对父母的情感,所以要平衡。它强调的一个是父慈子孝,另一个是均其所爱,不偏私、不偏爱。另外袁采的家训里面强调,父母对子女的教育要注意子女的性格特征,父母不能把自己的意志强加给子女,要相互体谅、长幼贵和。相处贵宽,即宽容、宽恕。即各怀有公心,家庭也有其公共事务。对于小人要敬而远之,要厚于责己而薄于责人,等等。这也是《袁氏世范》的一些精华的部分。

朱柏庐的《治家格言》(也叫《朱子家训》)非常重要,流传很广。我的父母亲文化程度不高。为了家庭,我父亲很早出去做学徒,妈妈在家里养育孩子、持家,他们熟读的就是《朱子家训》等,跟我们说得最多的、口中念念有词的还是:"黎明即起,洒扫庭除。"这个教育非常普遍。有一次我到山西去看王家大院、乔家大院,我发现他们对富二代的教育,也是用的朱柏庐的《朱子家训》。富家子弟家里雇了人,但早上打扫庭院,晚上关门锁户,一定要自己的子弟亲力亲为。为什么? 锻炼子弟的责任心。所以黎明即起、洒扫庭除,要内外整洁,院子要整洁,自己的卫生也要做好。即昏便息,晚上关锁门户,要亲自检点,还是要他们的子弟亲力亲为。一粥一饭,当思来之不易;半丝半缕,恒念物力维艰。现在的年轻人不在乎了,我们却是饿过肚子的一代,我们长身体的时候没有饭吃,要读书的时候没有书读,我们是这样一代人。

有一次我们武汉一所大学的一个食堂发生了一件事。一个男大学生,刚买了一个大白面馒头,咬了一口就扔到垃圾筐里去了。一位老师看不惯,那位老师的年龄大概也跟我差不多。老师看了很生气,要这个孩子捡起来重新吃掉,后来两个人发生了冲突。当然,这位老师的方式、方法不对,后来武汉的报纸还展开了讨论。今天的大学生不知道,以为这个馒头很容易得来,他不知道一粥一饭来之不易,半丝半缕都要爱惜呀。《朱子家训》又说:未雨绸缪,不要临渴掘井。就是平常要有积累、准备,不要等到事到临头的时候再仓促应战。什么时候都要有防灾、防突然事变的准备,人财、物力和思想都要有所准备。又说:自奉要简约,要勤俭持家,宴客不要吃流水席。你看《朱子家训》是讲如何去勤俭持家的:器具要干干净净,瓦缶器物也是很重要的,甚至胜过金玉。我们怎样勤俭朴素、治理田园?不要贪意外之财,不要饮过量的酒。对穷苦的邻居要尊重爱护,不要去跟人家扯皮、打架,等等。这些都是家训、家教,它们主要还是道德教育。

中国儒家的传统、礼的传统是通过宗族、家族、家庭、社会、学校的教育,把这些道德的东西慢慢启迪或者积淀在子女心中,慢慢浸润一代一代子女。当然家教里面可能也有一点点因果报应的思想,比如说,见色起淫心,可能你的妻女会受到报应;你用暗箭去伤别人,可能祸延及子孙。这些我们过去蒙学、家训的书,如《了凡四训》,以及《醒世格言》《增广贤文》,可能都有这些。因果报应是文化小传统、民间社会的一种规约方式。《朱子家训》又说,人家有喜庆的事情你不要嫉妒,人家有祸患的事情你不要幸灾乐祸,要有一种体谅别人的心情。施惠勿念、受恩莫忘。你给别人恩惠,不要老计较,人家记得就记得，不记得就不记得，要坦荡一点。但是你受了别人的恩惠，要懂得感恩。我们要有感恩之心、恻隐之心、恭敬之心，我们得到别人的恩惠，我们要一辈子感念别人。我们的师长提拔我们、教育我们，我们的朋友关心过我们，我们的邻居帮助过我们，更不用说我们的父母，我们要始终受恩莫忘。基本上朱柏庐的《治家格言》是以这样的正面内容为主的。

大体上是从周公以来，我国的名臣、大家族和老百姓的子弟都要接受家风、家教的熏陶。而这个家风、家教的主要内容，基本上是道德的内容，而且它不只是私德的内容，不只是个体的道德，同时也有公德隐含其中；私德也可以推到公共道德上来。大家知道，蔡元培先生当过国民政府的首任教育总长，是北京大学的校长，是留德的洋博士，也是传统社会的翰林，高级的知识分子。传统学问和西洋学问都非常好的蔡先生，他在民国初年给中学生写了修身教材。你看一个大学校长、教授、国民政府的教育总长，他给中学生写修身教材，印行了十多版。他还给到法国去打工的工人写了夜校的教材，都是说的修身为本、孝道为先。这跟我们前面讲的家训的内容是相当的，基本上还是传统文化的"五常"——仁义礼智信，以及"四维八德"的内容。礼义廉耻，国之四维。以这样的内容来养育我们的子弟，以这个为正道。

二　《颜氏家训》

颜家我们知道，是中国有名的大家族。颜渊（颜回）是孔门的第一人，他早于孔子去世，他死的时候孔子很伤心。颜家那时候很贫穷，孔夫子赞扬他箪食瓢饮，人不堪其忧，回也不改其乐。只有颜回做到了一瓢冷水、一筐冷饭，他就这样来度日，但是他学习非常好。

颜家到了南北朝时期，出了颜之推这样的人物，他是文学家、教育家。颜之推很不幸，他在动乱的年代历仕四朝，三为亡国之人。他当过俘虏，后来偷渡黄河。他在北朝（北齐、北周）当过官。后来到隋代统一了，他又仕隋。他是生于乱世、长于戎马，流离播越，闻见已多。后来，在隋文帝、隋炀帝之间的年代，他就写了这本《颜氏家训》，训诫子孙如何提撕自己。全书二十篇，以传统的儒家思想教育子弟，讲如何修身、治家、处世、为学。颜家名人很多，像大学者颜师古是颜之推的孙子，书法家颜真卿与以身殉国的颜杲卿是颜之推的六代孙。这些都是非常重要、优秀的颜氏子孙。

《颜氏家训》涉及的家庭教育的目的、内容、态度、方法等，是系统完整的家庭教育的教科书。颜之推提出了一些切实可行的教育方法来培养人才，而且他非常务实，认为所谓人才，治国要有方，营家要有道。一个家也要靠经营，不然就破败了，富不过三代。所以治家也要有一些办法。

历史上无论是朝廷还是地方、民间，对《颜氏家训》都非常推崇，认为古今家训以此为祖。这是最重要的一部家训。它的二十篇，除了序言之外，有教子、兄弟、后娶、治家，等等。

第一，关于修身。有这样一些内容，如说孔门弟子颜回、闵子骞德性第一，我们跟着他们学做道德的人行不行，做不做得好呢？也许颜回、闵子骞这样的典范人物在我们身边比较少，但是我们身边有德才都比我们更优秀的人，那就足以贵之，值得学习了。这是主张向身边的优秀者学习。所以，即便身边没有颜回、闵子骞这样一些顶级的道德楷模，但是我周边仍然可能有比我们强的人，要虚心体察德业各方面比我们强的人，这就值得我们学习了。四海之内皆兄弟，谈何容易？但是志向比较相投的、道义上能够相应的人总是有的吧？所以我们也可以和身边的一些志同道合、道义比较相当的人成为兄弟、朋友，互相激励、互相磨砺，来做人。"与善人居，如入芝兰之室，久而自芳也；与恶人居，如入鲍鱼之肆，久而自臭也。"和好人生活在一起，就像我们到了芝兰之室、进了花圃，久而久之自己也有香味了。和坏人搞在一起，就像进入鲍鱼之肆，久而久之自己也是满身的臭味了。我们晚上要修炼自己、反省自己，夜觉晓非，检讨自己白天的一些过失。今天要纠正昨天的一些过失。每个人要每时每刻反省自己；吾日三省吾身，要端正自己。还有，像自高自大、凌忽长者、轻慢同列，这是不可取的。我们要修身、求名等，就像我们照镜子一样。颜之推说："宇宙可臻其极，情性不知其穷，惟在少欲知足，为立崖限尔。"就是说，宇宙广大，也许我们自己还不能够体察它的无穷、无限、广大，所以我们的胸量也要广大。我们不能知道一点点东西以后，就画地自限。

在《颜氏家训》里面修身方面的内容是主要的，大体上它对于教育的目的，还是强调做人，行道以利世。主要还是要做一个好人，这有利于我们这个社会的健康发展。所以《颜氏家训》的内容还是怎样处世，怎样修身，怎样来培养自己，怎样虚心务实、博习广见，怎样去相互切磋。如我们不修养自己，却要求一个好名声传于世间，那是做不到的。你自己不修养自己，要求好名声传于世间，那就好像是面目很丑陋的人的妍影不在镜子里却怪镜子一样。"夫修善立名者，亦犹铸室树果，生则获其利，死则遗其泽。"我们还是要自己修德，慢慢地去修德。我们有一分耕耘，才有一分收获。巧伪不如拙诚。有的人投机取巧，伪善好像骗得一时，看起来巧伪者比诚实者、拙朴者更行于世，但长久下来，还是守拙、守诚者能被社会认可，能够为社会作出一些贡献。所以,我们还是要强调拙朴,还是要强调诚实。以利益求得的东西,名声也好、利益也好,会因利而遭遇危险。"人生难得,无虚过也。"我们还是要抓紧时间学习,不要虚度了人生。

第二,关于处世。《颜氏家训》教育自己的子弟说"士君子处世,贵能有益于物耳",这个物是东西,是他人他物。"不徒高谈虚论,左琴右书,以费人君禄位也",是说人君给你一个官位,你却在那里浪费了这个职务,没有为老百姓谋福利。所以,士君子处世,还是要做有益于民间老百姓的一些事情,不要高谈阔论、虚度光阴,枉费了职位。所以,"生不可不惜,不可苟惜",即生命诚可贵,我们一定要珍惜生命,但是,一旦要奉献的时候,我们也不要吝惜。

"上士忘名、中士立名、下士窃名。"对于名誉这样的事情,越是高人越是容易把它看得很淡。"肠不可冷,腹不可热,当以仁义为节文尔。"一定要有热肠,要关心国事民瘼,但也不要太过热,一定要冷静、理性地思考,一切都以仁义为归,节制自己。仁德是孔夫子所强调的最大的道德。仁者爱人。义德有分辨,有道义,当怎么样就怎么样。所以他讲节文,即有条理。"善恶之行,祸福所归。"我们积善成德,同时我们的祸事也可能是积恶所造成的。善恶当然不直接跟祸福挂钩,但是积善成德、积恶成祸,也是可以预见到的后果。所以,"君子处世,贵能克己复礼,济时益物"。要克制自己回复到社会生活的规范之轨道上来,救济别人一些历史偶然性的患难,做有益于他人他物的事情。此外,《颜氏家训》强调教育的目的,是培养有宽阔胸襟、对社会有益的人。家训的内容,像这样的一些处世格言都是非常好的,是虚心务实的一种态度,教我们怎样为社会、为他人来做出奉献。

第三,关于治学。《颜氏家训》特别强调治学,比如说,我们没有读遍天下的书,就不能妄下雌黄,不能口出狂言。很多书你都没有读，很多知识你就都不懂。"光阴可惜，譬诸逝水。当博览机要、以济功业。"要爱惜光阴，它如流水一下子就过去了。我们要博览群书，了解它们里面最重要的一些精义，使我们的功业得以滋润，成长出我们的事功。如果我们的道德和事功能够兼得的话，那我们就没有什么遗憾了。"夫学者犹种树也，春玩其华，秋登其实；讲论文章，春华也，修身利行，秋实也。"学习的人就像种树一样，春华秋实。秋天得到果实，是我们从春天开始种树、浇水、修枝、培养的结果。我们读书讨论也是这样的，就好像是春天的花一样；而对于修身行事而言，就好像是秋天的果实一样，慢慢才能结果。"夫所以读书学问，本欲开心明目，利于行耳。"我们读书学习也是开阔心胸，使我们看得更远，有利于我们实践、行事。所以，谚语说："积财千万，不如薄技在身。"《颜氏家训》讲务实，要有一技之长，要有谋生的手段，要教育我们的子弟博习亲师、热爱学习，有志向者要磨砺自己。"有志向者，遂能磨砺，以就素业；无履立者，自兹堕慢，便为凡人。""素业"，指干干净净做人做事，也指继承儒家事业。儒家中的人没有那么功利，我们还是要立志，做一个大人。我们一定要有志向、人格。"人生小幼，精神专利，长成已后，思虑散逸，固须早教，勿失机也。"小孩专注，长大以后，心思发散，所以要早教，机不可失。《颜氏家训》里面提倡早教、胎教、幼教，从小开始培养孩子的心智，培养其广阔的胸怀。不只是学知识，知识里面还有价值；不只是价值，里面还有安身立命之道，要慢慢积累起来。《颜氏家训》内容非常丰富、非常全面。

第四，关于持家。"无教而有爱，终为败德。"我们对孩子的教育不能盲目地只讲爱，而且变成溺爱，那是不能成功的。我们既要身教又要言教，当然还要讲方式、方法，要跟孩子讲道理，要让孩子学会讲道理。孩子一哭一闹就抱他、亲热他，他就老是这样哭哭闹闹。要让他讲道理、懂道理，这样慢慢去训练他。"今有施则奢，俭则吝；如能施而不奢，俭而不吝，可矣。"今天，有人施舍给别人，但自己过得很奢华；有人勤俭持家，但很吝啬，这都不好。希望能做到既施舍给别人，自己也不奢侈；既勤俭持家，自己也很大方，不吝啬。"父不慈则子不孝，兄不友则弟不恭，夫不义则妇不顺矣。"孩子是耳濡目染父母的言行长大的，父母不慈爱子女，子女也就不会孝顺父母。弟弟是看着兄姐的行为长大的，兄姐不友爱，弟妹也就不会尊重兄姐。妻子与丈夫之间也是如此，是互相关联的。《颜氏家训》还强调"父母威严而有慈，则子女畏慎而生孝矣"。父母还是要有威严的，虽然不能去体罚孩子、打骂孩子，但是父母要有威仪。"君子不重则不威，学则不固。"所以，我们对待子女要有慈心，同时要有威严。当然你自己要立得住，这样子女对父母不只是有爱，同时还有一种敬畏、谨慎，有孝心。一家兄弟姊妹几个，父母爱自己的孩子要均，一定不能够偏。自古至今，偏爱某一个子女，就会有很多弊病，偏爱就会发生问题。婚姻则不要贪恋好的、有权势的家庭。

唐翼明先生讲《颜氏家训》讲得非常好，我向大家推荐他的书《唐翼明解读〈颜氏家训〉》。他说，最严重的问题就是说你的孩子没有家教。这个话中国人听了是最刺痛心灵。没有家教，孩子吃饭没有吃饭的样子，一出去吃饭，当众就露馅了，人家就觉得这个家里没有家教。还有，一出口都是恶言，不尊重人、不懂礼貌。教育不只是学校和社会的事情，一对好父母胜过一百个好老师。对孩子的影响，父母大大超过老师，主要是在言行举止上，身教比言教更重要。西方人将对儿童的正确教育片面归结为爱的教育。唐翼明先生说，其实我们对子女不是一味地爱就行了，还要有言教。刚才说的《颜氏家训》里面强调了严格管教的一方面，另外，早教胜过晚教，要早一点教育。

唐翼明先生说,慈爱是天性,但是孝跟爱是不一样的。父母对于子女的慈爱没有错,但是方法要讲究,不要太溺爱,也不要太严厉,要适度,合于中道。唐翼明先生甚至主张"父慈母严"。一般是母亲比较慈爱,父亲比较严厉,其实可以颠倒一下,母亲严厉一点,孩子一般不会疏离母亲,父亲太严了,孩子容易疏离父亲、甚至憎恶父亲。"父兄不可常依,乡国不可常保";"积财千万,不如薄伎在身"。这是千古不易的道理,我们还是要自立,父兄不能管我们一辈子,乡国也不能管我们一辈子。

我们还是要教孩子有一技之长,让孩子有立身行事之本,才有自立的基础。这都是非常重要的道理。《颜氏家训》里面对于教育的目的,强调仁爱,修身,行道以利世,强调这样一些方面。它的内容丰富,希望子弟会做杂役,参与文体活动,知道种庄稼的艰难,强调教育的态度是虚心务实、博习广见、勤勉惜时、相互切磋。关于家教,提倡早教、言教,重视教育的氛围。另外,重视家庭教育中的语言教育,我们家长在家里说什么话非常重要。你说粗痞的话,孩子就会说出粗痞的话。你不经意地说出骂人的话,孩子马上学去了。所以语言教育也非常重要。道德教育、为人之道的教育更重要,也是通过语言、行为不经意地施教的。《颜氏家训》里关于家庭教育的目的、内容、态度、方法,都有全面的讨论。

教子严,不溺爱。颜之推在教子篇中举了一严、一宠两个例子。梁朝的名将王僧辩的妈妈对他很严,结果他成了一个主将,非常有名。梁朝的一个学士小时很聪明,父母很宠爱,骄傲得很,结果遭殃被杀了。《礼记·学记》里面讲:"玉不琢,不成器,人不学,不知道。"《三字经》里面为了韵律改成:"玉不琢,不成器,人不学,不知义。"欧阳修又改成"不知道",是道义的道、道理的道,是儒家的道。《三字经》里面讲:"养不教,父之过;教不严,师之惰。"这也是我们今天要学习的一些内容。严母之教很重要。我们古代、近代有很多名人是寡母养大的,胡适、鲁迅都是寡母养大的。胡适先生的父亲早亡,母亲对他严格要求,做了错事要跪在床头,一跪几个钟头。当然现在我们不主张体罚孩子,不提倡。但是,我们知道严母之教也是我们的一个传统。

三 《曾国藩家书》

唐翼明先生的胞弟、大作家唐浩明先生是曾国藩研究专家,整理了《曾国藩家书》等曾氏的著作,也写了有关曾氏的小说等,影响很大。我们看看曾国藩怎么重视对子弟的教育。我们刚刚讲了家书抵万金,现在这个社会都是短信、微信,现在保留不了家书了。过去我们每看一封家书,都很温暖。我们在外面飘零的时候,看到爸爸妈妈、哥哥姐姐的信来了,总是反复地读。我父母在武汉,在外地的子女每一封信来了,他们都要反反复复读好多遍。有一次在北京工作的二哥让一位学生捎带东西来,附了一封信,我父亲反反复复读了几遍,才跟来人说话。过去,人们用家书联络家人的情感,砥砺家人的品节。

《曾国藩家书》在平淡中寄寓了真知良言,为世人所推崇。曾氏自己中了进士,但他的几个弟弟科考都不行,怨言、牢骚满腹。其实他在北京也被冷冻了十多年,仕途也不顺,但是他坚持修炼自己,常跟弟弟们写信,教育弟弟们怎么开阔自己的心胸。他还教育自己的子弟,做学问要勤俭、自立、有恒心、修身,以及如何做官,这些讲的都是中华民族的传统美德。

《曾国藩家书》的行文从容镇定,形式自由活泼,随时想到什么就写什么,挥洒自如。曾氏的学术造诣很深,道德修炼、生命体验的智慧也很高,所以道德、文章冠冕一代,赢得了美称。他非常重视家书,他的家书非常有意思。他写给几个弟弟的信,写给他儿子曾纪泽、曾纪鸿的家书,如果我们把它们再分类的话,有治家、修身、劝学、理财、济急、郊游、用人、行军、旅行、杂务十大类。曾家像前面讲的颜家一样,也是向来治家极严的家庭,非常有章法。大家知道,过去都有家谱,家谱里面就有一些家训,记录历朝历代传承者的姓名。

曾国藩受家风的熏陶,对子弟要求很严格,谆谆加以教诲,他也是很讲究章法的。在家书里面,他跟他的子弟谈人生理想、精神境界和道德修养。孟子为什么谈"君子之泽,五世而斩"?为什么富不过三五代?曾家家族代有英才,曾国藩的长公子曾纪泽是了不起的外交家。有一次他到俄国出使,硬是把土地争过来了,很了不起。曾家子弟中还有曾广均、曾约农,有一些自然科学家,像后来在我们武汉大学任过教的、在高教部当过副部长的曾昭抡,是院士、化学专家。曾家出了不少人才。毛主席说曾国藩是干事(干出事业)兼传教(留下思想学说)的人。

我们从曾国藩的家书里摘录几段文字,大家可以来看看,他怎样来教育自己的子弟。他先讲"勤"字的工夫。一定要早起,早起读书。王侯将相宁有种乎?圣贤豪杰无种。圣贤豪杰也是我们老百姓的子弟,贵就贵在要勤、恒、立志。大家都可以做到。所以他说,读书一定要立志向,读书不是为了科举,读书是要做人、做圣贤。立志是不甘为下流,要做一个有志向的人,不能自满自足于一时一地。要有自己独立的见识、见地。恒就是有恒心,不要三天打鱼、两天晒网。有志向、有恒心,有见识,三者不能缺一。

读书,不讲条件。苟能发奋自立,则家塾可读书;即旷野之地,热闹之场亦可读书。你要有心读书,哪里都可以读书。在旷野之地、茶馆、热闹场合都可以读得进书。你没有立志,清清静静的地方你也胡思乱想,你也读不进书。你有志,背着柴火、放牛,也可以读书。你不能发奋立志,在家里清静之地、神仙之境也不能读书。所以读书不择时、不择地。现在有外国人诟病我们中国人不太爱读书。你到日本去看,地铁里面大家坐着不说话,每个人拿着一本书在看。当然,现在大家都看手机了,手机里面也有书。当然,别人诟病我们,我们有很多的理由可以反驳。但是我们要养成读书的习惯。其实是可以不择时、择地的,我们坐飞机、坐高铁,人家喧闹我们照样可以读书,心可以静下来。不要等有大把的时间才能读书,一定要挤时间读书。鲁迅先生讲读书的时间是要靠挤的,如挤海绵中的水。

修身方面,曾氏讲立与达,发挥孔子的"己欲立而立人,己欲达而达人"。我们想要在社会上步步站得住,也要想到人家也要站得住,这就是由己立推到人立。我们要行得通,人家也想行得通,都想通达于世。今天我们处在顺境的场合,我们要想到有可能人要遇到坎坷,有逆境的场合。今天我们盛气凌人,人家明天就会以盛气凌人来对待我,凌驾于我们和我们的子孙之上。所以我们还是要讲求恕道,以此来警示自己,对自己、对别人要留有余地。顺境想到逆境,逆境想到顺境,不要盛气凌人。你盛气凌人,人家也会盛气凌人于你或者你的子孙。所以我们要有宽恕之心,要留有余地。要有一种准备,人生总是会遇到一些低谷、坎坷、荆棘,要接受一些考验。

曾国藩的祖父给他们传了八个字"考、宝、早、扫、书、蔬、鱼、猪",强调在湘乡的乡下如何治家。他日记里面有"八本"之说:"读书以训诂为本,作诗文以声调为本,事亲以得欢心为本,养生以戒恼怒为本,立身以不妄语为本,居家以不晏起为本,做官以不要钱为本,行军以不扰民为本。"读书以认字为先,先把一个一个字认清楚,讲求这个字怎么读、怎么写,有什么意思,这就是读书以训诂为本。做诗文以声调为本,讲平仄。侍奉亲人以欢心为本,要有爱心,让长辈高兴。养生最重要的是不要徒增烦恼,要有宽容之心。立身以不妄语为本,不要说谎,不要高谈阔论、不切实际。居家以不晚起为本,早起、勤劳。这是他的"八本"之说,还是立身行事的基本。他说,我的确把这"八本"做到了。他告诫他的弟弟、子侄要记住这"八本",并让他们教育子孙。他说,无论社会是治是乱,无论我们家里将来是贫是富,我们守住祖宗的这八个字和我说的这"八本",我们这个家总不会式微,总会维持书香人家的状况,不会降为末流。

他还讲了四条:"一曰慎独则心安;二曰主敬则身强;三曰求仁则人悦;四曰习劳则神钦。""慎独"是什么意思呢? 是"人不知己独之",即在熟人不在的场合,我更加要自律。没有熟人在场,我一个人时也不能胡作非为。人要慎独,内心求得安宁。"主敬",则身强。"敬"是严肃认真的态度。"求仁",人家就会爱你。"习劳",有勤劳的习惯,这样神灵都会倾慕你。他又说:"读经有一耐字诀。一句不通,不看下句,今日不通,明日再读;今年不精,明年再读,此所谓耐也。困时切莫间断,熬过此关,便可少进。再进再困,再熬再奋,自有亨通精进之日。不特写字,凡事都有极困难之时,打得通的,便是好汉。"我们读书,一句不通就不看下一句,一定要把每一句搞通。今日不通明天我再读,今年不通明年再读。这就是要有耐心,耐得住寂寞。一字一句不搞通,不看下一句,天天把它温习,一定要有耐心。写字、写日记也是这样。曾氏每天坚持用楷书写日记,每天读史十页,每天记"茶余偶谈"一则。还有戒烟,立誓戒此水烟。他一次记到,"我至今已经有两个月不吃烟了"。人要有恒心。他自立课程甚多,大家可以去了解，曾氏怎么样写日记，怎么样读史，等等。

他说："凡人之情，莫不好逸而恶劳，无论贵贱智愚老少，皆贪于逸而惮于劳，古今之所同也。"我们如何去克服人性的好逸恶劳，我们如何去勤奋读书？他强调，一家当中"勤、敬"两个字要守得住。还有"三乐：勤劳而且憩息，一乐也；至淡以消嫉妒之心，二乐也；读书声出金石，三乐也"。还有"八德：勤、俭、刚、明、忠、恕、谦、浑"。还有"一生的成败，皆关乎朋友之贤否，不可不慎也"。所以我们的交友也很重要。孔夫子很注意交友，我们跟什么人，学什么人。我们看一个人，看他身边的朋友就知道这个人。他又说：我的祖父教我们，以"懦弱无刚"四字为大耻，不要懦弱，男儿当自强，要有倔强之气。他还讲了很多关于如何修身、齐家、治国、平天下的话，他引用谚语说："好汉打脱牙，和血吞。"

他说："诸弟在家教子侄，总须有勤、敬二字。"有这两字就不会败家。他说：我不希望代代富贵，但愿我们代代有读书人、有秀才。秀才是读书的种子、世家的招牌、礼义廉耻的旗帜。"读书总以背熟经书，常讲史鉴为要，每日有常，自有进境，万不可厌常喜新，此书未完，勿换彼书耳。"读书要掘井及泉，一定要有所得，有自己的心得，读书有益于做人。古之成大事者，要有远大的志向，要有很好的学习习惯。还有修身的"十二款"：主敬、静坐、早起、读书不二、读史、谨言、养气、保身、日知其所亡、月无亡所能、写字、夜不出门。夜晚就好好地读书，不要外出鬼混，不要到娱乐场所去，不要旷功疲神。

曾国藩一生勤劳，勤于反省自己，每天写日记反省自己，强调人生只是敬德、修业两事。他说："劳则善心生，逸则淫心生。"他用孟子的话"生于忧患，死于安乐"来勉励自己不要过于安逸，然后就是勤于反省、勤于读书，变化人的气质。只有经过坚持读书，持之以恒，才能增长你的精气神、变化人的气质。真正能够改变你的性状、气质，能使人更高雅地生活的，还是读书。曾国藩还勤于写家信，经常写家信教育弟弟和子女。在他的言传身教之下，曾家人才辈出。他读书强调读经典，认为读经典比读一般的书好，他强调沉浸其中。读书不是死记硬背，但他对儿子说，读书虽然不是强记硬背，却要从容地涵泳其中，今天读几篇、明天读几篇，久而久之自然会有益处。

曾纪泽不喜欢科举考试，不喜欢八股文，喜欢西方的语言学和社会学，对此曾国藩不懂，但为了教育这个儿子，他自己也去学西方的语言学和社会学。为了儿子，自己去学习不懂的东西，他也扩大了自己的知识面。曾纪泽后来就写了《西方述略序说》和《几何原本·序言》，等等。曾纪鸿爱数学，曾国藩就鼓励这个儿子去学好数学。这个儿子的媳妇郭筠喜欢读古书，他又引导这个儿媳妇读《十三经注疏》和《资治通鉴》，他这个儿媳妇也是一个才女。曾国藩因材施教，对子女的教育，他自己不懂的东西就要去学，因为子女有这个爱好。

他帮助弟弟提升境界，讲"尽其在我，听其在天"。他说："吾人只有进德、修业两事靠得住。今日进一分德，便算积了一升谷；明日修一分业，又算余了一文钱；德业并增，则家私日起。"这就是说，我们只有进德、修业两件事。进德就是孝悌仁义，修业就是诗文作字。我们要积德，我们今天积一分德，就算积了一升谷子。明天修一分业，就算积了一文钱。我们只有这样，自己努力去做，我们要尽人事、听天命。很多事情不是自我能够主宰的，我们能够主宰的就是自己做好自己，进德、修业。至于能不能当官、当多大的官，能不能赚钱、赚多少钱，这里有天意、机会、偶然性、客观环境等的因素。功名富贵是我们不能自主的，我们能够自主的是什么？就是进德、修业。所以我们一定要尽自己的能力，努力地工作，努力地读书，努力地修养自己。

至于客观形势怎样，我会在这个社会上怎么样，那要看客观环境。今天受到一点挫折，你就有积怨，你的心智就受到一些损伤，你就会废学，那你就是忘了大事。

他劝诸弟不要发牢骚，要培养和气。他弟弟跟他抱怨说：我读了这么多年的书，每一次科考都不中。他说：你不要怨天尤人，你不要不服气。虽然科考能不能中举、有很大的偶然性，但是你还要反省自己，你是不是尽了最大的努力？要猛然自省、心平气和，不要一肚子怨气、暴戾之气；要培养和气，和气才能生财，才能养育人。因此，你看现在网络上一些年轻人戾气很重，我们培养国民和子弟还是要有宽容的心态、健康的心理，不要有戾气，不要一天到晚在网络上发泄；戾气越来越重，这个就不健康了。曾氏告诫他的弟弟：扬善于公庭，归过于私室。也即把别人的好在公共场合表扬，批评别人的缺点则在私下里。他知道弟弟国华的脾性，他说：你评估别人、衡量别人，不要眼界过高。你手下有没有人能带兵打仗，就看你怎样奖惩分明。但凡中等以上的人才，靠鼓励、奖励可以成大器，你一味责备他、贬斥他，他慢慢就惰性出来了，慢慢就自暴自弃了。所以我们对部下要怎么样去提拔、鼓励他，扬善于公庭，归过于私室。国华后来就跟曾国藩说：大哥，你这两句话，我记住了。曾国藩教育他的弟弟如何带兵打仗，如何提拔下级，后来他弟弟提拔了很多将军。

曾国藩说，调理我们的心灵、身体，道理不要太多，知识也不可以太杂。今天大家又学儒家、又学道家、又学佛教、又学诸子百家，其实真正对我们有所受用的并不多，不过就是一两句话。即：要守约，守住简约真正的道理。一个是敬畏的"敬"，有敬畏之心、有严肃认真做事的心。一个是恒心的"恒"。有人欠此两字，至今老而无成，悔恨的是这两个字没有贯彻始终。另外，"骄、惰"两个字是我们特别忌讳的，"勤"字治"惰"，"慎"字治"骄"。还有一个"诚"字也很重要，要以"勤、慎、诚"作为我们的立身之本，来克服骄气的"骄"、怠惰的"惰"。你看，就这么几个字，这就是曾国藩在家书中反复讲述的。

历朝历代的家书，包括曾国藩的家书，都强调教和养的关系。养不教，父之过；教不严，师之惰。家长有责任把教和养的关系统一起来，我们不仅要养，还一定要教。另外，一定要重视孝和仁的关系，孝顺之心的培养和这个人将来在社会上爱老百姓、爱人有一定的联系。另外，公德的正直和清廉也源于家庭教育、家风熏陶。你是一个堂堂正正的人，经过了严格、严肃的家庭训练，当然你就会正直、清廉。反之，家庭教育没有到位，家长的一些陋习给孩子很重的影响，这个孩子成长以后就会不正直、不清廉。诚实、守信、勤劳、俭朴、立志、向学、进取、勤勉、珍惜时间，都是《曾国藩家书》和历朝历代家书里特别强调的方面。

四　重建家风的现代意义

梁启超先生大家都很熟悉了，他是新会人。我们到新会去看他的故居，还可以看到梁家是怎么培养他以及梁家的后代的。他是一个有名的政治家，也是一个有名的学者，他在官学两界都很有地位。他在北洋政府做过财政总监，他是了不起的维新政治家。他流亡日本的时候，用迅捷的笔触、敏锐的思想，把西方思想通过日本传到中国。他办了《新民丛报》等。他是百科全书式的人物，他一生对曾国藩推崇备至。他还从《曾国藩文集》里面编了一本《曾文正公嘉言钞》，记录了曾国藩两百多句有名的话。

他自己有两房夫人，生了五男、四女共九个孩子，夭亡的两个儿子不算。他很重视家书家教，对他的长女思顺非常爱，他曾经给她写了几百封信，后来出版了。他长女是才女，很爱好中国古典诗词，也写了很多诗词。他的长子梁思成先生大家都很熟悉了，林徽因的故事大家都耳熟能详。梁思成是近代著名的建筑学家，可以说保护中国的古代建筑，他是最大的功臣。抗战的时候，梁思成流落到四川，他也做了很多整理中国古代建筑的工作。他是1948年的首届院士，后来于1955年被选为学部委员，即院士。

梁任公只活了五十多岁，他培养的九个子女个个成才。他还写了一千四百万字的文字，写了很多书，很勤勉。他的次子梁思永是著名的考古学家，是我国近代考古学的开创者，也是首届院士。他的孩子有搞建筑学的、有搞考古学的、有搞古代诗词的。梁思庄是图书馆学的专家。梁思礼是火箭系统专家，是导弹控制系统的创始人，也是1987年国际宇航科学院的院士。所以人们说梁家"一门三院士，九子皆才俊"。

梁家也是一个世家，梁启超的祖父就很重视对他的培养。梁启超是个神童，十几岁就是秀才，后来中举人也很早。他接受过新式教育，旧式教育的基础都很好，子女培养得非常好，他很下气力去培养子女。虽然有时候公事很忙，有时候流落在异邦，但是他很重视用家书来教育子女。

还有一个院士叫吴征镒，曾获2007年度国家最高科学技术奖，是一个植物学家。他是江苏扬州那一带的人。他的祖父有一个藏书楼，是藏书家。他的外祖父宝应刘家，堂号叫"五之堂"，"五之"来自《中庸》里面的"博学之、审问之、慎思之、明辨之、笃行之"。他妈妈就把"五之"的格言传给了自己后代。他们又传给了他们的学生。孙中山先生给中山大学题的校训也是这"五之"。

宝应的刘氏是江淮的名门望族，是苏州迁过来的，到十二世孙的时候就建立了"五之堂"。其最辉煌的时候是光绪十二年，宝应一地一榜中了三个进士，都是"五之堂"的子孙。吴征镒的外祖父刘启彤与詹天佑一样，是晚清被派到美国去留学的幼童。刘启彤中进士以后任兵部尚书，是我国第一代的外交家。吴征镒兄弟四人皆学有所成。老大吴征铸是著名的剧作家、教育家和文学家。老二吴征鉴是我国著名的寄生虫病研究学者、专家和医学、昆虫学的专家，当过医学科学院的副院长。老五吴征铠是著名的物理家、化学家，为中科院院士。吴征镒先生是老六，他是植物学家、中科院院士。

　　我们前面讲到母亲的教育，我们为什么要重视女性、尊重母亲？我们常常说过去是男尊女卑的社会，其实也不对。传统社会，男主外，女主内。你们看《红楼梦》，贾府里面，贾政他们在外面做官，回到家里，贾母还是权威，一个老祖母就是这个家里的主心骨。中国古代社会是讲内外之分的，男主外，女主内，家属不干政，不去侵扰外面的社会事务。男子回到家里听命于母亲，主持家政的是女性、母亲。中国人其实很重视女性的培养，儒家文化是靠一代一代的母亲传承下来的，因为母亲对子女的教育至关重要。伟大的母亲养育了中国人的子弟，一代一代培养。母亲的教诲，言传身教非常重要。培养女儿很重要，培养孙女、外孙女也很重要。培养好一个男孩很好，大体上他个人能够为社会服务。而培养好一个女孩，就可能有一个稳定的家庭、和谐的家庭、温馨的家庭。所以在一定意义上，培养女孩比培养男孩更为重要。

　　美籍华裔神探李昌钰，大家知道吧？在美国是神探。他兄弟姊妹十三人，有八女五男。他妈妈是南通如皋人，四十岁守寡。他爸爸因为"太平轮事件"去世。他们家迁到台湾地区时，他爸爸做鱼苗生